Die zehnte Muse
111 Jahre Kabarett

Volker Kühn

Die zehnte Muse

111 Jahre Kabarett

vgs

Die Deutsche Bibliothek - CIP-Einheitsaufnahme
Kühn, Volker:
Die zehnte Muse: 111 Jahre Kabarett/Volker Kühn. – 1. Aufl. –
Köln: vgs, 1993
ISBN 3-8025-2244-3

Für gute Zusammenarbeit
und freundliche Unterstützung dankt die vgs dem ZDF.

1. Auflage 1993

Bildauswahl und Layout: Volker Kühn
Bild- und Textredaktion: Kurt-Jürgen Heering
Produktion: Wolfgang Arntz
Umschlagillustrationen: Hans E. Ernst
Umschlaggestaltung: Papen Werbeagentur, Köln
Ausführende Gestaltung: Pro Novo Designstudio, Wuppertal
Reproduktionen: Theissen und Keller, Wuppertal
Druck und Verarbeitung: Butler & Tanner, Frome
Printed in Great Britain
ISBN 3-8025-2244-3

Inhalt

für Sira

Vorspruch

111 Jahre Kabarett – eine runde Sache und eine etwas ungewöhnliche Jubiläumsmarke, der jeder Anlaß recht zu sein scheint; ganz wie es sich für das Kabarett gehört, jenes schwer erziehbare Musenkind, das an einem kühlen Novemberabend des Jahres 1881 in einer Künstlerkneipe auf dem Pariser Boulevard Rochechouart das Licht der Welt erblickte und sich seitdem beharrlich weigert, erwachsen zu werden.

Am Geburtsdatum sind Zweifel angebracht, denn das freche, unangepaßte Kleinkunststück, um das es hier geht, ist fraglos um vieles älter als behördlich beglaubigt. Verbrieften Zeugenaussagen zufolge ist es bereits vor Jahrtausenden bei homerischem Gelächter mit Momos, dem Griechen-Gott der Spötter, gesichtet worden und soll sich ferner mal die Zeit mit Béranger, dem Keller-Barden, vertrieben haben, mal in Begleitung von Franze Villon, dem poetischen Schlagetot, aufrührerische Sprüche klopfend, herumgegammelt sein.

Zudem ist, soviel ist sicher, am Geburtsschein nachweislich herummanipuliert worden: Monsieur Rodolphe Salis, der Likörfabrikanten-Sohn aus der Provinz, der sich als Kunstmaler und Zeichner durchs Boheme-Leben schlug, bevor er in einer Montmartre-Kaschemme heimisch wurde, ist nur einer von vielen Vätern, die das mit reichlich viel Weingeist getaufte Kind für sich in Anspruch nehmen kann. Sicher ist nur, was Ahnenforscher wie Friedrich Hollaender herausfanden: daß nämlich das rotzgörige Wesen, das sich von Zeit zu Zeit, von der Jahrhundertwende bis in unsere Tage hinein immer mal wieder bravbürgerlich bis biedermeierlich gebärdet, in „losen Liebschaften mit dem Theater, dem Varieté und der politischen Tribüne gezeugt“ worden ist.

Aber immerhin: Salis gab dem streunenden Bankert, der da bereits jahrhundertelang mit Vorliebe zwischen rebellischen Wegelagerern, Vaganten und Vagabunden herumlungerte, eine erste Bleibe und ein Dach überm Kopf. Seit diesem Tag kann das Kabarett, mit einer festen Adresse versehen und also auch für Ämter und Behörden erfaßbar, als nachweislich vorhanden geführt werden.

Und damit war es denn auch diesseits des Rheins wenn schon nicht gerade hof- und salonfähig, so doch wenigstens unter Literaten und Bohemiens vorzeigbar; auch konnte ihm ein vom Brettl-Baron Ernst von Wolzogen erstrittenes Bleiberecht in Kleinkunstschuppen, Hinterhofzimmern und Kellergewölben eingeräumt werden. Und da fühlt es sich seit einem knappen Jahrhundert pudelwohl und ist – allen Unkenrufen zum Trotz – offensichtlich nicht totzukriegen.

Und was das Erstaunlichste ist: das Kabarett ist längst zu einer urdeutschen Institution geworden. Diese Mischung aus Jux und Dollerei, aus scharfer Kralle und angepaßtem Frohsinn, aus theatralischem Gestus, gezieltem Kommerzulk, literarischer Ambition und politischem Engagement, die Hirn- und Zwerchfellkitzel zugleich verspricht und im besten Fall Erkenntnisspaß vermittelt, hat es so anderwärts nie gegeben und bleibt offenbar auf absehbare Zeit ein deutsches Phänomen. So wie es ein urdeutsches Anliegen zu sein scheint, die Satire, die von der Grenzüberschreitung lebt, in ihre Schranken weisen zu wollen.

Schwer zu fassen ist das freche Musenkind allerdings bis heute. Das gilt sowohl für alle Bemühungen, es wissenschaftlich zu katalogisieren und zu rubrizieren, wie auch für alle Versuche, ihm strafrechtlich ans Leder zu wollen. Immerhin argumentiert es sich schwierig, wo sich die Beklagte pirouettenartig zu drehen und zu winden weiß, wo Mißstände in der Verzerrung kenntlich gemacht werden und nur allzuoft das Gegenteil von dem gemeint ist, was bekennerhaft herausposaunt und zu sagen vorgegeben wird.

Die Geschichte des Kabaretts aufzuzeichnen ist ein mühseliges Unterfangen, zumal nachgedruckte Texte nur bestenfalls die halbe Wahrheit wiedergeben. Was für den Tag geschrieben wurde und von aktueller Anspielung lebt, wehrt sich gegen historisch belegte Fußnoten-Anmerkungen, ganz abgesehen davon, daß eine im nachhinein erläuterte Pointe keine mehr ist.

Kabarett-Texte brauchen den Interpreten, der sie serviert und über die Rampe bringt. Die Geschichte des Kabaretts ist deshalb nicht zuletzt auch die Geschichte vom unverwechselbaren Gestus großer Kabarettisten. Von ihnen soll in diesem Buch die Rede sein. Oder besser: sie sollen hier, auf zweihundert Seiten sichtbar gemacht, ins Blickfeld gerückt werden.

Silvester 1992 V. K.

Es begann im „Chat noir“

Vorspiel auf dem Montmartre

Paris um die Jahrhundertwende – Europas weltoffene Metropole mit Herz und Charme. Hier, an der Seine, versteht man zu leben, hier lebt es sich, so scheint es, leichter als anderswo. Paris, das ist die Stadt der modischen Eleganz, des technischen Fortschritts und der schönen Künste – der weniger schönen natürlich auch.

Wer sich amüsieren will, hat hier eine erste Adresse: Tanzpaläste, Varietés, Tingeltangel, Singspielhallen – die Unterhaltungsindustrie expandiert und macht die Stadt zu Füßen des Eiffelturms zu einem Eldorado für Vergnügungssüchtige aus aller Welt.

Seit den achtziger Jahren gibt es am Montmartre, auf dem Boulevard Rochechouart, eine neue Attraktion: das Cabaret „Chat noir" – eine Künstlerkneipe, in der freche Lieder, respektlose Sprüche und scharfzüngige Verse zu hören sind.

Besitzer des Etablissements ist der Maler Rodolphe Salis. Seine Idee, Künstler vor einem betuchten Publikum gegen gutes Geld den „wilden Mann" spielen zu lassen, erweist sich als Bombengeschäft. Denn der biedere Bürger, von der Boheme an den Pranger gestellt und dem höhnischen Gelächter preisgegeben, schlürft mit Behagen den Kakao, durch den er da gezogen wird. „Le Chat noir" – der schwarze Kater, das muß man gesehen haben.

Prochainement
Tournée
du
Chat
Noir
avec
Rodolphe Salis

Die Geburtsstunde schlägt dem Kabarett am 18. November 1881, dem Tag, an dem Rodolphe Salis am Pariser Boulevard Rochechouart das erste Künstlerbrettl eröffnet. Dichter, Maler, Musiker – hier, im „Chat noir“, sind sie zu Hause. Hier dirigiert Claude Debussy mit einer Blechgabel, hier sitzt Erik Satie am verstimmten Klavier.

Unumstrittener Star des „Chat noir“ ist schon bald der Bürgerschreck Aristide Bruant, ein kraftvoller Volkssänger und Poet, der dem Bourgeois seine aufmüpfigen Verse um die Ohren haut. Henri Toulouse-Lautrec wird nicht müde, ihn zu porträtieren, den Rebellen, der die Themen seiner populären Chansons auf der Straße findet: im Arme-Leute-Milieu des Montmartre mit seinen Dirnen, Zuhältern und Tagedieben – den leichten Mädchen und schweren Jungen. Wie sie alle, die er besingt, sucht auch Bruant sein Glück des Nachts auf den Straßen, rund ums „Chat noir“ herum. Begonnen hatte alles im Quartier Latin mit einem Verein, dem Club der „Wasserapostel“, zu dem sich Bohemejünger, Maler, Dichter, Musiker und andere, die sich dafür hielten, zusammengeschlossen hatten, um sich im Café Voltaire gegenseitig mit selbstverfaßten Chansons und Versen zu unterhalten.

Nach kurzer Zeit sieht man sich nach einer neuen Bleibe um und findet sie zu Füßen des Montmartre, in einem alten Postgebäude am Boulevard Rochechouart.

Berlins Kritiker Alfred Kerr gehört zu denen, die von der Fähigkeit der Chansonsänger, in drei Minuten ein ganzes Welttheater abrollen zu lassen, begeistert sind: „Vor keiner Verwegnis schrecken sie. Kennen die Scham oder Ehrfürchtigkeit germanischer Völker nicht.“ Und doch macht die Idee des Cabarets bald Schule, auch diesseits des Rheins – als Kabarett.

Rodolphe Salis als Conferencier seines Schattentheaters im Pariser „Chat noir“. Sein Beispiel, literarische Ambitionen und gesunden Geschäftssinn auf einen gemeinsamen Nenner zu bringen, machte bald Schule – auch in deutschen Landen.

Le Chat noir machte den Anfang: Als Rodolphe Salis im November 1881 auf dem Montmartre eine Künstlerkneipe eröffnete, in der neben Bier und Wein auch geistige Kost verabreicht wurde, begann die Geschichte des Kabaretts.

Wir legen ab heute unsere sämtlichen Manuskripte, Noten, Malereien, Gedanken und deren Splitter zusammen und bilden daraus eine Gesellschaft zur Veröffentlichung unserer bekannten Schöpfungen. Auf diesem Klavier werden unsere Vorträge begleitet werden, und diese Stelle, wo ich stehe, bildet das Podium, auf dem wir unsere Gedichte den Zuhörern, falls sich welche einfinden, vortragen werden. Wir werden politische Ereignisse persiflieren, die Menschheit belehren, ihr ihre Dummheit vorhalten, dem Philister die Sonnenseite des Lebens zeigen, dem Hypochonder die heuchlerische Maske abnehmen; und, um Material für diese literarischen Unternehmungen zu finden, werden wir am Tage lauschen und herumschleichen, wie es nachts die Katzen auf den Dächern tun.

Rodolphe Salis zur Eröffnung des „Chat noir"

Kabarett-Chef Rodolphe Salis im Ratssaal seines Pariser „Chat noir" – Gastgeber, Animateur, Ansager und Wirt in einer Person.

Eine besondere Attraktion im „Chat noir" war das Schattentheater, mit dem Rodolphe Salis seine Gäste unterhielt.

In einem alten Postamt eröffnet Salis im November 1881 das erste Kabarett: „Le Chat noir“ auf dem Boulevard Rochechouart. Anfang der dreißiger Jahre wurde das Gebäude abgerissen.

Der Mond schien hell
Da taucht Soustaine
Auf dem Boulevard vor mir auf
Und sagt: Na, Oskar
Wo kommst du denn her, altes Haus?
Und ich antworte:
Heute ist Sonntag
Morgen schon Montag
Ich such mein Glück
Ums Chat noir herum
Im Mondschein in Montmartre
Am Abend

Aristide Bruant, der erste große Chansondichter und Interpret der „zehnten Muse". Toulouse-Lautrec entwarf ihm die Plakate.

Stiefel, eine Hose aus geripptem Samt, dazu eine Weste mit Revers und eine Jägerjoppe mit Metallknöpfen. Ein roter Schal im Mai, ein rotes Hemd zu jeder Jahreszeit. Unter einem riesigen Hut, Marke Du-kannst-mich-mal, das schöne, ruhige Gesicht eines entschlossenen Rebellen.

Georges Courteline

Bruant hat mit leichter Pose eine soziale Empörung herausgesungen, die ihm viel Geld eingebracht hat, was nicht gegen ihre Echtheit sprechen muß – nur ist diese Empörung weit vom Klassenkampf entfernt gewesen. Was da in den ersten Montmartre-Cabarets ausklang, war noch echt (im Gegensatz zu heute) – und ein paar der Lieder werden für die nächsten Jahre bleiben – alle Franzosen kennen und lieben sie.

Kurt Tucholsky

Na, ihr blöden Fressen!
Dreckhaufen!
Hierher, meine Damen, hierher!
Neben den kleinen Dicken da.
Das geht doch sehr gut.
Sitzen doch nur 15 Mann auf der Bank!
Was?
Mein Gott, dann kneift ihr halt
die Arschbacken noch'n bißchen
zusammen ...!

Le Mirliton nannte Bruant sein eigenes Kabarett, das er 1885 in den Räumen des „Chat noir" eröffnete.

Als Rodolphe Salis am Montmartre mit der Zeit der Boden all der Stricher, Tagediebe und Gauner zu heiß wird, übersiedelt er 1885 mit dem „Chat noir" in die Rue de Laval; ins Geburtshaus des frechen Musenkindes am Boulevard Rochechouart zieht nun Aristide Bruant als neuer Hausherr ein. Er nennt sein Kabarett „Le Mirliton", zu deutsch „Die Rohrflöte".

Der Mann mit der Vorliebe für rote Schals, Stulpenstiefel und breitrandige Schlapphüte ist ein Freund der ebenso deutlichen wie kräftig-deftigen Aussprache. Er beschimpft die zahlenden Spießer, die zu ihm ins „Mirliton" kommen, als „Schweine", „Wanzenbrüder", „Canaillen" und „blöde Fressen", ihren weiblichen Anhang als „Nutten". Der wortgewaltige Sänger nimmt Partei, er rebelliert für die kleinen Leute gegen die Geldsäcke, Hochnäsigen und Privilegierten.

Aristide Bruant, ein Geheimtip und zugleich Markenzeichen des Montmartre, ist nicht der einzige Rebell auf dem Kabarett-Podium. Gleich ihm machen sich auch Chansonsänger wie Jules Jouy, Maurice Mac-Nab und Xavier Privas zum Anwalt der Armen, Wehrlosen und Entrechteten; sie alle besingen Tod und Verderben, Gott und Gosse, sie alle stimmen das Hohelied der Revolte an.

Und doch bleibt Bruant, der das Arme-Leute-Argot literaturfähig machte, die beherrschende Figur der frühen Pariser Kabarett-Szene, seine Poesie wie auch seine Grobheit suchen ihresgleichen. „Achtung! Ein Aufbruch!" polterte er seinen Gästen hinterher, wenn sie vorzeitig das Weite suchen wollten: „Also gut, hau ab! Verschwinde! Gehören die beiden Jungfrauen da zu dir? Typisch! Der deckt sich gleich mit zwei Ärschen ein. Will sich seiner Hörner wohl ganz sicher sein. Also dann: Gute Nacht, meine Damen. Machen Sie ihn glücklich... Da sieht man's mal wieder – alle Gäste sind Schweine, besonders die, die Leine ziehen."

Publikumsbeschimpfung vor 100 Jahren: Aristide Bruant und die sogenannte feine Gesellschaft, die ins „Mirliton" pilgerte.

In Yvette Guilbert findet das Pariser Kabarett seine erste große Diseuse. Das Wirkungsfeld der Guilbert ist aber nicht die Künstlerkaschemme, sondern die große Bühne der Cafés-concerts, der Varietés und Konzertsäle. „Für mich war die Bühne ein Salon", bekannte sie einmal, „und ich war bestrebt, diesen Salon zu betreten wie eine große Dame; ich wurde Montmartre-Hure und, wenn's sein mußte, auch ein Apache mit Mütze und Halstuch; meine Stimme wurde rauh und gemein. Aber wenn mein Lied zu Ende war, verließ ich die Bühne wieder möglichst distinguiert und elegant. Mein Lächeln verhieß: Dies ist doch alles nur, um uns zu amüsieren, nicht?" Die Guilbert trägt entscheidend dazu bei, daß die große Kleinkunst des Kabaretts auch östlich des Rheins rasch Freunde und Nachahmer findet. Auf ihren Tourneen, die sie auch nach Deutschland führen, macht sie sich zur Botschafterin für jene Brettl-Chansons, an denen sich auch Kritiker wie Alfred Kerr nicht satthören konnten: „In diesen Liedern ist alles", schwärmt er, „Kot und Glorie, Himmlisches und Niederstes. Mit einem Wort: Menschliches, Menschliches... In zwölf Zeilen spricht so ein Dideldum-Lied von den letzten Dingen."

Yvette Guilbert, die herbe Muse des französischen Kabaretts, verschaffte der „zehnten Muse" durch ihre Gastspielreisen auch in Deutschland viele Freunde.

Pegasus und Henkerbeil

Kabarett zur Kaiserzeit

PASSAGE
THEATER
CABARET

Das Kabarett in Deutschland ist so alt wie unser Jahrhundert. Es sind Literaten, darunter recht konservative Aristokraten, die das neugebackene Musenkind hierzulande in die Wiege legen. Und wie das nun mal so ist, geben sich die Herren Kabarettgründer nicht mit der bloßen Tat zufrieden, sondern sie lassen erst einmal eine ganze Anzahl programmatischer Erklärungen ab. Darin ist davon die Rede, man wolle „morsche alte Zäune niederreißen" und „verbrauchte Werte umwerten", „eine neue Kultur herbeitanzen" und den „Übermenschen auf dem Brettl gebären".

Nun haben es die Pointen zwar nicht so gern, wenn man erklärt, was der Witz an der Sache ist, noch dazu im vorhinein – aber immerhin geht es ja um deutsches Kabarett. Auch wenn die Anregung dazu aus dem benachbarten Frankreich kam.

Als Yvette Guilbert auf ihrer Tournee durch Europa auch nach Berlin kommt, jubelt man ihr begeistert zu. So etwas, findet das Publikum, müßte es auch in Deutschland geben – diese leichtfüßige kleine Kunst, in zwei, drei Strophen ein ganzes Welttheater auf die Bühne zu bringen. Sollte man das Cabaret nicht von der Seine an die Spree, an die Isar und an die Donau verpflanzen können?

Das finden auch deutsche Schriftsteller, die auf dem Montmartre die „zehnte Muse" kennen und schätzen gelernt haben – allen voran jener Ernst Freiherr von Wolzogen, der schließlich im Wettlauf um das erste deutsche Kabarett das Rennen machen sollte.

Ein deutscher Freiherr als Kabarett-Gründer: Der „Brettl-Baron“ Ernst von Wolzogen beim Vortrag eigener Verse in seinem „Überbrettl“, 1901.

Man schreibt den 18. Januar 1901. Schon das Datum, auf das die Geburtsurkunde des deutschen Kabaretts ausgestellt ist, ist ein Stück Kabarett an sich. Denn an genau diesem Tag feiert man den 200. Jahrestag der Erhebung Preußens zum Königreich; und dreißig Jahre zuvor war im Spiegelsaal zu Versailles das Deutsche Reich ausgerufen worden.

An diesem Winterabend nun hat Ernst Freiherr von Wolzogen in sein „Buntes Theater“, das er in Anlehnung an Nietzsches Übermenschen „Überbrettl“ nennt, in die Berliner Alexanderstraße 40 eingeladen. Zur Premiere fahren die Theaterbesucher in teuren Karossen vor. Während im „Bunten Theater“ der stürmische, hochherrschaftliche Beifall aufbrandet, vertreten sich die Kutscher draußen in der kalten Winternacht die Beine. Drinnen tritt Hausherr von Wolzogen in einem Biedermeier-Kostüm – hechtgraue Hose, pflaumenblauer Frack mit Goldknöpfen – vor den Vorhang und sagt in Conferenciers-Manier das Programm an: Rezitationen, Schattenspiele, Szenen, Pantomimen, Parodistisches und herzige Liedchen wie jenes vom „Lustigen Ehemann“, der sich mit seiner Angetrauten zu einem altmodischen Rundtanz vereinigt. Die biedere „Ringelringelrosenkranz“- Idylle wird über Nacht zum Schlager der Saison.

Das also hat man in Paris gelernt? Er habe, bekennt Wolzogen, auf die „wichtigste Betätigung des französischen Cabarets, nämlich die politische Tages-Satire“, ganz bewußt verzichtet, „weil bei uns in Deutschland die Zensur solche kecken Verhöhnungen der Regierung“ niemals hätte durchgehen lassen. Außerdem: „Ich war nun mal kein Bohemien. Die Hemdsärmeligkeit widerstrebte zu sehr meinem Geschmack und mein aristokratisches Gewissen hatte mich von Kindesbeinen an verpflichtet, der Masse gegenüber Distanz zu bewahren.“

Kabarett als elitäres Späßchen der gehobenen Kreise also. Die Beifallsstürme, zu denen sich das Publikum an diesem 18. Januar 1901 hinreißen läßt, gibt dem „Überbrettl“-Gründer recht. Sein Lagebericht ist preußisch knapp: „Die Schlacht ist gewonnen, der Sieg vollständig.“ Vermutlich ahnt der Brettl-Baron bereits, daß er mit seinem „Überbrettl“ eine Lawine losgetreten hat.

Das deutsche Kabarett kam im „Bunten Theater“, auch „Überbrettl“ genannt, in der Berliner Alexanderstraße zur Welt – als Unterhaltung für den „Lebemann“.

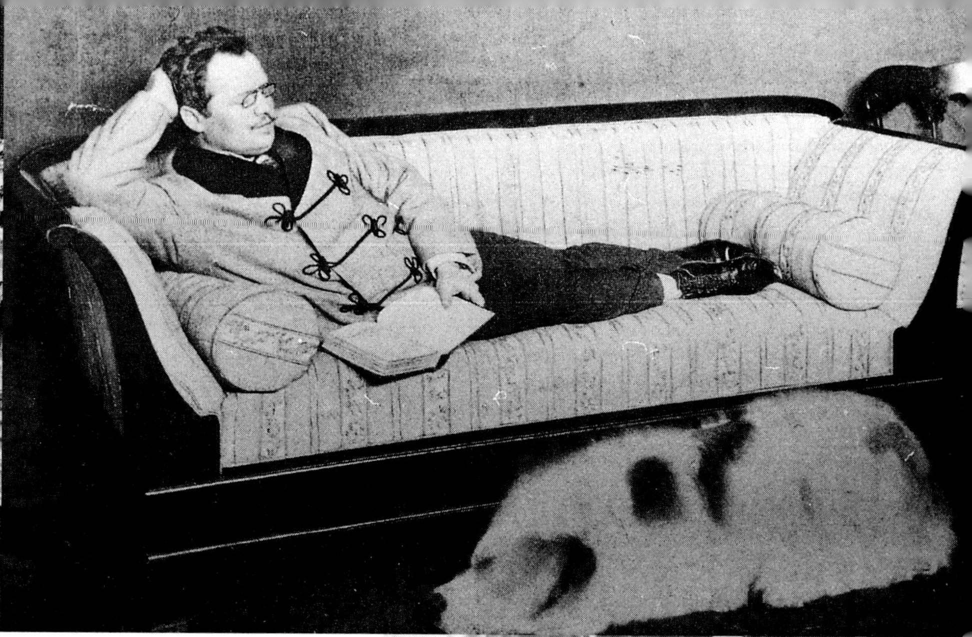

Die Renaissance aller Künste und des ganzen Lebens kommt vom Tingeltangel her! … Zu uns, ins Tingeltangel, werden alle kommen, die Theater und Museen ebenso fliehen wie die Kirche. Und bei uns werden sie … das finden, was ihnen allen fehlt: den heiteren Geist, das Leben zu verklären, die Kunst des Tanzes in Worten, Tönen, Farben, Linien, Bewegungen. Die nackte Lust am Schönen, den Humor, der die Welt am Ohr nimmt, die Phantasie, die mit den Sternen jongliert und auf des Weltgeistes Schnurrbartenden Seil tanzt … Wir werden eine neue Kultur herbeitanzen! Wir werden den Übermenschen auf dem Brettl gebären! Wir werden diese alberne Welt umschmeißen! Otto Julius Bierbaum

Die Autoren des ersten deutschen Kabaretts waren anerkannte Dichter: Detlev von Liliencron und Otto Julius Bierbaum. Aufmüpfige Satiren gegen Kaiser und Kirche brachten dem bajuwarischen Ludwig Thoma sogar eine Gefängnisstrafe ein.

Der Brettl-Baron und sein „Überbrettl"-Star: Ernst von Wolzogen und Elsa Laura Seemann.

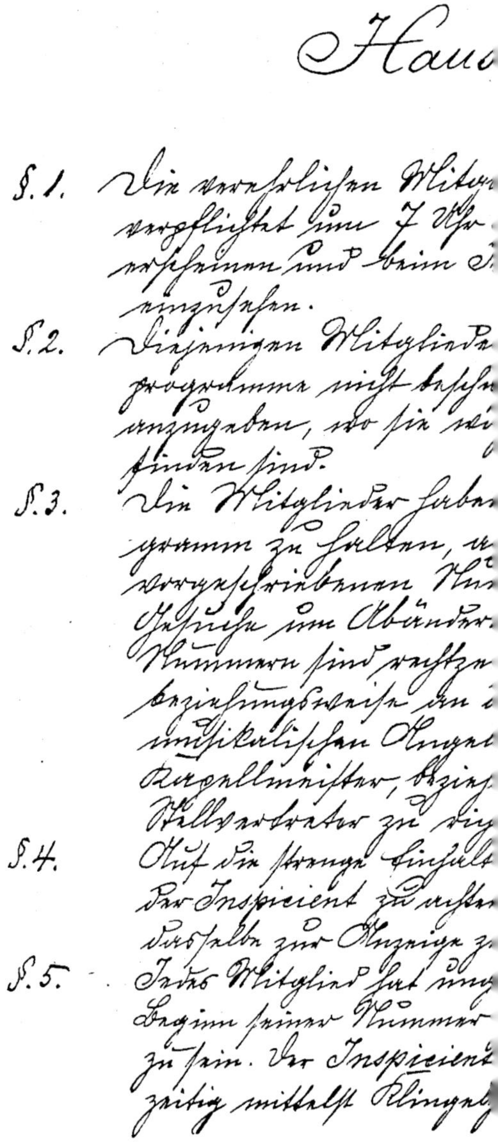

Hinter den Kulissen hält Deutschlands erster Kabarett-Chef trotz „keckem Tralala“ und „lustigem Firlefink“ auf preußische Zucht und eiserne Disziplin. In einer Hausordnung, die sich Ernst von Wolzogen von seinen Stars unterschreiben läßt, ist peinlich genau geregelt, wie bunt es hinter der Bühne des „Bunten Theaters“ zugehen darf: „Zur Vermeidung von störendem Geräusche“, heißt es, „werden die Mitglieder ersucht, sich hinter der Szene jedes lauten Gespräches, unnötigen Hin- und Herlaufens, Thürenschlagens u.s.w. zu enthalten und sich thunlichst nach Beendigung ihrer Nummer in den Garderoben oder sonstigen Vorräumen aufzuhalten.“ Und weiter: „Der Aufenthalt in den Damengarderoben ist den Herren, sowie der Aufenthalt in den Herrengarderoben den Damen nicht gestattet…“

Große Überbrettl-Parade: Kabarett-Chef Ernst von Wolzogen; Elsa Laura Seemann; das „Ringelrosenkranz“-Paar Bozena Bradsky und Robert Koppel; der Schriftsteller Hanns Heinz Ewers als Rezitator eigener Gedichte; Bozena Bradsky als „Madame Adèle“; Olga d'Estrée, Luigi Spontelli und Olga Wohlbrück in der Pantomime „Pierrots Fastnacht“; Olga Wohlbrück als Interpretin von „Spott- und Geißel-Liedern“.

…nung für das „Bunte Theater.“

…sind ausnahmslos
…im Theater zu
…unter das Programm

…in dem Abend
…sind, sind verpflichtet
…der Vorstellung zu

…lange an das Pro-
…züglich der ihnen
… Begründete
…der vorgeschriebenen
…dem Direktor,
…Stellvertreter, in
…seiten an den ersten
…weise an dessen

…Programmes hat
…dem Vertrag gegen
…en.

…zehn Minuten vor
…Auftreten bereit
…Mitglieder recht,
…auf die Bühne zu rufen

und falls sie nicht rechtzeitig auftrittsbereit sind, das im Programme nächstfolgende Mitglied hinauszuschicken, die versäumte Nummer entfällt und das betreffende Mitglied ist vom Inspicienten zur Bestrafung zu notiren.

§. 6. Zur Vermeidung von störendem Geräusche werden die Mitglieder ersucht, sich hinter der Bühne jedes lauten Gespräches, unnötigen Hin- und Herlaufens, Thürenzuschlagens, u. s. w. zu enthalten, und sich thunlichst nach Beendigung ihrer Nummer in den Garderoben oder sonstigen Vorräumen aufzuhalten.

§. 7. Der Aufenthalt in den Damengarderoben ist den Herren, sowie der Aufenthalt in den Herrengarderoben den Damen nicht gestattet. Besuche, auch solche von Angehörigen, dürfen weder in der Garderobe, noch auf der Bühne empfangen werden.

§. 8. Der Aufenthalt im Zuschauerraume kann nichtbeschäftigten Mitgliedern gestattet werden, doch ist dabei jedes störende Ein- und Ausgehen, sowie überhaupt auffälliges Benehmen zu vermeiden.

Hamburg am 17. Oktober 1901.

gelesen: Bozena Bradsky, Olga Wohlbrück, Fritz Flank, Oscar Straus, Waldemar Wendland, Carl Swoboda, Franz Ressner, Paul Stampa, Geschow, Rob. Koppel, Elsa Laura Seemann, Ottilie Strauss, Franz Fried. Wohlbrück, E. Walter, Josefine Spengler, Ottilie Dvořák, Moorlied, d'Estrée

Im Biedermeier-Look präsentierten sich Bozena Bradsky und Robert Koppel auf dem „Überbrettl“ mit ihrem Lied vom „Lustigen Ehemann“. Am Flügel: der Komponist Oscar Straus.

Ringelringelrosenkranz
Ich tanz mit meiner Frau
Wir tanzen um den Rosenbusch
Klingklanggloribusch
Ich dreh mich wie ein Pfau.
Zwar hab ich kein so schönes Rad
Doch bin ich sehr verliebt
Und springe wie ein Firlefink
Dieweil es gar kein lieber Ding
Als wie die Meine gibt.
Die Welt, die ist da draußen wo
Mag auf dem Kopf sie stehn!
Sie interessiert uns gar nicht sehr
Und wenn sie nicht vorhanden wär
Würd's auch noch weiter gehn.

Herr Kaiser – wenn heut
Zu des Thrones Stufen
Dein Volk sich drängt
Im hellen Jubelchor
So zürne nicht
Wenn keck und ungerufen
Der Schalk auch bittet
Um geneigtes Ohr.
Duckmäuser, die im
Dunkeln düster grollen
Das sind wir nicht.
Gelt, du wirst Spaß verstehn?
Und wenn wir mal
Ein Wörtlein wagen wollen
So wirst du gern uns
Durch die Finger sehn.
Darauf vertraun wir
Überbrettlleute –
Lieber Herr Kaiser
Gelt, du sagst nicht nein?
's klingt zehnmal lauter
Wenn Dir zehn Gescheute
Als hunderttausend
Esel hurra schrein.

Überbrettl-Fete zum einjährigen Bestehen des ersten deutschen Kabaretts im Jahre 1902. Links am Tisch, den Sektkübel vor sich: Brettl-Baron von Wolzogen mit Elsa Laura Seemann.

Ermutigt durch den Erfolg seiner Überbrettl-Unternehmung, verfolgt Ernst von Wolzogen ehrgeizige Pläne. Im November 1901 zieht er in ein neues Haus um; das neue Überbrettl, ein prachtvoller Jugendstil-Bau, liegt in der Köpenicker Straße und hat nun 800 Plätze. Aber kabarettistisch geht es im neuen Domizil immer mehr bergab, die Presse schießt sich auf den Überbrettl-Baron ein, Spottverse auf den „tingeltangelnden Goldschnitt-Lyriker" machen die Runde. Zwei Jahre nach der ersten deutschen Kabarett-Gründung kommt das Aus: Der Freiherr zieht sich vom Kabarett zurück und bewirbt sich als Intendant der Berliner Komischen Oper.

Wolzogen als Witzfigur: Nicht nur die Künstler-Boheme ließ den Kabarettgründer in der Karikatur hochleben. Otto Reutter spottete: „Schaut man jetzt mal in die Theaterzettel, so sieht man nichts wie lauter Überbrettl..."

Nicht nur Brettl-Baron von Wolzogen hatte sich um die Jahrhundertwende mit dem Plan befaßt, das, was Literaturfreunde in Paris auf dem Montmartre besichtigt hatten, nach Deutschland zu bringen. Auch der junge Schauspieler Max Reinhardt war vom Brettl-Fieber erfaßt worden. Reinhardt, der von einer großen Regiekarriere träumte, möglichst im eigenen Haus natürlich, tat sich mit Freunden zusammen, um im Januar 1901, nur wenige Tage nach der „Überbrettl“-Premiere, einen kabarettistischen Jux zu inszenieren – auf der Theaterbühne. Als die Suche nach einem geeigneten Namen für das Ensemble ergebnislos bleibt, nennt man sich, frei nach Goethe, einfach „Schall und Rauch“.
Es wird ein Spaß in eigener Sache: Hier werden die geliebten Klassiker verspottet und der Theaterbetrieb persifliert. Daneben steuert der mit Reinhardt befreundete Dichter Christian Morgenstern Kabarett-Sketche, Literaturparodien und Nonsens-Verse bei. Aber auch Satirisches kommt auf die „Schall und Rauch“-Bühne. Von der Loge aus verfolgen und kommentieren – sehr zum Ärger der polizeilichen Zensurbehörde – der senile „Serenissimus” und seine Hofschranze Kindermann das Programm.
Reinhardt bekommt übrigens sein eigenes Theater. Die Erfolge, die er mit seinen Brettl-Späßen hatte, machten's möglich.

Ein Werwolf eines Nachts entwich
Von Weib und Kind und sich begab
An eines Dorfschullehrers Grab
Und bat ihn: „Bitte, beuge mich!“

Der Dorfschulmeister stieg hinauf
Auf seines Blechschilds Messingknauf
Und sprach zum Wolf, der seine Pfoten
Geduldig.kreuzte vor dem Toten:

„Der Werwolf“, sprach der gute Mann
„Des Weswolfs, Genetiv sodann
Dem Wemwolf, Dativ, wie mans nennt
Den Wenwolf, – damit hats ein End.“

Dem Werwolf schmeichelten die Fälle
Er rollte seine Augenbälle.
„Indessen“, bat er, „füge doch
Zur Einzahl auch die Mehrzahl noch!“

Der Dorfschulmeister aber mußte
Gestehn, daß er von ihr nicht wußte.
Zwar Wölfe gäbs in großer Schar
Doch „Wer“ gäbs nur im Singular.

Der Wolf erhob sich tränenblind –
Er hatte ja doch Weib und Kind!!
Doch da er kein Gelehrter eben
So schied er dankend und ergeben.

Alle guten Geister des Humors und seiner altjüngferlichen Schwester, Fräulein Satire, geben sich hier ein tolles Stelldichein. Es ist das wahre Über-Überbrettl, weil es an Geist, Geschmack und Witz, weil es vor allem in der neuen Art des Sichgebens dem Überbrettl weit über ist… Mit Voltaire erklären sie alle Kunstgattungen für erlaubt, nur die langweilige nicht. Berliner Illustrirte

Auf Kosten des Hofes wurde im „Schall und Rauch" so manche Pointe abgefeuert, wenn Serenissimus (Victor Arnold) und sein Adjutant Kindermann (Gustav Beaurepaire) die Bühne betraten.

Sie haben in Ihrem Theater „Schall und Rauch" geduldet, daß der Schauspieler Gustav Beaurepaire das von der Censurbehörde gestrichene Wort „Popo" am 9. October d.Js. zum Vortrag brachte. Die Übertretung wird bewiesen durch das Zeugniß des Herrn Assessors Dr. Possart und durch Ihr Zugeständniß. Auf Grund der Polizei-Verordnung vom 10. Juli 1851 (§13) wird deshalb gegen Sie eine Geldstrafe von fünfzehn Mark, an deren Stelle, wenn sie nicht beizutreiben ist, eine Haft von zwei Tagen tritt, hierdurch festgesetzt. Der Polizei-Präsident zu Berlin

So viel Theater ums Kabarett: „Schall und Rauch" – Prolog mit Martin Zickel, Friedrich Kayßler und Max Reinhardt, 1901.

Der Meyer ist Kapitalist
Kein Debet und viel Credit
Und was das Allerfeinste ist:
Es sitzt bei ihm die Edith.
Ich fang mit ihr zu äugeln an –
Und Meyer sieht mich freundlich an.

Es wohnt die Edith hoch, tipptopp
Wie meistens solche Damen
Und Meyers dicker Wasserkopp
Hängt an der Wand im Rahmen.
Ich tue, was ich tuen kann –
Und Meyer sieht mich freundlich an.

Das „Schall und Rauch“-Beispiel macht Schule: Rudolf Bernauer und Carl Meinhard, zwei Schauspieler-Kollegen Max Reinhardts mit eher bescheidenen Bühnenaufgaben, sehen und nutzen im Kabarett die Gelegenheit, sich zu profilieren. So wächst der Plan, mit einem eigenen Ensemble hin und wieder – aber eben immer wieder – vor ein künstlerisch interessiertes Publikum zu treten und mit Lachern aufzuwarten.
Bernauer und Meinhard scharen Gleichgesinnte um sich, darunter Brettl-Besessene wie Paul Schweiger, der ein komisches Talent ist, und Leo Wulff, den Redakteur der „Lustigen Blätter“, der neben Texten auch für die Werbung sorgen soll. Als musikalischen Leiter engagieren sie eine Kneipenbekanntschaft: Leo Fall, der sich später als Operetten-Komponist einen Namen machen wird.
Parodistisches hat man im Sinn, auf die Brettl-Bühne gebrachten Theaterklatsch, freche Lieder und witzig-erotische Chansons, auf die sich vor allem der schlagertextende Bernauer versteht. Der Name, den das Ensemble sucht und findet, will Programm sein: „Die Bösen Buben“.
Im November 1901 soll endlich Premiere sein. Die Adresse, die man sich dafür ausgesucht hat, ist ausgezeichnet: Berliner Künstlerhaus, Bellevuestraße. Auch Wulffs PR-Arbeit war erstklassig, im Publikum sitzt Berlins erste Künstlergarnitur, darunter viel Prominenz: Maler wie Slevogt, Liebermann und Corinth, Schriftsteller wie Ludwig Fulda und Hermann Bahr, Schauspielerkollegen wie Max Reinhardt und Albert Bassermann, der Brettl-Baron von Wolzogen sowie der Kritiker Maximilian Harden.
Angesichts solch großer Namen wird dem Mann am Klavier ganz mulmig zumute. Nach der Premiere geht in den Künstlerkneipen das Gerücht um, Leo Fall sei so heiß und kalt geworden, daß er in der Pause seine Hose habe wechseln müssen. Dabei war ein Durchfall gar nicht in Sicht. Spätestens nachdem Bernauers „Meyer“-Chanson von Metropoltheater-Star Josef Giampietro mit gekonnter, augenzwinkender Nonchalance serviert worden war, hatten die kabarettelnden „Bösen Buben“ gewonnenes Spiel.

Die Bösen Buben in Aktion: Carl Meinhard, Leo Wulff, Rudolf Bernauer und Paul Schweiger.

Die Minderwertigen: Carl Meinhard, Tilla Durieux und Rudolf Bernauer als Verbrecher-Trio, 1904.

Das waren schöne Tage, auch für die „Bösen Buben". Da gab es noch Wilhelm II., den Schöpfer der geschmackstrotzenden Siegesallee... Dichte Flocken fielen vom kalten Winterhimmel, als wir, bereits im Kostüm für die erste Nummer unseres Programms, mit unseren Siebensachen und dem Garderobier in einer Droschke schweigend durch den nächtlichen Tiergarten fuhren. Die Räder rollten lautlos dahin, und die schneebedeckten Hohenzollern-Standbilder in der Siegesallee standen, weißbehangenen Gespenstern gleich, zu beiden Seiten des Weges aufgepflanzt. Es war wie eine Spukfahrt durch Reihen unheimlicher Geister. Manche schienen uns zu verhöhnen, andere zu drohen. Wir waren in einer Stimmung, wie sie ein verzweifelter Spieler haben mag, der sein letztes Goldstück auf den Tisch geworfen hat und weiß, daß er im Verlustfalle sich draußen eine Kugel vor den Kopf schießen wird. Auch wir wußten, daß wir im Falle einer Blamage für immer erledigt waren.

Rudolf Bernauer

Ganz kolossal ist unsere Freude
Wir sind vergnügt, so wie man sieht;
Wir kommen nämlich alle dreie
Geradewegs aus Moabit.
Wir haben neulich eingebrochen
Und ausgeraubt den Kassenspind
Und dennoch sind wir freigesprochen
Weil wir minderwertig sind.
Du guter Himmelsvater
Beschütz die Psychiater!
Ist wer frech, verkloppen wir'n
Haun ihn lahm und taub und blind.
Uns kann keinem nischt passiern
Weil wir pathologisch sind.

Die Pegasus-Mannschaft: Max Tilke, Marie Madeleine, Georg David Schulz, Ernst Griebel, Charles Horning, Vittorino Moratti und Wolfgang Hamann.

Das hatte er sich wohl nicht träumen lassen, der Brettl-Baron. Nachdem Wolzogen 1901 mit dem „Überbrettl“ das erste deutsche Kabarett gegründet hatte, folgen Hunderte seinem Beispiel. Wohin man auch blickt, überall schießen Kleinkunstschuppen wie Pilze aus der Erde. Da wird aus dem Stand gesungen und getanzt, da wird auf Zuruf gedichtet und der Reim geschüttelt. Im Hinterzimmer eines Berliner Weinlokals richtet der Maler Max Tilke sein „Cabaret zum hungrigen Pegasus“ ein. Die Conference übernimmt er selbst: „Wir können eigentlich gar nichts. Wir machen Ihnen bloß was vor, damit Sie Ihren Wein nicht so stumpfsinnig heruntertrinken müssen ...“

Der Maler und sein Modell: Marietta di Rigardo alias Marion Schulz, wie sie Max Slevogt während ihres Auftritts im „Siebenten Himmel“ auf der Leinwand festgehalten hat.

Als im Saus und Braus
Uns das Geld ging aus
Plagte uns nicht
Allzu lang die Reu.
Schnell zum Leihhaus ging
Mit dem letzten Ring
Mein geliebtes Kind
Und blieb mir treu.
Und sie küßte mich
Wenn mein Frohsinn wich
Schürte sie erloschne Phantasie.
Bis der Mitwelt Gunst
Lohnte meine Kunst
Und man mich entdeckte als Genie.
Ob auch die strenge Bourgeoisie
Entrüstet uns verfeme
Jeannette, dich vergeß ich nie!
Vive la Bohème!

Auf einem Podium, das nicht größer ist als zwei Meter im Geviert, steht ein altersschwaches Pianino, dessen Tasten an Gelbsucht leiden und das trotzdem bemüht ist, sich unter den Händen echter Künstler von der vorteilhaftesten Seite zu zeigen. Kopf an Kopf, Hand an Hand, Bein an Bein sind die Besucher gedrängt... keine Johannisbeere, geschweige denn ein Apfel könnte zur Erde fallen. Eine graue Wolkenschicht, aus dem Rauche von Havannas, Zigaretten und Virginia gebildet, lagert über den Häuptern – und durch das ganze Milieu weht der Hauch der echten, heiligen, göttlichen Boheme! Schriftsteller, Maler, Journalisten, Musiker, Dichter sind dort versammelt zu künstlerischem Tun, bekannte Meister und junge Talente, entdeckte Größen und keimende Genies, gedruckte Autoren und solche, deren Manuskripte noch der Druckerschwärze und des Verlegers harren... Es herrscht absolute Gleichheit. Die Wurschtigkeit gegen alle Konventionen schwingt ihr Zepter. Hurra! Berlin ist Weltstadt!

Zeitungsbericht über den „Hungrigen Pegasus“

Folklore im Pegasus: Charles Horning, Ernst „Molly“ Griebel und Max Tilke singen „Good Night, Lady“.

Die Boheme gibt sich die Ehre: Paul Haase, Donald Wedekind und „Himmel“-Chef Georg David Schulz.

Im Cabaret zum hungrigen Pegasus.

Herrschaften, es ist ja schön, dass Sie gekommen, aber zu zahlreich, viel zu zahlreich. Denken Sie doch an die Hitze und den Qualm. Und dann: Was erwarten Sie eigentlich von uns? Wir könenn ja gar nichts. Na, Sie werden ja sehen. Also, wenn Sie wollen, fängt's jetzt an. Aber zunächst mal Prosit!

Max Tilke bei der „Fütterung“ der „hungrigen Pegasusse“.

Ein Stück Montmartre brachten Käthe und Hans Hyan auf die Berliner Kabarettbühne. In der „Silbernen Punschterrine" standen Bänkellieder um schwere Jungs und leichte Mädchen auf dem Programm, aber auch Kritisches über „die da oben".

Verdammt, nu sitz ick in det Loch
Schon fast'n Jahr un janz in Eisen.
Un een Jeständnis hat ma doch
Bisher keen Richta konnt entreißen.
Es wa doch mitten in de Nacht...
Wer weeß et denn, det ick die Olle
Mit meinen Schneitling rot jemacht
Daß mir det Blut spritzt an die Tolle?

Mein Jott, ick bin doch noch so jung!
Se kenn' ma ja wat dun, die Affen!
Ick mecht bloß vor de Hinrichtung
Nochmal bei meine Mieze schlafen...
Ob die woll ooch jetzt an mir denkt?
Se hette doch mal kennen kommen!
Det Armband, wat ick se jeschenkt
Det ham's ihr wieder abjenommen.

Wie kleen der Jas uff eenmal brennt!
Da Morjen kraucht schon durch de Jitta.
Na, Maxe, nu man nich jeflennt!
Jetzt heeßt et: Mut! Und keen Jezitta...
Se kommen – Wat? – Is denn schon Zeit?
Na ja, det is für die so'n Futta!
Wat?... ick?... Jawoll, ick bin bereit...
Herr Paster... meine Mutter!... Mutta!!!

Dem „Hungrigen Pegasus" folgen andere Kneipenbrettl: Sie nennen sich „Im Siebenten Himmel", „Die Schminkschatulle", „Zur buckligen Anna". Wie damals im Pariser „Chat noir" treten die Gäste selber auf – Dichter, Maler, Musiker, Lebenskünstler. Die Boheme ist unter sich.
In der „Silbernen Punschterrine" ist es der Journalist Hans Hyan, der Erinnerungen an das frühe Montmartre-Kabarett wach werden läßt. Wie einst Aristide Bruant, singen auch er und seine Frau Käthe von den Geschlagenen und Schwachen. Und sie verhöhnen die Polizei. Selbst Dichter wie Peter Hille und Erich Mühsam finden mehr und mehr Gefallen am Brettl. Hille, wie Mühsam seit geraumer Zeit Stammgast im „Himmel", etabliert sich 1903 im eigenen „Cabaret zum Peter Hille"; hier kramt „St. Peter", wie er von seiner Verehrerin Else Lasker-Schüler genannt wird, in seinem Zettelsack, gibt Verse und Aphorismen zum Besten und läßt gelegentlich auch Dichter-Kollegen zu Wort kommen.

ein Schlips am Hals, kein Geld im Sack
ir sind ein schäbiges Lumpenpack
uf das der Bürger speit.
er Bürger blank von Stiebellack
lit Ordenszacken auf dem Frack
er Bürger mit dem Chapeau claque
romm und voll Redlichkeit.

o hat der Bürger alles her:
en Geldsack und das Schießgewehr?
r stiehlt es grad wie wir...

, wär ich doch ein reicher Mann
er ohne Mühe stehlen kann
epriesen und geehrt.
räf ich euch auf der Straße dann
r Strohkumpane, Fritz, Johann
r Lumpenvolk! Ich spie euch an –
as seid ihr Hunde wert!

Poeten des Brettl: Peter Hille und Erich Mühsam traten selbst aufs Podium.

In diesen Zusammenkünften kunstfreudiger Jugend, die einen alternden Weisen innig und sinnig verehrt, findet man nichts von jener angeschwemmten Talentlosigkeit, die den von Cabaret-Bazillen infizierten Westen Berlins umschlungen hält mit klammernden Organen. Peter Hille liest, was er während der Woche in der Einsamkeit von Schlachtensee gedichtet, in diesem anspruchslosen, hellen Hinterstübchen, wo man guten Chianti trinkt für billiges Geld und französische Zigaretten raucht und sich über die weißen Zähne blühender Mädchen freut… Und der weise Dichter, dieser Boheme mit seinem grau-wallenden Zauberbart und der verehrungswürdigen Unmöglichkeit seines Habitus, liest ruhig und gelenk von großen, wirren, töricht taumelnden Blättern seine Verse ab, Verse gedämpfter Lebensfeinheit, edler Leuchtkraft und spürenden Tastsinns.

Ferdinand Hardekopf über das „Cabaret zum Peter Hille“

König der Boheme oder des Kabaretts „letzter Romantiker“: Danny Gürtler.

Dem Staatsanwalt widmeten aufmüpfige Schreiberlinge ihre Satire-Zeitschrift – im „Simplicissimus", dem Blatt mit der bissigen Dogge, gab es vor knapp hundert Jahren für die Großkopfeten wenig Schmeichelhaftes zu lesen: dort wurde gegen Sittlichkeitsapostel und falsche Fuffziger, gegen Prüderie und Biedersinn, gegen den Untertanengeist, die Zensur und das Allerheiligste gehetzt; sogar Wilhelm zwo bekam sein satirisches Fett ab.

Frank Wedekind, der des deutschen Kaisers Großmannssucht an den Satire-Pranger stellte, ging dafür ein halbes Jahr ins Loch. Wieder frei, rottet er sich in München mit Gesinnungsfreunden – Malern, Musikern, Schauspielern, Schriftstellern – zusammen; man beschließt, im Schwabinger Gasthof „Zum Hirschen" ein Kabarett aufzumachen. Ein Kabarett – kein Überbrettl. Zu erreichen über die Hinterhof-Stiege.

Im Innenraum werden Zensurbescheide und Gerichtsurteile an den Schandpfahl genagelt. Und die „Elf Scharfrichter", wie sich die Münchner Kabarettisten nennen, schlagen auch auf der Bühne zu – gegen Muckertum, gegen Scheinmoral und Heuchelei, gegen die öffentliche Unordnung. Öffentliche Hinrichtungen zum Wohle des Ganzen.

Aus den ursprünglich elf Scharfrichtern, die sich so schaurig-schöne Pseudonyme wie Till Blut, Kaspar Beil und Dionysius Tod zugelegt haben, werden bald fünfzehn und mehr. Die Neuen werden kurzerhand zu „Henkersknechten" ernannt.

Und dann kommt sie, der weibliche Star der Truppe, wachsbleich geschminkt und sparsam im Ausdruck: Marya Delvard. Sie trägt eine Wedekind-Ballade von früher Lolita-Lust vor. Dann und wann haut Wedekind selbst in seine Lauten-Saiten und singt: „Ich hab meine Tante geschlachtet ..."

Erbauet ragt der schwarze Block
Wir richten scharf und herzlich.
Blutrotes Herz, blutroter Rock
All unsre Lust ist schmerzlich.
Wer mit dem Tag verfeindet ist
Wird blutig exequieret
Wer mit dem Tod befreundet ist
Mit Sang und Kranz gezieret.

Wie Rausch verrinnt der bunte Sand
Der Zeit, die uns mit Nacht umwand
Doch unsre Fackeln stehn im Land
Hoch ihrem Flug zu lodern.
Wir leuchten dem, was rasch verfällt
Was kaum ein Tag im Licht erhellt.
Mag uns der tolle Gott der Welt
Vor seinen Richtstuhl fordern.

Die Elf Scharfrichter im Henker-Look: rote Robe, vermummte Miene und geschultertes Richtschwert.

Marya Delvard, die Muse des Scharfrichter-Teams: ein ernster Jugendstil-Engel, kühl und unnahbar.

täglich
Die 11
Scharfrichter
Türkenstr. 28

Ich war ein Kind von fünfzehn Jahren
Ein reines unschuldsvolles Kind
Als ich zum erstenmal erfahren
Wie süß der Liebe Freuden sind.

Er nahm mich um den Leib und lachte
Und flüsterte: O welch ein Glück!
Und dabei bog er sachte, sachte
Den Kopf mir auf das Pfühl zurück.

Seit diesem Tag lieb ich sie alle
Des Lebens schönster Lenz ist mein;
Und wenn ich keinem mehr gefalle
Dann will ich gern begraben sein.

Scharfrichter-Chef Marc Henry und Marya Delvard.

Frank Wedekind – der Literat als Bänkelsänger. Alfred Kerr nannte ihn den „geborenen Scharfrichter".

Scharfrichter-Diva Marya Delvard als 84jährige in München: Erinnerungen ans Kabarett der frühen Jahre.

Es waren wild auftretende Kunstzigeuner, aus ihren Cafés brachten sie auf die Bühne ihres Münchner Kabaretts die volle Verachtung des bürgerlichen Menschen mit, überzeugt, ihm könne höchstens unter Bluff, Hohn, Teufelei und falscher Lasterhaftigkeit ein wenig Literatur hinterrücks versetzt werden. Heinrich Mann

Auf einmal schwebte das kleine Theater in magischem Lilalicht, und wie aus ihrem Sarge aufgestiegen stand Marya Delvard vor dem fahlen Vorhang. Es wurde still wie in der Kirche, kein Teller klapperte mehr… Sie war entsetzlich bleich, man dachte unwillkürlich an Sünde, vampirisch zehrende Grausamkeit und Tod… Sie sang alles mit müder Eintönigkeit, die sie nur zuweilen durch einen wilden Aufschrei gieriger Leidenschaft unterbrach. Hans Carossa

Die 11 Scharfrichter.

Die Kabarettschwemme, die von Wolzogens Überbrettl ausging, macht auch vor den Grenzen des österreichischen Nachbarn nicht halt. Im November 1901 gründet der Kritiker und Schriftsteller Felix Salten sein Wiener Überbrettl, das er „Jung-Wiener Theater zum Lieben Augustin" nennt. Aber der Erfolg bleibt vorerst aus und stellt sich erst einige Jahre später ein, als einige Ex-Scharfrichter um Marc Henry aus München nach Wien kommen, um hier das „Nachtlicht" aus der Taufe zu heben. Viel literarische Prominenz tummelt sich da um die Diseuse Marya Delvard: Schriftsteller wie Roda Roda, Felix Dörmann, Peter Altenberg, Egon Friedell und Erich Mühsam, die auch im 1907 gegründeten „Fledermaus"-Kabarett den unterhaltsam ironischen Ton angeben. Augenzwinkernde Unterhaltung, Literaten-Seligkeit und volkstümlicher Schmäh, die auch in den nachfolgenden Kabarett-Etablissements, in der „Hölle" und im „Simplicissimus", einen festen Programmplatz haben, läßt Kritiker wie Karl Kraus zum Wiener Kabarett schon bald auf Distanz gehen.

Hab ein Weibchen wie ein Täubchen
Trägt ein samtnes Ärmelleibchen.
Doch das Weib ist übermütig
Wenn ich trinke, zankt sie wütig.
Ich will eine Peitsche nehmen
Und die tolle Trude zähmen.
Wenn du umspringst ungezügelt
Wirst du braun und blau geprügelt.
Wenn du keifst und geiferst, Liebe –
Gibt es täglich Geißelhiebe.
Wird dein Zorn den Nacken steifen
Will ich mir ein Liedl pfeifen.

Das Wiener „Nachtlicht" gilt als erstes literarisches Kabarett an der Donau. In der Kabarett-Manege (v.l.n.r.): Peter Altenberg, Carl Hollitzer, Heinz Lebrun, Marya Delvard, Felix Dörmann, Marc Henry und Hannes Ruch als Dirigent.

Die Wiener „Nachtlichter" in der Karikatur: Hannes Ruch, Marc Henry, Carl Hollitzer, Roda Roda, Felix Dormann, Heinz Lebrun, Fred Dolbin.

Frank Wedekind (links) war mit seinen Bänkelballaden bereits im Wiener „Lieben Augustin" aufgetreten.

Mein erstes Wiener Kabarett-Engagement mußte ich vorzeitig abbrechen, zum Glück bloß zwei Tage vor seinem natürlichen Ablauf. Mein Nachtlicht-Chef Henry, in Rage gebracht durch eine Anrempelung in der „Fackel", nahm an deren Herausgeber brachiale Rache. Ich saß mit Karl Kraus in einem Weinlokal, als die Kollegen vom Kabarett erschienen und an einem anderen Tisch Platz nahmen. Plötzlich stürzte sich Henry auf Kraus, den er buchstäblich bis zur Bewußtlosigkeit verprügelte; es war höchst widerwärtig und roh. Ich lag, in dem Drange, Frieden zu stiften, beiseite geschoben, mit verstauchtem Finger, zerbrochenem Kneifer und zerfetztem Engagementsvertrag in einer Ecke am Boden, während Peter Altenberg seufzend zwischen den verwaisten und derangierten Tischen umherirrte und mit den Worten „Ich bin verzweifelt" von Freund und Feind die Sektreste austrank.

Erich Mühsam

Goethe auf dem Brettl wurde zum Serienerfolg des frühen Wiener Kabaretts. Über 300 Aufführungen erlebte der Sketch um den Dichterfürsten, der beim Examen in eigener Sache mit Bravour durchfällt. Egon Friedell, der das Stück 1908 mit Alfred Polgar für die „Fledermaus" geschrieben hatte, trat darin selbst in der Titelrolle auf. –
Die linke Bildleiste zeigt Zeichnungen aus dem Programmheft des Wiener Kabaretts „Fledermaus".

Der Kabarett-Gründer Paul Schneider-Duncker sang im „Roland von Berlin" das berühmte Lied vom „Ladenmädel".

Rudolf Nelson und sein Kollege Paul Schneider-Duncker setzen auf den eleganten Ton frivoler Unterhaltung im Kabarett, als sie 1904 in der Potsdamer Straße ihren „Roland von Berlin" eröffnen. Hier erscheint man in Frack und großer Robe. Zur Premiere ist die exklusive Lebewelt der Reichshauptstadt eingeladen. Geldadel und Aristokratie, all die Auserwählten der oberen Zehntausend. In diesem Hause werden Stars und Schlager gemacht. Das Chanson vom „Ladenmädel" läßt sich Kaiser Wilhelm von Nelson gleich mehrfach vorspielen.

Claire Waldoff begann ihre Karriere im „Roland von Berlin" mit frechen Schlager-Songs.

Sie war in der Leipziger Straße
In einem Modesalon.
Ein Sprühteufel, keck und voll Rasse
Sie hatte Chic und Fasson.
Und eines Tages hat er sie entdeckt
Der Zufall ließ ihn sie finden...

Der Diener serviert
Dann verschwand er
Und ließ sie beide allein.
Erst küßt ihr Händchen galant er
Sie sprach: „Aber bitte, ach nein."
Die Stimmung war köstlich
Und wunderbar
Der Sekt schäumt
Sie lachten fröhlich
Und bei der dritten Flasche war
Er glücklich, und sie war selig.
Erst kamen die Blusen und Kleider
Und dann die Jupons voller Plis
Darauf die Dessous und so weiter
Und dann, und dann – kam sie.

1907 trennt sich Rudolf Nelson vom „Roland“ und eröffnet in der Linden-Passage sein „Chat noir“. Mit dem Montmartre-Kabarett hat dieser mondäne Kleinkunst-Salon allerdings nur den Namen gemein: Der Berliner Kater zieht die Krallen ein und gibt artig Pfötchen. Und doch, oder vielleicht gerade deshalb, wird Nelsons Kabarett zum Geheimtip: seine Musik und seine Künstler, darunter Käthe Erlholz, Gussy Holl, Willi Schaeffers und Fritz Grünbaum. Unterdessen macht im „Roland“ eine rotzfreche Göre aus Gelsenkirchen als „Stern von Berlin“ Karriere: Claire Waldoff.

Käthe Erlholz, Nelsons Ehefrau, war die Interpretin seiner Kabarett-Chansons.

Fritz Grünbaum, der geistreiche Conferencier aus Wien, war Star in Nelsons „Chat noir“.

Am Klavier: Rudolf Nelson. Die wippenden, gleitenden, koketten Refrains dieser Lieder „perlen“ über die Tasten, kaum bewegen sich seine Finger, aber da, wo der Kehrreim einzusetzen hat – Ritardando… im Druck steht eine Fermate –, fühlt man seine Freude an dem Schlager, an seinem gefälligen, leichten Rhythmus. Er sitzt am Klavier, und man begreift die Bedeutung und die Wichtigkeit eines Chanson-Refrains.

Kurt Tucholsky

Jede Nacht halb zwölf sah man hier ein interessantes Publikum, meist in Frack und großer Toilette. Es waren die Menschen der großen Berliner Gesellschaft, die Diplomaten, die Herren aus den Ministerien, die von ihren offiziellen Diners kamen und sich hier noch zwei Stunden geistvoll unterhalten wollten.

Willi Schaeffers

Die Cats der Kaiserzeit: Nelsons „Chat noir“-Ensemble posiert fürs Gruppenfoto, darunter Willy Prager, Willi Schaeffers, Käthe Erlholz und Rudolf Nelson. Jean Moreau (mittleres Bild) war im Nelson-Kabarett als Chansonsänger populär.

Noch’n Chat noir, diesmal als elegante Abend-Unterhaltung für die „feine Gesellschaft“, gründete der Komponist Rudolf Nelson in Berlin. Seine Chansons wurden über Nacht zu Schlagern.

Berlin um die Jahrhundertwende – die deutsche Metropole! Alles außerhalb der Stadt ist Provinz. Hier setzt man auf Fortschritt, Prosperität und Zukunft. Hier fließt der Verkehr, hier geht man unter die Erde und in die Luft. Hier ist man immer obenauf. Auf den Bühnen der großen Berliner Unterhaltungs-Theater begrüßt man freudig das neue Jahrhundert – immer vorneweg.

Das Metropol-Theater mausert sich neben dem „Apollo" und dem „Wintergarten", wo der populäre Otto Reutter hochbezahlte Auftritte als kabarettistischer, zeitweilig zeitkritischer Couplet-Sänger hat, zu einem gigantischen Kleinkunstgewerbe-Zentrum. Die Metropol-Shows, ab 1903 Jahr für Jahr als „humoristisch-satirische Jahres-Revuen" inszeniert, werden zum Renner der Saison: kabarettistische Zwölf-Monats-Bilanzen mit Stars, Pomp und Prunk, mit Girls, Glanz und Gloria. Für die beiden Hauptdarsteller Josef Giampietro und Fritzi Massary werden Gagen bis zu 40000 Goldmark gezahlt. Unter reißerischen Titeln wie „Neuestes, Allerneuestes", „Hallo! Die große Revue!" oder „Das muß man sehn!" werden aktuelle Themen behandelt und freundlich persifliert.

„Donnerwetter – tadellos" – aus dem Lieblingsausspruch seiner Majestät, Kaiser Wilhelm II., bastelt Komponist Paul Lincke 1908 einen Metropol-Schlager, der zum Gassenhauer wird. Und die Gardeleutnants, gegen die da musikalisch Attacke geritten wird, fühlen sich sogar noch geschmeichelt. Und zwar ganz kolossal! Vom satirischen Biß der frühen Kabarett-Kneipe ist da wenig zu spüren. Aber immerhin: auch die große Bühne hat nun die Kleinkunst entdeckt.

Kabarett-Schlager 1905: „Komm, du kleines Kohlenmädel, reizende Plebejerin". Fritzi Massary und Josef Giampietro in der Revue „Auf ins Metropol".

Hoheit amüsiert sich: Szene aus der satirischen Metropol-Revue „Ein tolles Jahr" mit Emil Thomas als Serenissimus, 1904.

Couplet meets Can-Can: Otto Reutter und die berühmte französische Tänzerin Saharet.

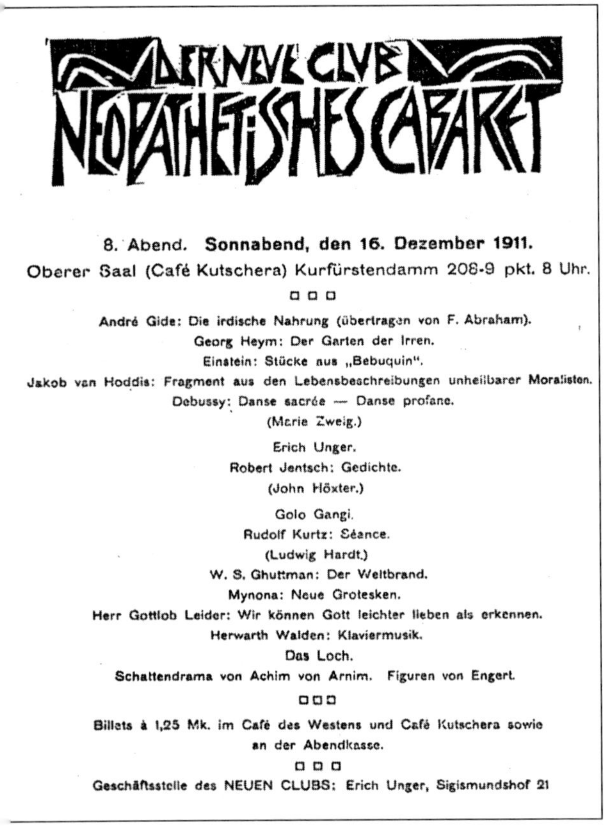

DER NEUE CLUB
NEOPATHETISCHES CABARET

8. Abend. **Sonnabend, den 16. Dezember 1911.**
Oberer Saal (Café Kutschera) Kurfürstendamm 208-9 pkt. 8 Uhr.

□ □ □

André Gide: Die irdische Nahrung (übertragen von F. Abraham).
Georg Heym: Der Garten der Irren.
Einstein: Stücke aus „Bebuquin".
Jakob van Hoddis: Fragment aus den Lebensbeschreibungen unheilbarer Moralisten.
Debussy: Danse sacrée — Danse profane.
(Marie Zweig.)
Erich Unger.
Robert Jentsch: Gedichte.
(John Höxter.)
Golo Gangi.
Rudolf Kurtz: Séance.
(Ludwig Hardt.)
W. S. Ghuttman: Der Weltbrand.
Mynona: Neue Grotesken.
Herr Gottlob Leider: Wir können Gott leichter lieben als erkennen.
Herwarth Walden: Klaviermusik.
Das Loch.
Schattendrama von Achim von Arnim. Figuren von Engert.

□ □ □

Billets à 1,25 Mk. im Café des Westens und Café Kutschera sowie an der Abendkasse.

□ □ □

Geschäftsstelle des NEUEN CLUBS: Erich Unger, Sigismundshof 21

Das deutsche Kabarett ist nun fast zehn Jahre alt. Vieles hat sich anders entwickelt, als seine Väter sich das vorgestellt hatten, die, wie Wolzogen formulierte, dem „gebildeten deutschen Publikum echte Kunst im Varietéstil" vorführen wollten. Die Wunschehe zwischen Literatur und Tingeltangel ging schnell in die Brüche. Und doch kommt es im kaiserlichen Vorkriegs-Berlin noch einmal zu einem bemerkenswerten Versuch, Kabarett und Literatur auf einen Nenner zu bringen. Der Anstoß kommt von einer Gruppe von jungen Schriftstellern, Malern und Musikern, die sich regelmäßig zu Lesungen treffen. Unter diesen, zumeist auf den Expressionismus eingeschworenen Literaten, die sich um Kurt Hiller scharen, finden sich Georg Heym, Jakob van Hoddis, Mynona (Salomo Friedlaender), Else Lasker-Schüler, Ernst Blass und Alfred Lichtenstein. Im Juni 1910 tritt der „Neue Club" unter der Bezeichnung „Neopathetisches Cabaret" vor die Öffentlichkeit. Jakob van Hoddis trägt hier zum erstenmal sein von dunklen Kriegsvorahnungen bestimmtes Gedicht „Weltende" vor.
Ein Jahr später gründet Hiller das Literatur-Kabarett „Gnu", das „zur Entkafferung, Entbarbarisierung der Menschheit" beitragen soll. Was damit gemeint sein könnte, bleibt den meisten Zeitgenossen verschlossen – die jungen Dichter, die eine verzweifelte Warnung gegen den sich ankündigenden Mordbrand des Weltkrieges herausschreien, werden belächelt und bleiben ungehört.

Pathos nicht als gemessener Gebärdengang leidender Prophetensöhne, sondern als universale Heiterkeit, als panisches Lachen. So versteht es sich auch, daß wir keineswegs für unwürdig und unvornehm halten, seriöseste Philosopheme zwischen Chansons und zerebrale Ulkigkeiten zu streuen; im Gegenteil: Gerade weil für uns Philosophie nicht fachliche, sondern vitale Bedeutung hat, nicht Lehrsache, Geschäft, Moralität oder Schweißausbruch ist, sondern: Erlebnis – scheint sie uns viel eher in ein Cabaret zu passen als auf ein Katheder oder in eine Vierteljahreszeitschrift.

Kurt Hiller über die „Neopathetiker"

Dem Bürger fliegt
vom spitzen Kopf der Hut
in allen Lüften
hallt es wie Geschrei
Dachdecker stürzen ab
und gehn entzwei
und an den Küsten – liest man –
steigt die Flut.

Der Sturm ist da
die wilden Meere hupfen
an Land, um dicke
Dämme zu zerdrücken.
Die meisten Menschen
haben einen Schnupfen.
Die Eisenbahnen fallen
von den Brücken.

Die „Modernen" an ihren Stammtischen im Berliner Café des Westens am Nollendorfplatz, 1905: Anna Scheerbart, Samuel Lublinski, Salomo Friedlaender, Paul Scheerbart, Else Lasker-Schüler und Herwarth Walden.

Februar 1916: Im „Cabaret Voltaire“, das die deutschen Emigranten Hugo Ball und Emmy Hennings in Zürich gegründet haben, gibt es ein Dada-Spektakel. Wenn die Akteure mit Klamaukauftritten die Bühne stürmen und sich als Maschinenmenschen und roboterhafte Sprechpuppen produzieren, wittert braver Biedersinn einen Skandal. Was sich den lärmenden Spießern, die gegen die Dadaisten Sturm laufen, als sinnloses Gestammel zu erkennen gibt, ist der ohnmächtige Aufschrei einer jungen Generation gegen den Wahnsinn der Zeit.

KÜNSTLERKNEIPE „VOLTAIRE“

TOTENTANZ 1916

So sterben wir, so sterben wir
Und sterben alle Tage,
Weil es so gemütlich sich sterben lässt.
Morgens noch in Schlaf und Traum,
Mittags schon dahin,
Abends schon zu unterst im Grabe drin.

Die Schlacht ist unser Freudenhaus,
Von Blut ist unsre Sonne,
Tod ist unser Zeichen und Losungswort.
Kind und Weib verlassen wir: –
Was gehen sie uns an!
Wenn man sich auf uns nur verlassen kann!

So morden wir, so morden wir
Und morden alle Tage
Unsere Kameraden im Totentanz.
Bruder, reck Dich auf vor mir!
Bruder, Deine Brust!
Bruder, der Du fallen und sterben musst.

Wir murren nicht, wir knurren nicht,
Wir schweigen alle Tage
Bis sich vom Gelenke das Hüftbein dreht.
Hart ist unsre Lagerstatt,
Trocken unser Brot,
Blutig und besudelt der liebe Gott.

Wir danken Dir, wir danken Dir,
Herr Kaiser für die Gnade,
Dass Du uns zum Sterben erkoren hast.
Schlafe Du, schlaf sanft und still,
Bis Dich auferweckt
Unser armer Leib, den der Rasen deckt.

HUGO BALL

Protest gegen den Krieg meldeten die Dadaisten an. 1916 trug Emmy Hennings Balls „Totentanz“ zur Melodie „So leben wir alleTage“ im „Cabaret Voltaire“ vor.

CABARET VOLTAIRE

Als ich das Cabaret Voltaire gründete, war ich der Meinung, es möchten sich in der Schweiz einige junge Leute finden, denen gleich mir daran gelegen wäre, ihre Unabhängigkeit nicht nur zu geniessen, sondern auch zu dokumentieren. Ich ging zu Herrn Ephraim, dem Besitzer der „Meierei“ und sagte: „Bitte, Herr Ephraim, geben Sie mir Ihren Saal. Ich möchte ein Cabaret machen.“ Herr Ephraim war einverstanden und gab mir den Saal. Und ich ging zu einigen Bekannten und bat sie: „Bitte geben Sie mir ein Bild, eine Zeichnung, eine Gravüre. Ich möchte eine kleine Ausstellung mit meinem Cabaret verbinden.“ Ging zu der freundlichen Züricher Presse und bat sie: „Bringen sie einige Notizen. Es soll ein internationales Cabaret werden. Wir wollen schöne Dinge machen.“ Und man gab mir Bilder und brachte meine Notizen. Da hatten wir am 5. Februar ein Cabaret. Mde. Hennings und Mde. Leconte sangen französische und dänische Chansons. Herr Tristan Tzara rezitierte rumänische Verse. Ein Balalaika-Orchester spielte entzückende russische Volkslieder und Tänze.

Viel Unterstützung und Sympathie fand ich bei Herrn M. Slodki, der das Plakat des Cabarets entwarf, bei Herrn Hans Arp, der mir neben eigenen Arbeiten einige Picassos zur Verfügung stellte und mir Bilder seiner Freunde O. van Rees und Artur Segall vermittelte. Viel Unterstützung bei den Herren Tristan Tzara, Marcel Janco und Max Oppenheimer, die sich gerne bereit erklärten, im Cabaret auch aufzutreten. Wir veranstalteten eine RUSSISCHE und bald darauf eine FRANZÖSISCHE Soirée (aus Werken von Apollinaire, Max Jacob, André Salmon, A. Jarry, Laforgue und Rimbaud). Am 26. Februar kam Richard Huelsenbeck aus Berlin und am 30. März führten wir eine wundervolle Negermusik auf (toujours avec la grosse caisse: boum boum boum boum — drabatja mo gere drabatja mo bonooooooooooo —) Monsieur Laban assistierte der Vorstellung und war begeistert. Und durch die Initiative des Herrn Tristan Tzara führten die Herren Tzara, Huelsenbeck und Janco (zum ersten Mal in Zürich und in der ganzen Welt) simultanistische Verse der Herren Henri Barzun und Fernand Divoire auf, sowie ein Poème simultan eigener Composition, das auf der sechsten und siebenten Seite abgedruckt ist. Das kleine Heft, das wir heute herausgeben, verdanken wir unserer Initiative und der Beihilfe unserer Freunde in Frankreich, ITALIEN und Russland. Es soll die Aktivität und die Interessen des Cabarets bezeichnen, dessen ganze Absicht darauf gerichtet ist, über den Krieg und die Vaterländer hinweg an die wenigen Unabhängigen zu erinnern, die anderen Idealen leben. Das nächste Ziel der hier vereinigten Künstler ist die Herausgabe einer Revue Internationale. La revue paraîtra à Zurich et portera le nom „DADA“. („Dada“) Dada Dada Dada Dada.

Die Mensch-Maschine als Kabarett-Präsentation: Sophie Taeuber und Hans Arp im „Cabaret Voltaire“.

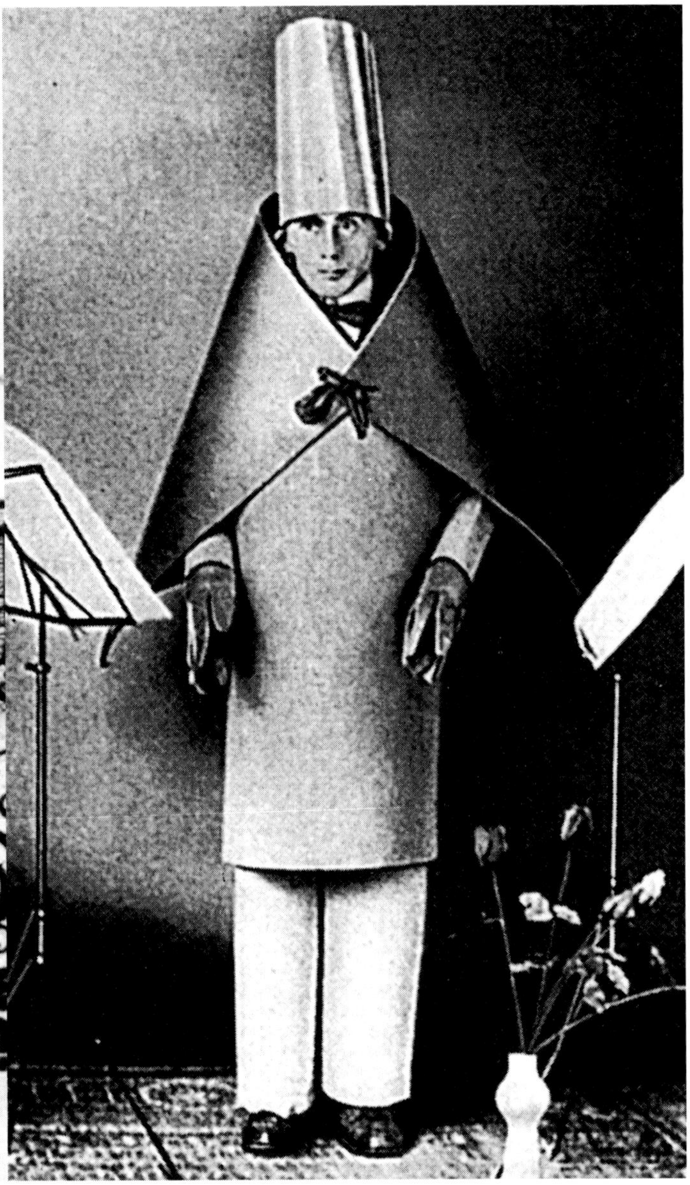

Gadji beri bimba: Hugo Ball spricht „Verse ohne Worte“ in kubistischem Kostüm, 1916.(Kunsthaus Zürich)

Dada, rufen die sprachlos gewordenen Dichter. Denn Dada ist alles. Dada ist nichts. Dada ist Sinn im Chaos, ist Protest gegen die Tollheit der Welt, gegen die Ohnmacht des Geistes, gegen das Schlachtfeld der Völker, ist Kunst gegen den Krieg, die sich als Anti-Kunst versteht. Zum Kreis der Dadaisten, die sich ums Zürcher „Cabaret Voltaire“ scharen, gehören Maler wie Marcel Janco und Schriftsteller wie Tristan Tzara, Hans Arp, Hugo Ball und Richard Huelsenbeck.

Was ist dada?

Was ist **dada**?

Eine Kunst? Eine Philosophie? eine Politik?

Eine Feuerversicherung?

Oder: Staatsreligion?

ist **dada** wirkliche **Energie**?

oder ist es Garnichts, d. h.

alles?

Was ist dada?

Größenwahn und Wilde Bühne

Kabarett der Weimarer Republik

OLD JIMMY
OLD TOM GIN
STORE
COME IN
PARKER GIN is the best
GIN

November 1918 – der Krieg ist aus. Das einstige Hurra, mit dem die Deutschen in das Inferno der Massenschlacht gezogen sind, ist längst verhallt. Ernüchterung macht sich breit, die Zeichen der Zeit stehen auf Veränderung. Nun soll alles anders werden. Der Kaiser wird gegangen, nun kommt die Republik. Nur darüber, wie sie aussehen soll, wird heftig gestritten – und das nicht nur verbal. Ein neues Lebensgefühl kündigt sich an: das Überlebensgefühl, noch einmal davongekommen zu sein. Man will sich endlich mal wieder amüsieren, trotz Hunger, Not und Elend. Auch im Kabarett. Und tatsächlich schießen die Kleinkunstbühnen wie Pilze aus der Erde. Allein in Berlin gibt es drei Jahre nach Kriegsende 38 Kabaretts, in ganz Deutschland sind es knapp 200. Die Mehrzahl von ihnen bieten allerdings nicht viel mehr als seichten Unterhaltungsrummel, der gefällige Schaulust befriedigt und die Flucht aus dem grauen Alltag ermöglicht. Erlaubt ist, was gefällt.
Aber es gibt auch das Kabarett mit dem harten K. Im neugegründeten „Schall und Rauch“ zum Beispiel. Hier will man den Neuanfang, politisch-literarisch will man sein, unsentimental und aggressiv, sarkastisch und ironisch, oppositionell und zeitkritisch. Andere folgen diesem Beispiel. Nie zuvor, und auch später nicht mehr, war die Kabarettszene so lebendig wie in jenen turbulenten Zwanzigern.

SCHALL UND RAUCH

IM GROSSEN SCHAUSPIELHAUS

Direktion: RUDOLF KURTZ — Künstlerischer Beirat: HEINZ HERALD und ERNST STERN

DEZEMBER-PROGRAMM:

Der Conferancier (der bald verschwindet) Eberhard Wrede
Der Zirkusdirektor . . . . Paul Graetz

Serenissimus . . . . . Hans Junkermann
Kindermann . . . . Hans Henryk
Der Kammerdiener . . . . Edgar Kanisch

Gustav von Wangenheim: Pierrot-Lieder
Text: Gustav v. Wangenheim — Musik: Werner R. Heymann

Lala Herdmenger: Tänze
Musik: Robert Forster-Larrinaga

Klabund: Eigene groteske Dichtungen

Ein Tag des Reichspräsidenten
Karikaturenfilm, gezeichnet von Walter Trier
Musik von Friedrich Hollaender

PAUSE

Gertrud Eysoldt
Hans Heinrich von Twardowski: Parodien } alternierend

Paul Graetz: Der alte Motor
Text: Theobald Tiger — Musik: Friedrich Hollaender

Blandine Ebinger: In der Bar
Text und Musik von Friedrich Hollaender

„EINFACH KLASSISCH!"
Eine Orestie mit glücklichem Ausgang (ein Puppenspiel)
von Walter Mehring

1. Agamemnon im Bade — 2. Die Morgenröte der Demokratie
3. Die klassische Steuerflucht

Personen:

Der Wächter (Invalide von anno 1870)
Agamemnon (Königl. Hoheit — kommand. General in den besten Jahren)
Klytemnestra (seine Gattin, vollbusig, gefährliches Alter)
Aegisth (deren G'spusi; Literat und Berufsethiker, später demokr. Präsident)
Kass Andra (rassig, mit Spitzenhöschen)
Electra von der Heilsarmee
Orest (Offizier eines attischen Freikorps, Königl. Hoheit)
Henny Pythia (genannt die Duse des nordischen Kinos)
Woodrow Apollon (lebt in höheren Sphären)
Der Chor der Presse (später Steuereumeniden)

Mitwirkende: Blandine Ebinger, Fränze Roloff, Lotte Stein, Edgar Kanisch, Gustav von Wangenheim, Eberhard Wrede
Musik von Friedrich Hollaender
Figurinen und Dekorationsentwürfe von George Grosz
Leitung: Bildhauer Waldemar Hecker

Musikal. Leitung: FRIEDRICH HOLLÆNDER — Techn. Leitung: PAUL ERCKENS — Am Flügel: FRIEDRICH HOLLÆNDER
Eröffnung 1/2 8 Uhr — **Abänderungen des Programms vorbehalten!** — Beginn 1/2 9 Uhr

1919. Der Krieg ist aus, Revolutionsunruhen erschüttern das Land. In Berlin regt Max Reinhardt ein neues Kabarett an, politisch-literarisch soll es sein. Er wählt dafür eine alte Firmenbezeichnung, mit der er bereits 1901 die Kleinkunstszene betreten hatte: „Schall und Rauch". Reinhardt setzt auf junge Autoren wie Walter Mehring, Kurt Tucholsky, Klabund und Friedrich Hollaender. Und mit ihnen zieht nun tatsächlich ein neuer Ton ins Kabarett der frühen Zwanziger ein: schneller Witz, sanfte Ironie, politische Satire, ein bißchen augenzwinkernde Erotik und verruchtes Tralala – und vor allem: Berliner Tempo.

Polit-Satire stand bereits auf dem Programm, mit dem das zweite Berliner „Schall und Rauch" im Dezember 1919 eröffnet wurde. Mehring schrieb dafür eine „Orestie mit glücklichem Ausgang".

Zum Autoren-Team Max Reinhardts gehörten Klabund, Friedrich Hollaender (hier mit Blandine Ebinger) und Walter Mehring.

Donnerwetter! Ich erscheine!
Schweine! Beine! Meine! Deine!
Raunt ihr leis? Mummelgreis!
Wird dir heiß? Ja, ich weiß!
Donnerwetter! Schiebung! Übung!
Arme strecken! Lippen lecken!
Hulda! Ich platze!
Mensch! Gehste weg mit die Tatze!
Tritt mir bloß nich auf die Schuh
Zerreiß mir bloß nich'n Taft!
Rujenier mir nich
Mit deine Leidenschaft!
Wenn das Bett gemacht ist
Denn geht nischt mehr ab dafür!
Mensch! Sei Mensch!
Und unterscheide dir vons Tier!

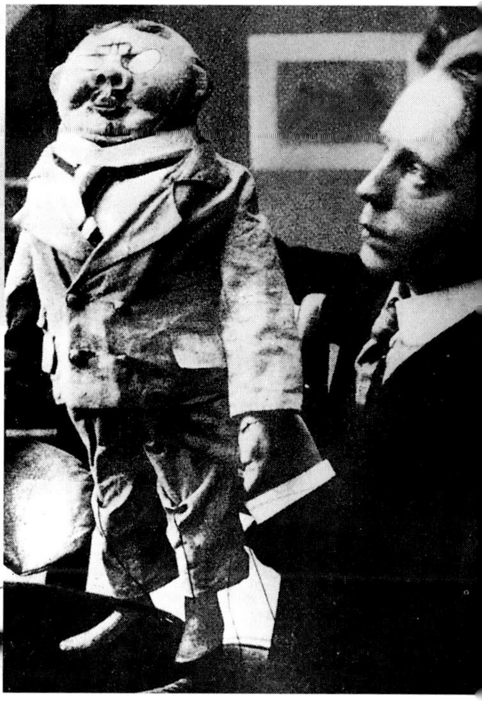

Ein politisch-literarisches Cabaret? Das erste seiner Gattung? Schön, gut, fein, einverstanden, aber was ist das, wenn's fertig ist? Politisch, versteh ich , literarisch versteh ich –, Cabaret – das ist doch, was diese Yvette Guilbert im vorigen Jahrhundert – ? Alle drei Sachen auf einmal? Klingt wie: Hering ist gut, Schlagsahne ist gut – wie gut muß das erst zusammen schmecken.

Friedrich Hollaender über das „Schall und Rauch"

Auch die Dadaisten beteiligten sich am „Schall und Rauch"-Programm. George Grosz (links) und John Heartfield schufen die Marionetten für Walter Mehrings Polit-Puppenspiel, das bei der Premiere für einen handfesten Skandal sorgte.

Gussy Holl, die schon im Nelson-Kabarett auf der Bühne gestanden hatte, verhalf im „Schall und Rauch" Tucholsky-Texten zu Popularität.

Mady Christians, eine der Diseusen des „Schall und Rauch", sang vorzugsweise Chansons, zu denen Walter Mehring und Klabund die Texte verfaßt hatten.

Als Zigaretten-Fritze im „Schall und Rauch“: Paul Graetz, die berlinische Kodderschnauze. Kurt Tucholsky und Walter Mehring schrieben ihm die Texte auf den Leib.

Eine der herausragenden Talente des „Schall und Rauch“- Kabaretts war der Schauspieler Paul Graetz. Kurt Tucholsky schrieb ihm Songs und Monologe, die Graetz durch Stegreif-Pointen anreicherte. Das kam, wie Walter Mehring sagte, „stets aus dem Vollen, immer mit Herz“. Und Max Herrmann-Neiße lobte an Paul Graetz sein „Wagnis, inmitten volkstümlichen Ulkens und Berliner Drastik die bitter-ernste Zäsur eines leidenschaftlich pazifistischen Appells aufzurichten“.

Dichter und Diseuse: Kurt Tucholsky mit Gussy Holl, dem von ihm viel umschwärmten Star des „Schall und Rauch“-Ensembles. Er über sie: „Frankfurt hat zwei große Männer hervorgebracht: Goethe und Gussy Holl…“

Mal herhören, Leute! Das ist so. Ick bin hier heute in diesen Zirkus jekommen, um euch mal so ganz freundlich und bestike die Wahrheit zu sagen. Einer musse euch mal sagen, euch sagt se ja keener. Valleicht die Zeitungen? Die sind froh, wenn ihr se kooft, die sagen nischt… Wie? Na, Sie da hinten sind ganz still. Mit Ihnen kann ich 'ne Viertelstunde reden, und da denke ich an janz wat anderes.
Jetzt wollen sie ja alles sozialisieren neuerdings. Sozialisieren is, wenn man sacht, bei mir jeht es nich, aber wennses valleicht mal mit der Konkurrenz versuchen wollen… Ick hab eene Tante, ne olle jute Dame, die hat een Haus, so'n kleenet Häuseken uffm Lützowplatz, die wolln se jetzt auch sozialisieren. Die olle Frau is janz unglücklich und hat jesagt, sie kennt die Kehrseiten des Lebens ohnehin schon und wenn sie ihr da jetzt rausschmeißen, sagt se, denn wendet sie sich der Politik zu. Sagt se. Lachen Se nich, Herr Kapellmeister, Ihnen sozialisieren se nich. Sie sind keen lebenswichtiger Betrieb.
Manches hat sich ja jeändert, aber manches hat sich auch wieder janich geändert. Wenn ick so sehe, wie die Leutnants mit dem Monokel rumlaufen, uff Taille, vastehste, links det kleene Käsemesser, in voller Kriegsbemalung, denn sage ick mir immer: manches vajeht nich. Un manche werden nich alle.

Paul Graetz in seinem Tucholsky-Solo

Paule ist in Stimmung. Paule ist Paul Graetz, die ungeheuerlichste Berliner Schnauze im schmächtigsten Körper. Der wird jetzt nur mal so improvisieren. Aus dem Stegreif. Zieht sich eine aus Luft gemachte Chauffeurkappe schief übers Ohr und verpaßt als Berliner Taxichauffeur einem Fahrgast aus der Provinz eine Lektion über unsre große neue Republik –, hab ick Republik jesagt? Entschuldjen Sie das harte Wort. Sollten Sie zufällig auf der Straße wat knallen hör'n, beruhigen Se sich, mein Herr, das sind bloß Jewehre. Das is bloß Noske. Der übt sich bisken mit lebende Zielscheiben, sind aber bloß Arbeiter –, und so geht der frei erfundene Monolog für eine halbe Stunde, pausenlos, Pointe auf Pointe. Einer schreibt mit. Tucholsky.

Friedrich Hollaender

Joachim Ringelnatz, der feuchtfröhliche Brettl-Dichter, beim Vortrag eigener Verse im Münchner „Simplicissimus“.

Verse vom Seemann Kuttel Daddeldu gehörten zum festen Repertoire des Brettl-Dichters Ringelnatz. Für das „Schall und Rauch“-Programmheft wurden sie von Paul Erkens bebildert.

Alle lachen. Manche schreien. Woraus besteht er? Aus drei Dingen: Aus Körperspaß. Und aus gewollter Geistlosigkeit. Der geistige Spaß. In der Antwort eine sozusagen bayerische Talmudik. Ein Wortzerklauben... Der Komiker Karl Valentin ist ein Nestroy . Alfred Kerr

Dieser unvergleichliche Ringelnatz hat den Stein der Narren entdeckt (welcher, wie wunderbar, dem der Weisen zum Verwechseln ähnlich sieht). Alfred Polgar

Das Kabarett der zwanziger Jahre war das der Autoren und der unverwechselbaren Interpreten. Zu den großen Originalen zählten vor allem Karl Valentin und Joachim Ringelnatz. Valentin, der in München beheimatete grantige Nonsens-Anarcho und philosophische Komik-Absurdist, der seine Stegreif-Sketche mit Liesl Karlstadt bestritt, wurde durch seine Auftritte im „Kabarett der Komiker“ auch in Berlin populär. Hans Bötticher, der vagabundierende Seemann aus Wurzen in Sachsen, der sich ab 1919 Ringelnatz nannte, wurde im Münchner „Simplicissimus“ als Brettl-Talent entdeckt, bevor er durch seine Auftritte im „Schall und Rauch“ und in Trude Hesterbergs „Wilder Bühne“ in Berlin heimisch wurde. Seine zuweilen skandalumwitterten, stets rotweingeschwängerten Vorträge skurril-nachdenklicher Brettl-Lyrik waren Höhepunkte kabarettistischer Kleinkunst.

Auf dem Oktoberfest in München zeigten sich Bert Brecht (mit Klarinette), Karl Valentin (mit Tuba) und Liesl Karlstadt (am Glöckchen) 1921 in Schausteller-Pose. Brecht über Valentin: „Dieser Mensch ist ein durchaus komplizierter, blutiger Witz. Er ist von einer ganz trockenen, innerlichen Komik, bei der man rauchen und trinken kann und unaufhörlich von einem inneren Gelächter geschüttelt wird, das nichts besonders Gutartiges hat. Denn es handelt sich um die Trägheit der Materie und die feinsten Genüsse, die durchaus zu holen sind. Hier wird gezeigt die Unzulänglichkeit der Dinge, einschließlich uns selber."

Das Kabarett der zwanziger Jahre wird von zwei starken Frauen wesentlich mitgestaltet: von der „roten Rosa“ Valetti und der „wilden Trude“ Hesterberg. Bei aller unverwechselbaren Eigenständigkeit der beiden gibt es doch Gemeinsamkeiten: Beide sind kraftvolle, couragierte Interpretinnen, die auch hinter der Bühne als Kabarett-Chefin „ihren Mann“ stehen und sich in einer Zeit, in der zunehmend platter Amüsierbetrieb und klamaukige Tingel-Tangel-Unterhaltung angesagt sind, energisch für die politisch-literarische Zeitbühne einsetzen.

Rosa Valetti, eine stämmige Charakterdarstellerin der Berliner Schauspielbühnen, hat ihr Kabarett-Handwerk noch in Paris gelernt, bei der als „La Pétroleuse“ bekannten Chanson-Interpretin. Wenig später eröffnet die Valetti am Kurfürstendamm ihr Kabarett „Größenwahn“, das rasch zum Forum der kritisch engagierten, politisch-literarischen Kleinkunst wird: Hier sind Texte von Tucholsky, Mehring, Janowitz, Lichtenstein und Mühsam zu hören; hier treten neben der Hausherrin bewährte Kräfte wie der Valetti-Bruder Hermann Vallentin und Neuentdeckungen wie Kate Kühl auf; hier heben Blandine Ebinger und Friedrich Hollaender „Lieder eines armen Mädchens“ aus der Taufe.

Kate Kühl wurde in der Berliner „Rampe“ fürs Kabarett entdeckt. Rosa Valetti gab ihr den Rat: „Nur ganz wenig Gesten, entscheidend ist die Haltung, der Grundgestus! Laß das Publikum nie aus den Augen! Nimm es als Bestie!“

Ferdinand Hardekopf gehörte zu dem Kreis der jungen Dichter, mit dem Rosa Valetti zusammenarbeitete. Er trat im „Größenwahn“ mit eigenen Texten auf und übersetzte für die Valetti die Chansons von Aristide Bruant ins Deutsche.

Als Rosa Valetti 1920 in der Berliner „Rakete“ Kurt Tucholskys legendäre „Rote Melodie“ ins Kabarett-Publikum röhrt, verschlucken sich die Kriegsgewinnler, wie Friedrich Hollaender sich erinnert, vor Schreck an ihrem Knallkümmel. Seitdem schwört die „rota Rosa“ auf ihren Tucho; sie hat in ihren Kabaretts, im „Größenwahn“, in der „Rampe“ und im „Larifari“ immer wieder seine Chansons vorgetragen – sie „giepert“ geradezu nach ihnen, wie sie Tucholsky 1929 in einem Brief gesteht: „denn es gibt keine, und wenn einer eins schreiben kann, bist Du es“.

Rosa Valettis besonderes Gebiet ist dort, wo aus einer mißachteten oder mißhandelten Kreatur der große Aufschrei der Empörung, des Hasses oder Trotzes dringt. Unwillkürlich, ihrer ganzen Natur und ihrem ganzen Temperament nach, haben alle ihre Schöpfungen etwas Revolutionäres. Es braucht sich dabei gar nicht um ein ausgesprochen politisches Lied wie Herweghs „Die kranke Liese" oder um eine aktuelle Angelegenheit wie Mehrings „Berlin simultan" zu handeln, – alles, was sie bringt, bekommt durch ihre Individualität diese Aufsässigkeits-Stimmung, und auch die Ironie eines Liedes... steigert sich durch ihre Vortragskunst zu schneidendem Galgenhumor. Max Herrmann-Neiße

In dieser Frau ist alles Spannung... Und wenn die Valetti in einem Dirnenlied hoch herauspulvert – den Moment, wo sie einem dummen Luxusgeschöpf aus reinem, überpersönlich großem Haß ins Gesicht geschlagen hat – ihre heisere Baßstimme heult Orkane, ihre Arme fahren mit bärenhaftem Schlag durch die Luft, ihr Leib steht schräg darin, mehr chaotischer Naturvorgang als in sämtlichen expressionistischen Dramen zusammen. Julius Bab

Häßlich wie die Nacht und platzend von lichtstarker Persönlichkeit – so beschrieb Trude Hesterberg ihre große Kollegin Rosa Valetti (oben), der sie nacheiferte, auch als Kabarett-Direktorin.

Rosa Valetti als Tingel-Tangel-Tante im Film: Im „Blauen Engel" spielte sie an der Seite von Marlene Dietrich mit Bullenbeißer-Charme die Varieté-Direktorin Guste. „Deutsches Volk", sang sie, „schlafe nicht..."

In dunkler Nacht,
Wenn keiner wacht – :
Dann steigen aus dem Graben
Der Füsilier, der Musketier
Die keine Ruhe haben.
Das Totenbataillon entschwebt –
Haho! zu dem, der lebt.
Verschwommen, verschwommen
Hörst du's im Windgebraus.
Sie kommen! sie kommen!
Und wehen um sein Haus...
General! General!
Wag es nur nicht noch einmal!
Es schrein die Toten!
Denk an die Roten!
Sieh dich vor! Sieh dich vor!
Hör den unterirdischen Chor!
Wir rücken näher ran – du Knochenmann! –
Im Schritt! Komm mit – !

Wilde Bühne

Künstlerische Leitung: Trude Hesterberg
Regie: Hans Janowitz / Kompositionen: W. R. Heymann

Eröffnungsprogramm

1. Prolog . . . . Trude Hesterberg
   Text von Teobald Tiger
2. Der Roßdieb . . . . R. V. Blum
   Ein Spiel von Hans Sachs
3. Bänkel . . . . Annamarie Hase
   Millys Abenteuer (Leo Heller) / Ringelreihen (Leo Heller)
4. Balladen . . . . Isabel Herma
   Moralischen Glockengeläute (W. Mehring) / Der Matrose Siebenhaar (Leo Heller)
5. Die Liebesnacht des Casanova
   Ein Bild aus dem 18. Jahrhundert von Norbert Garai u. Richard Arvay
   Casanova . H. M. Netto | Die Zofe . Luise Werckmeister
   Ninetta . Isabel Herma | Sergeant . R. V. Blum

Pause

6. Wie ich wurde . . . . Vily Werckmeister
   Ballade vom abgeschnittenen Zopf (Hans Janowitz)
7. Weiber . . . . Hadrian Maria Netto
   Verse von Wedekind / Hans Adler / Hans Janowitz / H. M. Netto

8/9. Asphalt
   Berlin J. D. (Janz draußen) . . Trude Hesterberg
   An den Kanälen (W. Mehring) / Mein Schorsch (Leo Heller) / Umzug (Leo Heller) / Der Boxer (Leo Heller)
   Nachtspaziergänge . . . . Kurt Gerron
   Das Chanson des Kabaretts (W. Mehring) / Der Mörder (Leo Heller) / Nachtspaziergang 1921 (Hans Janowitz)

10. Das Viech
   Eine Schaustellung ohne einheitliche Handlung von Emerich Földes
   Der Graf . H. M. Netto | Sie . Trude Hesterberg
   Der Baron . R. Forster-Larrinaga | Die Zofe . Evelyne Sylva
   Der Diener . Albert Paulig

Bühnenbilder: Marcel Slodki
Literarische Beiräte: Walter Mehring, Eugen Szatmari
Am Flügel: R. Alexander

Angeregt durch das Beispiel, das Rosa Valetti mit ihrem „Größenwahn“ gegeben hat, verwirklicht sich die gelernte Operettensoubrette Trude Hesterberg im September 1921 ihren Kabarett-Traum. Er nennt sich „Wilde Bühne“ und wird im Keller des Berliner „Theater des Westens“ Realität. Im Eröffnungsprogramm macht die Hesterberg eine Verbeugung vor der damals in Mode gekommenen „Milieu“-Moritat; dann aber bittet sie die prominente Schreiberzunft – Tucholsky, Klabund, Kästner und Mehring – um Mitarbeit. Zu denen, die sich mit den Kabarettisten Margo Lion, Kurt Gerron, Curt Bois, Wilhelm Bendow, Annemarie Hase und Kate Kühl die „Wilde Bühne“ teilen, zählen auch die Dichter selbst: Joachim Ringelnatz, Max Herrmann-Neiße und der junge Bertolt Brecht, der im Januar 1922 mit seiner „Legende vom toten Soldaten“ einen handfesten Skandal entfesselt. Walter Mehring, der „Hausdichter“ der „Wilden Bühne“, tritt vor den Vorhang und beschwichtigt publikumsbeschimpfend das aufgebrachte Auditorium: „Sie werden sich noch eines Tages rühmen, daß Sie dabeigewesen sind!“

Wenn man an die Zeit der Inflation nach dem Ersten Weltkrieg zurückdenkt, so kann man sie nur mit einem höllischen Spuk vergleichen. Alles fiel auseinander, was früher Gültigkeit besaß. An jeder Ecke standen die Opfer des verlorenen Krieges. Zerlumpt und auf Krücken oder ohne Beine auf der Erde hockend, hielten sie ihre alten, zerschlissenen Soldatenmützen auf. Was sollte man hineintun? Fünfhundert, tausend, eine Million? Am Tag darauf war das soviel wert wie ein Pfennig! – Das Leben spielte sich ab, wenn es dunkel wurde. Der bunte Flittermantel der Nacht deckte die grausamen Blößen des Tages zu. Aus den Hausfluren krochen dunkle Gestalten mit noch dunkleren Vorschlägen. Z'jarrn, Z'jaretten... Kokain, det is Berlin, schrieb Megerle von Mühlfeld. Und abends sang das Kurt Gerron auf der Bühne: Es liegt eene Leiche im Landwehrkanal, lang se mir mal her, aber knautsch se nich so sehr...

Trude Hesterberg

Trude Hesterberg! – Sie sang, sie schmetterte, sie säuselte die schärfsten Lieder der Zeit. Am schärfsten sind sie ja, wenn man sie säuselt. Aber wer wußte das, außer ihr? Gab es je eine Wiedergeburt der begnadeten Yvette Guilbert, sie war es! Aber mit eigenem Mündchen, mit eigener Schnauze, mit den ureigenen Bewegungen ihrer aufzeigenden, aufreizenden Hände.

Friedrich Hollaender

Die Wilde Bühne ist... nun das künstlerisch wertvollste Kabarett Berlins, zugleich auf dem besten Wege, mit heutigem Akzent das bei uns zu werden, was den Erfindern der Gattung für ihre Zeit vorschwebte.

Max Herrmann-Neiße

Die „Wilden“ von Berlin: Margo Lion und die „Linie der Mode“; Annemarie Hase mit einer Soubretten-Parodie; Trude Hesterberg beim Vortrag von Tucholskys „Leibregiment“; Wilhelm Bendow als „Tätowierte Dame“; Max Herrmann-Neiße; Trude Hesterberg, die junge Kabarett-Prinzipalin; Bertolt Brecht; Trude Hesterberg singt Mehrings „Börsenlied“; Kurt Gerron bei seinem Kabarett-Debüt als „Nachtspaziergänger“ (v.l.n.r.).

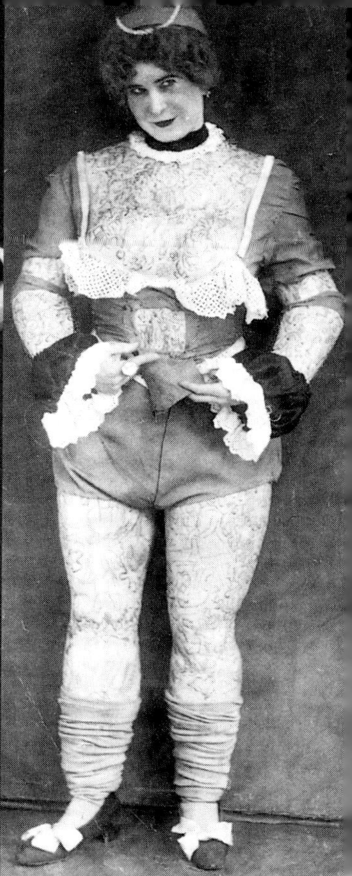

Wo Mutter wäscht im Vorderhaus
Da is et mir jeschehn.
Da lag een Jroschen uffm Tisch
Und hat mir anjesehn.
Frau Wischnak jing mal raus wat holn
Der Jroschen der lag da –
Und plötzlich hatt ick ihn jestohln
Weeß nich, wie det jeschah.
Wie bin ick bloß dazu jekomm
Det ick det Jeld hab wechjenomm?
Een Jroschen liegt auf meiner Ehre
Een Jroschen, unscheinbar und kleen.
Wenn ick't bloß nich jewesen wäre;
Ick kann mir jarnich mehr in Spiegel sehn.

Das 1919 von Max Reinhardt wiederbelebte „Schall und Rauch" erweist sich als eine Talentschmiede für das Kabarett der zwanziger Jahre. Blandine Ebinger, die bis dahin nur eine vage Vorstellung vom Kleinkunst-Metier gehabt hat, ist eine der großen Entdeckungen. Friedrich Hollaender ist von ihrer Fähigkeit, aus dem Stegreif eine Figur zu zeichnen, begeistert: Er will sie „abschreiben", ihr ganze Dramen in einem Drei-Minuten-Lied auf den Leib schneidern.

Das tut er dann auch mit den „Liedern eines armen Mädchens", mit denen die Ebinger, von Friedrich Hollaender am Klavier begleitet, in Rosa Valettis „Größenwahn" Begeisterungsstürme auslöst. Es sind leise, zerbrechliche Chanson-Balladen um Lieschen Puderbach, eine spindeldürre, rachitische Kunstfigur, der Blandine Ebinger ihr dünnes Lispel-Stimmchen leiht. „Das Lachen vergeht einem oder wird jedenfalls ganz anders", bekennt der Dichter und Kritiker Max Herrmann-Neiße angesichts des armen Mädchens, „man wird ergriffen, und die Gemütlichkeit ist ernstlich in Gefahr."

Eine Figur aus dem Wedding kam zur Welt. Eine Figur, armselig und liebenswert zugleich, in der Blandine Ebinger für viele Jahre ein Publikum zu Lachen und Tränen rührte. Es lachte und weinte, wo immer deutsch verstanden wurde, auf Cabaretbühnen und in Vortragssälen. Dur und Moll, die komische Tragik, die Mischung, der ich von nun an verschrieben war. Friedrich Hollaender

Blandine Ebinger, die unübertreffliche Darstellerin durchsichtiger Proletenkinder. Wundervoll, wie sie den Chlorophyll-Mangel solcher Menschgewächse merkbar macht, den Licht- und Luftabschluß, unter dem sie gewachsen oder eigentlich nicht gewachsen sind, wie sie verkümmerte Heiterkeit spielt und Traum und Wunsch, so arm und zerbrochen, als wären sie aus der Müllkiste herausgelesen. Alfred Polgar

Das traditionslos Eigenwillige der Blandine Ebinger ist der Radikalismus ihres ausdruckhaften Stilisierens. Jede ihrer Vorführungen ist eigentlich im Grunde ein Linienspiel, dennoch kein bloßes Ornament, sondern aus dem Körperakzent geschöpfte Suggestivkraft erfüllt es. Dieses körperhafte Ausdrucksgenie ist an der Ebinger das Wesentliche ... Aus der Eigenart ihres gebrechlichen, kindlichen Körpers vermag sie ebensogut die subtile Lüsternheit wie Erotik zu vermitteln. Alfred Korr

Blandine Ebinger als Hollaenders „armes Mädchen": Publikum wie Presse feierten die Ebinger als eine einzigartige Kabarett-Entdeckung.

Friedrich Hollaender, das Allround-Talent des politisch-literarischen Kabaretts: Komponist, Texter, Pianist und Regisseur in einer Person.

Das Ende der Revue kommt mit Ausstattungs-Operetten: 1930 inszeniert Erik Charell „Im weißen Rössl" – die große Fleischbeschau-Show hat endgültig ausgespielt. Aber auch beim „Rössl" setzt man auf Stars: mit Paul Hörbiger, Otto Wallburg, Willi Schaeffers, Tamara Desni, Siegfried Arno, Trude Lieske, Walter Jankuhn, Käthe Lenz, Max Hansen, Camilla Spira, Gustl Stark-Gstettenbauer.

Die „goldenen Zwanziger" – das schnellebige Jahrzehnt: Tempo und Rhythmus, Lebensfreude und Elend, Unruhe und Hektik, Verschwendungssucht und Massenarmut bestimmen diese Zeit. Als die Inflation die Preise in schwindelerregende Höhen treibt, beginnt in Berlin das große Kabarettsterben. Renommierte Kleinkunstlokale wie das „Schall und Rauch" verkommen mit der Zeit immer mehr zu billigen Anmachläden und Amüsierschuppen.
Amüsement wird großgeschrieben in diesen unruhigen Jahren. Das Stichwort heißt Revue. Mit reißerischen Titeln wie „Berlin ohne Hemd", „Drunter und Drüber", „Von Mund zu Mund" und „Zieh dich aus!" locken die Klein-Revuen in die Komische Oper, die Haller-Revuen in den Admiralspalast, die Charell-Revuen ins Große Schauspielhaus. Das Rezept ist einfach: Ausstattung, Stars und Girls, Girls, Girls. Die Kabarettisten sind gewissermaßen nur Dekoration, spielen die Pausenclowns.

Die Tiller-Girls während ihrer Bühnenparade in der Haller-Revue, 1929.

Kabarett als Pausenfüller zwischen den einzelnen Revue-Bildern waren die Norm: Margo Lion und Claire Waldoff in Charells Revue „An alle", 1924.

Dies ist das Bekenntnis eines reuigen Sünders, der gar viele Revuen verfaßt, angesehen und gespielt hat... Ich fürchte, daß ich der einzige bin, der dieses Genre haßt. Gerade ich, dem man immer vorschwafelt, daß er sich darin „unübertrefflich", „unverwüstlich" und „humorsprühend" umhertummelt. Ich finde diesen „Farbenrausch", das „Märchen von Frauenschönheit", den „bunten Teppich der Kostümpracht" einfach zum Davonlaufen Von der Albernheit der kindischen Dialoge, diesem Sammelalbum uralter Witze und den an ausländischen Haaren herbeigezogenen Sketchen gar nicht zu reden. Den ganzen, auf Denkfaulheit und Provinzlergier zugeschnittenen Mischmasch müßte endlich der Teufel holen. Aber der denkt leider nicht daran... Ich selbst ertrage das nicht mehr. Ein ganzes Theaterjahr muß ich dieses leere Gerede von mir geben, Abend für Abend den Amüsierpöbel über die Pausen zwischen den Ausstattungsbildern hinwegschwatzen. Zorn steigt in mir auf, die Zwangsvorstellung werde ich nicht los, ein Maulesel zu sein, der stundenlang um einen Brunnen kreisen muß!

Paul Morgan

Ihr war nach Tamerlan: Käthe Erlholz hob 1922 Kurt Tucholskys Kabarett-Schlager in der Nelson-Revue „Wir steh'n verkehrt" aus der Taufe.

„Bitte einsteigen" hieß die Nelson-Revue, in der Josephine Baker 1928 ganz groß herauskam – mit flotten Tänzen im Bananenrock.

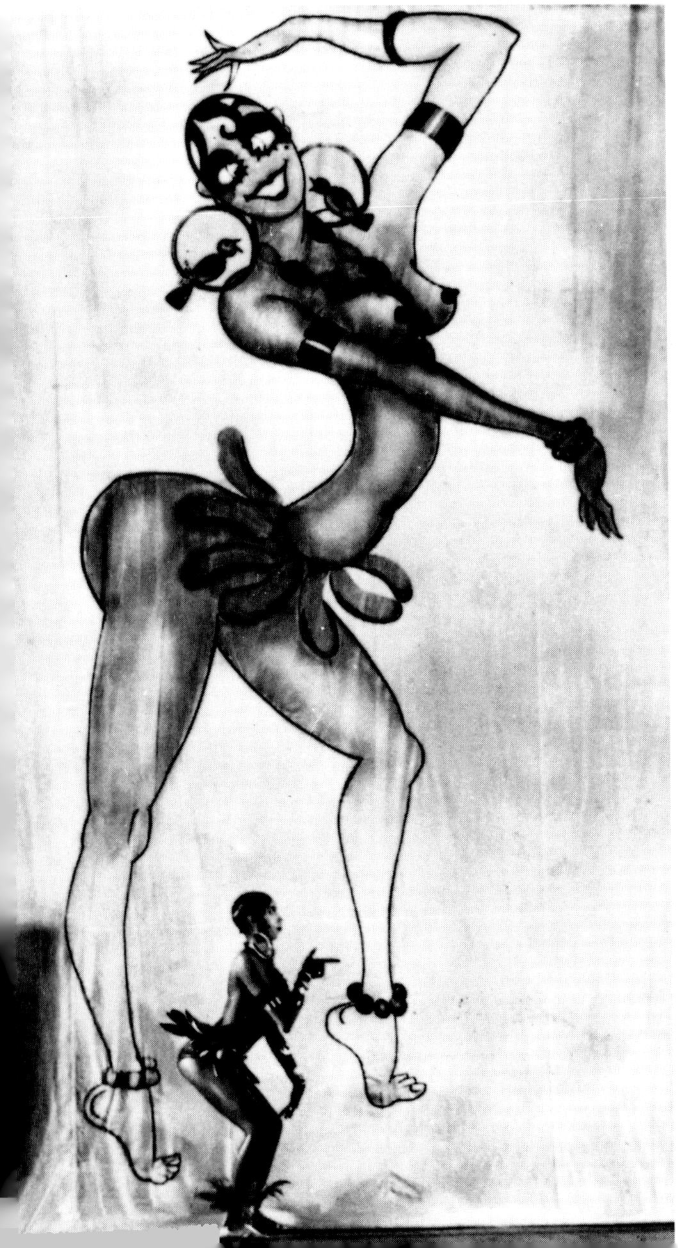

Die Revue, als Augenschmaus und optische Sinnenfreude Ausdruck der turbulenten Zwanziger, findet auch im Kleinkunstlokal Freunde und Befürworter. Vor allem Rudolf Nelson, der bereits zur Kaiserzeit zu den großen Ausstattungs-Orgien des Metropol-Theaters seine schlagerhafte Musik beigesteuert hat, macht sich nach dem Ende des Ersten Weltkriegs für die kabarettistische Mini-Revue, die Nelson-Revue, stark: Kabarett als Schlager, Schlager als Kabarett. Der Akzent liegt auf dem, was man unter gepflegter Unterhaltung versteht: ein wenig frech, ein bißchen schlüpfrig, ein wenig salonhaft, ein bißchen wenig...

Die stärkste Kraft des Ensembles war schon vom „Chat noir" her Nelsons Gattin selbst: Käthe Erlholz. Sie sang mit weichem Sopran, der auch die Berliner Schnoddrigkeit zu adeln wußte, wenn sie als große Dame in den Spreejargon glitt: „Fang nie was mit Verwandtschaft an, denn das geht schief..." Wie verstand man das am Kurfürstendamm! Man war ja eine Familie... Organ und Vortrag der Erlholz, ihre graziös wegwerfenden Bewegungen, die Texte Tucholskys, der bei allem Weltbürgertum echtester Berliner war, Nelsons Vertonung und sein meisterliches Klavierspiel, das auf dem Hintergrund des Orchesterchens im Scheinwerferlicht zu dominieren wußte – das gab ein kabarettistisches Gesamtkunstwerk, wie es in dieser Art einzig blieb. Paul Erich Marcus (PEM)

Rudolf Nelson, mehr als fünfzig Jahre im Kabarettgeschäft, hatte ein Gespür für Talente. Für seine Revue „Es hat geklingelt“ (1932) entdeckte er Hilde Hildebrand. Willi Schaeffers (links), auch eine Nelson-Entdeckung, trat 1927 in der Berolina-Revue „Die Lichter von Berlin“ auf.

Autorentreff im Norden: Ins Ostseebad Heringsdorf lud Nelson im Juli 1921 seine Mitarbeiter ein, um die neue Revue „Bitte zahlen“ vorzubereiten, in der sich alles ums liebe Geld drehen sollte. Tucholsky steuerte Chansontexte wie „Allalah, wer tommt denn da“ und „Die Dame mit'n Avec“ bei. Siegfried Jacobsohn, der Herausgeber der „Weltbühne“, sah solche Tucho-Ausflüge ins U-Gewerbe mit gemischten Gefühlen: „Hoffentlich erweckt Nelson auch den Tiger.“ Das Arbeitsurlaubs-Foto zeigt Kurt Tucholsky (3.v.r.), links neben ihm Rudolf Nelson und Käthe Erlholz.

Lust auf Schau-Effekte macht nicht nur die große Revue der Kleins, Hallers und Charells, sondern auch die kleine bei Nelson und anderswo. Bei Nelson treten bald die Nackt-Stars als Solo-Nummern auf: Celly de Rheydt, die Freikörper-Balletteuse, und die skandalumwitterte Anita Berber, die auf einem von unten beleuchteten Glastisch tanzt.

Getanztes Kabarett im besten Sinne bietet Valeska Gert, die als Begründerin des modernen, kabarettistischen Ausdruckstanzes gilt. Bereits im „Schall und Rauch“ fand sie ein Forum für ihre wilden, expressiven Grotesk-Darbietungen; später tritt sie in Hollaender-Revuen, in Werner Fincks „Katakombe“ und im eigenen „Kohlkopp“ auf. Eine Herausforderung an den biederen Bürgergeschmack des „Amüsierpöbels“, der lauthals Skandal und nach dem Zensor schreit. Kurt Tucholsky ist des Lobes voll: „Tanzte sie? Tanzte Valeska Gert?... Nein, sie tanzte nicht nur ... Gott muß ihr jenen Andersenschen Glassplitter ins Auge geweht haben, durch den man die Welt so eigentümlich verzerrt sieht. Sie parodiert."

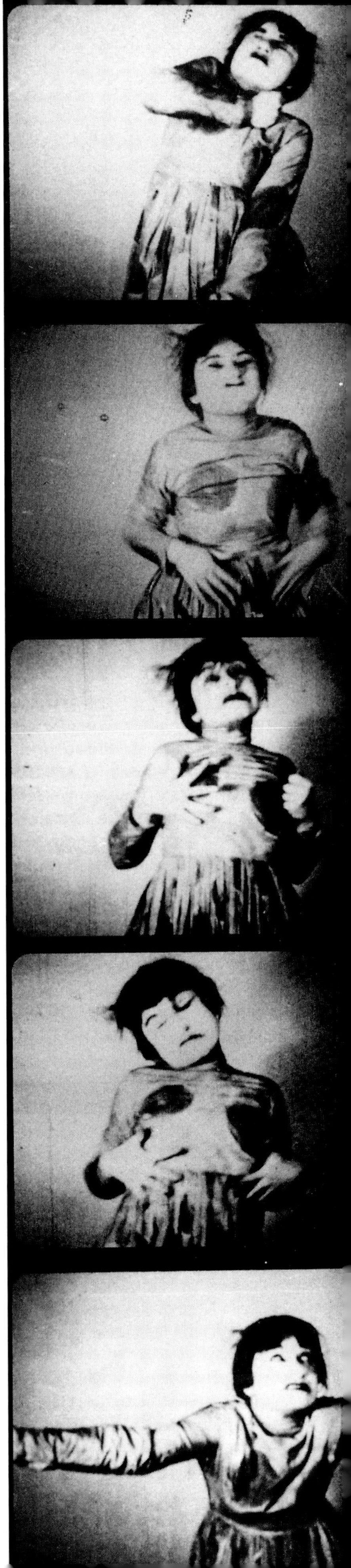

Skandalumwittert waren viele Tanzauftritte im Kabarett: Anita Berber (S.68, links), tanzte und lebte die Droge Leben. Daneben Valeska Gert, ungleich weniger unbekleidet, aber ebenso exzessiv, in ihrer Studie „Kupplerin", 1925.

La Jana alias Henriette Hiebel aus Mauer bei Wien debütierte in der Haller-Revue und auf der „Wilden Bühne". Später machte sie Filmkarriere.

Celly de Rheydt alias Cäcilie Schmidt aus Rheydt im Rheinland sorgte als vollschlanke Nackt-Balletteuse bei Nelson für anregende Aufregung.

Große Augen machten die Stammgäste des Nepp-Kabaretts „Weiße Maus", wenn Anita Berber und andere Nacktualitäten auf dem Programm standen. Die Berber empörte sich: „Sie glotzen nur auf unsere Schleier, ob sie nicht darunter etwas sehen können, die Schweine..."

Eine Augenfreude ganz anderer Art, als sie die Mammut- und Mini-Revuen zu bieten haben, erwartet den Kabarettbesucher in der Berliner Goltzstraße, in der sich 1921 das russische Emigranten-Ensemble „Der Blaue Vogel" niedergelassen hat. In phantasievollen Bilderbuch-Bildern wird Folkloristisches in Farbe, Klang und Bewegung umgesetzt. Else Lasker-Schüler kommt über dieses „erste Cabaret-Theater, das keine Zote als Violinschlüssel" trage, ins Schwärmen. Und selbst Tucholsky gesteht: „Die Berliner Cabarets, an denen ich doch schließlich auch hier und da zu arbeiten pflege... – Nein, das können wir nicht. Da packe ich neidlos ein."

Der „Blaue Vogel" in Berlin: Phantasie, Farbe und Bewegung. Den Exil-Russen J. Jushny (rechts), der radebrechend durch das bunte Programm führte, beschrieb Else Lasker-Schüler emphatisch als einen „Zauberer, der ein Gemälde in Fleisch und Blut verwandelt".

Wer wissen will, wie ein Kabarett lustig und originell gemacht werden kann, sehe sich den „Blauen Vogel" an. Das ist ein kleines, freundlich ausgebautes Sälchen in Blau, in dem Russen singen, tanzen und ein klein bißchen Theater treiben. Der Direktor J. Jushny, gestorben 1920 in Moskau, geboren 1921 in Berlin – wie er selbst erzählt – ist ein witziger Mann von guter gesellschaftlicher Haltung, außerordentlicher Schlagfertigkeit und vollendeter Sprechkunst, selbst im Deutschen, das er mit Raffinement radebricht.

Elena Liessner-Blomberg

Bilderbuch-Märchen auf der Bühne des Emigrantenkabaretts „Der Blaue Vogel".

„Bong", sagt man sich, „das ist russisch auf deutsch. Was dem einen sein Blauer Vogel ist, ist dem andern seine Gondel. Die Leutchen scheinen teils Idealisten zu sein, teils das Gegenteil, nämlich in Geld zu schwimmen. Es wird eine ungemein geschmackvolle Pleite ergeben."
Ja, Scheibenhonig... Wie hier der Hunger, den der kleine Mann aus dem Volke nach Gutem, Wahrem, Schönem empfindet, greifbare Formen angenommen hat, wie hier die tiefe Sehnsucht nach Tingeltangel... aufgezeigt wird: das ist phaenomobil.

Hans Reimann

Leise zieht durch unser Biergemüt
So ein kleines doofes Schlagerlied.
Singt es auch das Publikum
Dann ist die Sache rum.
Und der Lümmel, der das Lied erdacht
Hat sich damit ville Geld gemacht.
Jeder singt es mit Genuß –
Und wer nicht will, der muß!

Ausgerechnet in einer Zeit, die in Erregungen vergeht, von jedem Menschen, von jeder Art Dasein eine entschiedene Stellungnahme verlangt, machen deutsche Kabaretts die Ausflucht dieser Russenbrettl nach. Da ist zum Beispiel in Berlin „Die Gondel", die begnügt sich gleichfalls einen ganzen Abend lang damit, singende Lebende Bilder aneinanderzureihen. Alle geschmackvoll, gewiß, schließlich geschmäcklerisch wirkend, von allzu selbstgefällig betonter Kultur, sauber in der Komposition, in der musikalischen Durchführung, und doch, auf die Dauer langweilig... das meiste eben zu steif, zu schwer, zu anspruchsvoll. Ergötzlich erst, wo es sich lockert, wo man Drastik, Barock, Ulk, Lärm wagt.

Max Herrmann-Neiße

„Gassenhauer" und „Auf Wiedersehn, Marie" – zwei Chansons, die Tucholsky für die „Gondel" schrieb.

Bald findet sich in Berlin eine Variante des „Blauen Vogel": das Kabarett „Die Gondel". Im Mai 1923 am Potsdamer Platz von dem Musiker Hans May und dem Maler Paul Leni gegründet, will man hier nach dem Vorbild des Russenbrettl Musik, Farbe und Spiel auf die Bühne bringen. Tucholsky, der sich selbst als „‚Blauer-Vogel'jäger" bezeichnet, steigt bei der „Gondel" als Dramaturg ein, schreibt Urwaldballaden, Bergmannslieder, Gassen- und Gossenhauer. Auch der programmatische Prolog fürs „Gondel"-Programmheft stammt aus seiner Feder: „Wirklich stolz sind wir hauptsächlich auf das, was nicht bei uns zu sehen sein wird... wir wollen überhaupt nichts als ein bißchen Spaß und etwas angenehm leichte Unterhaltung – und bunt, bunt, bunt wollen wir sein."

Aktueller, aggressiver, gesellschafts- und zeitkritischer als die Klein- und Haller-Revuen sind die, an denen die Kabarettisten arbeiten. Neben Nelson sind dies vor allem der Texter Marcellus Schiffer, der Komponist Mischa Spoliansky und der als Autor, Musiker und Regisseur gleichermaßen talentierte Friedrich Hollaender, die die Revue als theatralische Kleinkunstform nicht losläßt. Hollaender will mehr als nur im Kleinkunstkeller für ein paar Dutzend Zuschauer tätig sein. 1926 startet in Berlin eine erste Revue, die seine Handschrift verrät – und das nicht nur, weil er sie „Revuette“ nennt: „Laterna Magica“. Von Presse und Publikum ermutigt, arbeitet er fortan an dieser kleinen Form weiter, im „Tingel-Tangel“ wie in der „Kleinen Freiheit“ – ein Leben lang.

Fort mit Schnörkel, Stuck und Schaden!
Glatt baut man die Hausfassaden!
Nächstens baut man Häuser bloß
Ganz und gar fassadenlos.
Krempel sind wir überdrüssig
Viel zu viel ist überflüssig.
Fort die Möbel aus der Wohnung!
Fort mit, was nicht hingehört!
Ich behaupte ohne Schonung:
Jeder Mensch, der da ist, stört!
Es liegt in der Luft eine Sachlichkeit
Es liegt in der Luft eine Stachlichkeit
Es liegt in der Luft
Es liegt in der Luft
In der Luft.
Es liegt in der Luft was Idiotisches
Es liegt in der Luft was Hypnotisches.
Es liegt in der Luft
Es liegt in der Luft
Und es geht nicht mehr raus
Aus der Luft.

„Das bist Du!“ nennt sich die Hollaender-Revue, die 1927 Premiere hat. Mit dabei: die Weintraub Syncopators, Hollaender am Klavier, Lucie Mannheim, Curt Vespermann und Else Ehser.

Das Literaten-Café wurde 1927 in der Hollaender-Revue „Bei uns um die Gedächtniskirche rum“ aufs Korn genommen. Auf der Bühne Anni Mewes und Willi Schaeffers als Kellner.

Plakativer als im Kellerlokal kam Kabarettistisches in den Hollaender-Revuen über die Rampe: Annemarie Hase und Willi Schaeffers in „Bei uns um die Gedächtniskirche rum“, 1927.

Was war nicht inzwischen alles literarisch! Auch satirisch, bitte schön, möglichst mit Ypsilon: satyrisch! Der Conferencier flocht in die Ansage des Fräulein Miezeputze elegant den Namen Schopenhauer ein, etwas abfällig natürlich, das war literarisch und satyrisch zugleich –, der Gast zwinkerte geschmeichelt: Weiß schon, der mit der Peitsche, gehst du zum Weibe!
Es macht einfach keinen Spaß mehr... Laß sehn. Aus eins mach zehn. Aus einem Thema entwickle zehn Variationen. Schreib also versuchsweise deine eigenen Worte. Beurlaube dich vorübergehend von deinen zwei Textdichtern. Und zwei laß gehn. Und drei mach gleich? Literatur, Politik und Satire in eine Form gegossen? Wie hieße die Form? Revue? Dann müßte es aber eine sein, in der das Fleisch nicht so willig, der Geist nicht so schwach ist. Zum Beispiel? Zum Beispiel: Nimm die große Metropoltheater-Revue und mach sie klein. Nimm die tausend süßen Beinchen und laß sie weg. Und tausend ist keins. Ausstattung und Bauchnabel, Orchester und Straußenfedern, die vier Rauschmittel brauchst du nicht. Friedrich Hollaender

Väter der Kabarett-Revue: Marcellus Schiffer, Rudolf Nelson und Friedrich Hollaender. 1930 taten sie sich als Autoren zusammen und schrieben gemeinsam an der Revue „Der rote Faden".

Kabarett-Schlager auf der Revue-Bühne: Margo Lion, Oskar Karlweis und Marlene Dietrich als „beste Freundinnen" in der Spoliansky-Schiffer-Revue „Es liegt in der Luft", 1928.

Mischa Spoliansky war Pianist in verschiedenen Kabaretts, bevor er eigene Revuen schrieb. 1929 vertonte er Georg Kaisers Revuestück „Zwei Krawatten".

Begonnen hatte alles damit, daß das Kabarettfieber, das durch den Berliner „Überbrettl"-Bazillus ausgelöst worden war, auch an den österreichischen Grenzen nicht aufzuhalten war. Noch im Jahre 1901, dem Geburtsjahr des Kabaretts in Deutschland, eröffnete der Schriftsteller Felix Salten in der Donaumetropole sein „Jung-Wiener Theater zum Lieben Augustin", wenig später folgten das „Nachtlicht" und die „Fledermaus".

Seitdem bereicherte die Wiener Szene das deutschsprachige Kabarett durch eine Vielzahl von Talenten und eigenständige Spielformen. Dabei waren es vor allem kabarettelnde Schriftsteller wie Peter Altenberg, Alfred Polgar, Egon Friedell, Roda Roda oder Anton Kuh sowie conferierende Komiker – Fritz Grünbaum,Paul Morgan, Karl Farkas, Kurt Robitschek , Franz Engel –, die die deutsche Szene maßgeblich beeinflußten.

Theater der Komiker auf der Wiener „Roland-Bühne": Sigi Hofer, Hans Moser, Armin Berg und Adolf Glinger 1924 in „Der Onkel aus Prag". Anton Kuh schwärmte: „Etwas Einziges ... die Vorwegnahme der Improvisation. Das Personal besteht aus vier Heroen".

Die Doppel-Conference machte sie berühmt: Fritz Grünbaum und Karl Farkas. Das kabarettistische Doppel, jener stegreifartige, witzige Dialog zwischen dem „Blöden" und dem „Gescheiten", wurde bereits vor dem Ersten Weltkrieg erstmals in Budapest praktiziert.

Karl Kraus, sprachgewaltiger Wiener Kultur- und Gesellschaftskritiker, ging mit seinen Satiren auf ausgedehnte Tournee. Seine literarischen Angriffe waren gefürchtet. Kraus über Kraus: „Meine Sprache ist die Allerweltshure, die ich zur Jungfrau mache".

Grünbaum entdeckte sozusagen den Tiefsinn der Plauderei, die Conference mit doppeltem Boden, scheinbar witzig, in Wahrheit weise... Wien umjubelte ihn. Rudolf Weys

Der Vorleser Karl Kraus ist eine notwendige Ergänzung und Fortsetzung des Schriftstellers. Die Energie, die seiner Satire den Ausdruck gibt, das Temperament, das seinem Pathos die Schwere und Dicke fernhält, stehen hinter seinem rezitatorischen Vortrag und nehmen ihm, gerade wenn Kraus sich selber liest, alles kleinlich Propagandistische und aufdringlich Agitatorische. Herbert Ihering

Engagiertes, polit-satirisches Kabarett, so zeigt sich bald, hat in der Weimarer Republik kaum eine Chance. Das „Schall und Rauch“, das „Größenwahn“, die „Wilde Bühne“ müssen nur wenige Jahre nach ihrer Gründung wieder aufgeben. 1924 versuchen die beiden Wiener Kabarettisten Kurt Robitschek und Paul Morgan, dieser Entwicklung mit einem neuen Konzept entgegenzuwirken. Ihr Berliner „Kabarett der Komiker“, kurz Kadeko genannt, soll größer, bunter, breitgefächerter, populärer, unterhaltender sein als das um seine Existenz ringende Gesinnungs-Kabarett. Und die Rechnung geht tatsächlich auf: Das „Kabarett der Komiker“ mit seinen knapp tausend Plätzen wird zur Renommier-Bühne für die Prominenten, es wird zum Warenhaus der zehnten Muse, in dem es für jedermann von allem etwas gibt – Parodistisches, Satirisches, Operettig-Schlagerhaftes, Klamauk-Klamottiges, Komödiantisches, Zeitkritisches.

Mein Traum wäre ja ein Kabarett voll Agressivität, ein Kabarett der Satire des Tages gewesen. Aber wieviel Menschen gibt es, die diesem Idealkabarett Verständnis entgegenbringen? 20 Journalisten und 300 Freikartenschnorrer. Das „Kabarett der Komiker“ hat jetzt 950 Sitzplätze, Menschen aller politischen Richtungen, aller Gesellschaftsklassen, aller Weltanschauungen sind unter diesen 950. Schaffe da einer eine Sauce, die allen schmeckt! Ich kann es nicht...
Die neue Form des „Kabaretts der Komiker“ war zu finden. Die Lösung war die Formel: Kabarett plus Varieté plus Theater. Also: Vortragsnummern, Schaunummern, kurze Einakter. Kadeko-Chef Kurt Robitschek

Im „Kadeko“ wie auch im Film und auf der Theaterbühne waren sie Publikumslieblinge: die Sketchpartner Paul Morgan und Otto Wallburg in „Meine Frau – deine Frau“.

Das „Kabarett der Komiker“ versucht stets, aus Altem und Neuem, aus guter Varieté-, Brettl- und Theater-Leistung ein Programm zusammenzubringen, das publikumswirksam ist, dabei ein paar besondere Kabarettereignisse durchsetzt, geschmackvoll und überlegen bleibt... So ein richtiges Tingeltangel hat bei alledem den Vorzug der Einheitlichkeit, der Ehrlichkeit, des unblasierten Amüsierbetriebs. Max Herrmann-Neiße

„Meistersinger - Quartett“ nannten sich im „Kabarett der Komiker“ Max Hansen, Max Adalbert, Kurt Robitschek und Paul Morgan. Das „Kadeko“ wurde zum bekanntesten Kabarett der zwanziger Jahre.

Das Komiker-Gespann Curt Bois und Max Hansen in dem Sketch „Dienst am Kunden"; die beiden waren Dauergäste im „Kadeko".

Der Conferencier alter Schule ist so etwas wie der rote Faden im Kabarettprogramm – abgesehen davon, daß der Conferencier ohnehin alte Schule ist: Seit mehr als einem Vierteljahrhundert gibt es nichts mehr, was da im Programm verbindlich zu verbinden wäre. Das Nummern-Kabarett, wie es die alten Gründerväter noch kannten, ist längst tot, die Lust des Publikums am locker-leichten, intelligenten Plauderton eines gewandten Parlierers längst ausgestorben.

Im Kabarett der Zwanziger ist er noch allgegenwärtig und quicklebendig, der Conferencier, über dessen Wesen und Wirken Hans Reimann – selbst einer – folgendes anzumerken weiß: „Ein Conferencier ist kein ‚Ansager'! Das Angesagte wird vom bedruckten Zettel besorgt... In Wirklichkeit ist es die Pflicht des Conferenciers, ein überaus lockeres Mundwerk sein eigen zu nennen, jeglicher Situation gewachsen zu sein und das Publikum zum Kuschen oder zum Mitmimen zu bringen ... Der Conferencier ist Magen, Seele, Hirn und Maul des Kabaretts."

Willy Rosen, als kabarettelnder Schlagermacher ein Stammgast im „Kadeko", sagte sich am liebsten selbst an: „Text und Musik von mir".

Der Conferencier im Kabarett der zwanziger Jahre trug vielerlei Gesichter: Paul Nikolaus, der politisch-versierte; Paul Morgan, der charmant-plaudernde; Fritz Grünbaum, der geistreich-witzelnde; Paul Schneider-Duncker, der charmant-elegante; Hellmuth Krüger, der erdhaft-humorige.

Ehekrach auf der Bühne: Erich Carow mit Frau und Lachbühnen-Partnerin Lucie.

Carows Lachbühne am Weinbergsweg - diss wah nu janz richtich... Der Berliner Jargon nennt den „bunten Komiker“ mit der Kittneese eine „Klamotte“? Ja, das ist er auch - aber er ist doch noch viel mehr... Was quatscht dieser Mann! Was brabbelt er vor sich hin! Wie holt er aus tiefen Denkpausen unauslöschliches Gelächter ... ich muß sagen, daß ich meinen schönsten Berliner Theater-Augenblick im Weinbergsweg 20 hatte. Wahrheit muß sein.

Kurt Tucholsky

Als er auftritt, geht durch den großen Keller ein Raunen, das sein Name ist. Er spielt eine arme, aber unbeirrbare Figur, einen Künstler, der zum Faktotum erniedrigt wird, dreimal wegläuft, mitten ins Publikum, bis er die Stellung annimmt; der dann die Leute hinauswerfen und endlich sogar boxen muß. Er hat bei allem genausoviel Angst und genausoviel verzweifelten Mut wie der mittlere Mensch, den die Ereignisse treffen, und meistens denkt er an die täglichen fünfzig Pfennig, für die er bestehen muß, was über ihn kommt... Das Gelächter ist unauslöschlich. Worüber aber lachen sie?... Jemand zeigt ihnen die tiefe Dummheit ihres Ideals und erlöst sie von ihm für eine Stunde. Das ist sehr viel... Am Weinbergsweg verbirgt sich eine Groteske, die, wenn sie wollte, die Welt erschüttern könnte vor Lachen. Sie kann aber nicht fort von hier...

Heinrich Mann

Volksverbundene Knallpointen gibt es, handfester als im Kadeko dargeboten, in den kleinen Unterhaltungstheatern wie in „Carows Lachbühne“ am Berliner Weinbergsweg – oder unter freiem Himmel bei den linkspolitisch engagierten Laienspielgruppen, die Piscators „Rote Rummel-Revue“-Idee mit einfachen Mitteln auf die Straße zu bringen versuchen. Hatten die roten Agitpropper – sie nennen sich „Rotes Sprachrohr“, „Rote Ratten“, „Rote Sensen“, „Rote Raketen“, „Kolonne Links“ – zumeist Wahlkampfwerbung, Polit-Aufklärung und Agitation im Sinn, so erkennt sich in Carows handgreiflich-burlesken Stegreif-Klamotten wie in seinem Berliner Unterschicht-Jargon der kleine Mann wieder. Denn im Haus am Berliner Weinbergsweg wird weniger nach ausgetüftelten Pointen gepunktet als nach oft tragikomischen Effekten, nach Zoten und Possen. Als geplagter Ehemann bezieht Carow auf der Lachbühne häufig Prügel von seiner Frau Lucie und wird von ihr zuweilen sogar über die Rampe in den Orchestergraben gestoßen.

Unter freiem Himmel agierten Agitprop-Gruppen wie die Berliner „Roten Raketen“ mit Sketchen und Songs.

Not macht erfinderisch. Da engagierte politisch-satirische Kabaretts gegen Ende der zwanziger Jahre so gut wie keine Chance zum Überleben haben, verzichtet das „Wespen"-Ensemble von Anfang an auf ein eigenes Haus und geht vor Ort in die Arme-Leute-Gegenden Berlins, spielt in Vereinslokalen, Fabrikhallen und Bierkneipen. Der Conferencier Karl Schnog beschreibt die Absichten der „Wespen" so: „Wir wollen ‚ins Volk gehen', weil es sich lohnt, vor Menschen zu sprechen, die zwar keinen Kragen, aber eine Idee mit sich tragen." Auch prominente Schriftsteller und Kabarettisten treten bei den „Wespen" auf, darunter Erich Kästner, Ernst Busch und Erich Mühsam, der hier seinen vielumjubelten „Gesang der Intellektuellen" vorträgt.

Ätzende Satire war die Spezialität von Erich Weinert, der bereits 1925 in der „Pistole" aufgetreten war (r.), und Karl Schnog, dem Polit-Plauderer der „Wespen" (links).

Die Wespen wollten „ins Volk gehen": Günther Franzke, Erich Weinert, Annemarie Hase, Leon Hirsch, Resi Langer, Hugo Döblin, Edith Braun, Claus Clauberg, Ernst Bringolf.

R-r-revolution
Macht man nur Liebe.
Weist den Hetzer von der Schwelle
Nur der Intellektuelle
Kennt das Weltgetriebe.

Sammelt euch zum Klassenkampf
Hinter unserm Schilde.
Läßt der Bourgeois euch erhängen
Mit der Künste Zauberklängen
Stimmen wir ihn milde.

Folgt dem geistigen Führerrat
Zu des Werkes Krönung.
Einerseits die rote Fahne
Andrerseits die Buttersahne
Lieblicher Versöhnung.

R-r-revolution
Macht die Herzen schwellen.
Laßt die Freiheit uns errichten
Mit den lyrischen Gedichten
Der Intellektuellen.

Ende der zwanziger Jahre rumort es – auch im Kleinkunstkeller. Die Zeiten wirtschaftlicher Not und politischer Unruhe lassen auch das Kabarett zu einem neuen Ton finden. Einer, der das Literaten-Wort von der „neuen Sachlichkeit“ aufnimmt und Schmiß statt Schmus auf die Brettlbühne bringt, ist neu in Berlin: Werner Finck. Der junge Schauspieler hat Talent für kleine Glossen, heiter-besinnliche Gedichte und geplauderte Pointen.
Im Oktober 1929 stellt sich Finck mit seiner „Katakombe“ vor, einem politisch-literarischen Kabarett. Es ist, als sei das alte Brettl zu neuem Leben erwacht: Auf kleiner Bühne werden mit geringem Aufwand große Effekte erzielt – Parodistisches statt Propaganda, Anmut statt Agitation, Literarisches statt Polit-Parteilichkeit. Die Presse lobt begeistert an der „Katakomben“-Mannschaft, sie sei „naiv, spielfreudig, jung und frech. Hier kann man sogar nach Chaplin noch lachen.“
Bald kommen mit Kate Kühl und Ernst Busch zwei Kabarettisten ins Ensemble, die für satirischen Pfeffer und scharfe Polit-Töne sorgen, wenn sie ihre Songs ins Publikum schmettern; deren Texte stammen von Kästner, Brecht und Tucholsky.
Zusammengehalten aber wird das Programm der „Katakombe“ vom Hausherrn selbst, der in seinen Conferencen ebenso witzig wie geistreich die Zeit kommentiert. Die Pointen ergeben sich dabei wie von selbst und ganz nebenbei: Werner Finck, der Meister des halben Satzes, stottert sich, verlegen lächelnd, von Lacher zu Lacher.

„Tandaradei“ sangen Arnulf Schröder, Werner Finck und Hans Deppe in ihrer Wandervogel-Parodie im Eröffnungsprogramm der Berliner „Katakombe“, 1929.

Im Grunde war von uns beneidetes Vorbild, was die Berliner gerade satt und gründlich überbekommen hatten: das arrogante, versnobte und sich entsetzlich ernst nehmende Kurfürstendamm-Kabarett. Wir aber, in unseren billigen Straßenanzügen und ungeputzten Schuhen, mit dem grünen Lappen, der uns als Vorhang diente, und dem treuherzigen Gebaren waren das Gegenteil ... Gerade das schlug unerhört ein. Wir wurden Mode.

Werner Finck

Kate Kühl trug in der „Katakombe“ Songs von Kurt Tucholsky, Bert Brecht und Erich Kästner vor. Als ihr „liebstes Chanson“ bezeichnete sie Tuchos „Mal singen, Leute!“

Tanz-Parodien boten in der „Katakombe“ zwei Geschwisterpaare mit einem ausgeprägten Sinn fürs Groteske: Hedi und Trudi Schoop sowie Traute und Herbert Witt.

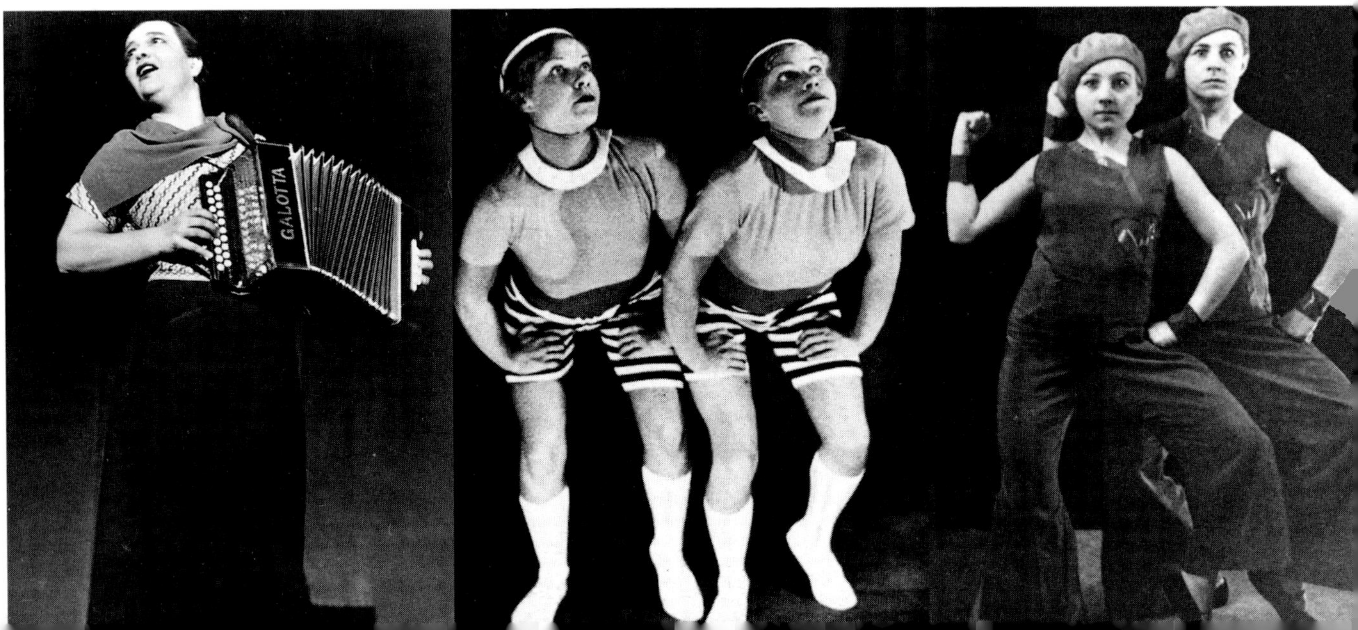

Wie es so regnete heut nacht
Hab ich sofort: Aha! gedacht
Der Sommer ist zu Ende.
O mein prophetisches Gefühl!
Heut morgen war's schon richtig kühl
Und herbstlich im Gelände.
Die Sonne scheint noch immer froh
Doch sieh dich vor: es scheint nur so
Das sind noch Restbestände.
Nein, nein, der Sommer ist vorbei
Und Feld und Fluren werden frei
Für unsre Wehrverbände.
Wie schnell das ging! Ja, die Natur!
Glaubt nicht, daß eine Diktatur
Mal ähnlich schnell verschwände!

Werner Finck erwies sich als Meister der leisen, versteckten Pointe, wenn er mit freundlichen Bosheiten vor den Vorhang der „Katakombe" trat.

Gliederschlenkernd gab Dolly Haas 1929 in der „Katakombe" eine Mannequin-Parodie zum besten. Ein Jahr später drehte sie einen Film: „Dolly macht Karriere".

Ernst Busch stand für sozialkritische Songs in der „Katakombe". Hanns Eisler begleitete Busch am Klavier, wenn er hier „Anna Luise" und die „Baumwollpflücker" sang.

Hab ich ein falsches Kursbuch?
Sollte der Fahrplan lügen?
Ist das richtig, daß der
Zug verkehrt verkehrt?
Ich bin doch schließlich
In den „Pazifik“ gestiegen;
Wie kommt's, daß der
Nach „Nazedonien“ fährt??
Und man darf nicht mal
Auf den Boden spucken!
Und man kann sich nicht mal
Aus dem Fenster beugen!
Ja, man darf nicht mal aussteigen
Bevor der Zug hält...

„Die Nachrichter“ nannte sich das Münchner Kabarett, das seine Zeitkritik gern in ein historisches Gewand kleidete: Kurd E. Heyne, Helmut Käutner und Bobby Todd. 1935 wurden sie verboten.

Im „Kabarett für Alle“ sangen sie 1932 Walter Mehrings „Seemannschoral“: Werner Zach, Curt Ackermann, Rudolf Klaus, Lale Andersen, Willi Schaeffers, Hugo Fischer-Köppe.

Das Kabarett der frühen Dreißiger gibt sich heiter und gelassen – wäre da nicht zwischen den Zeilen manches herauszuhören, was aufmerksame Zeitgenossen beunruhigt.

„Höchste Eisenbahn" nennt denn auch Friedrich Hollaender seine Revue, die kurz vor Hitlers Machtübernahme im Berliner „Tingel-Tangel-Theater" herauskommt und manch dunkle Vorahnung auf die neue Zeit, die sich da mit den marschierenden Braunhemden ankündigt, in Verse faßt.

Schon 1931 hatte Hollaender Hitler als den „Spuk persönlich" auf die Bühne gebracht und war zu dem Schluß gekommen, daß sich „kein Aas" erschreckt habe. Der Grundton ist und bleibt – sieht man von den agitierenden Polit-Ensembles der linken Szene einmal ab – trotz allgemein düsterer Wetterprognose und mancherlei Sturmwarnung heiter bis freundlich.

Ironisch-unbekümmert gibt sich auch das kabarettelnde Studenten-Ensemble „Die Nachrichter", das von München aus mit seinen Literatur-Parodien zum Goethe-Jahr 1932 die Brettl-Bühne erobert.

Der nazionale Brei, da sind sich Kabarettisten und Publikum einig, werde schon nicht so heiß gegessen werden müssen, wie die braunen Köche ihn anrühren.

„Höchste Eisenbahn" hieß Hollaenders letzte Revue im „Tingel-Tangel-Theater", bevor er 1933 vor den Nazis fliehen mußte. Im „falschen Zug" saßen Hans Hermann Schaufuß, Heinrich Gretler sowie Hedi Schoop und Hubert von Meyerinck als Brautpaar. Nach Hitlers Machtübernahme wurde die Mehrzahl der Kabarettisten ins Exil getrieben.

ionalsozialistische Deutsche Arbeiterpartei

Vortragsfolge

zu der am Sonntag, den 17. Dezember im

Münchner Bürgerbräukeller und Kindlkeller

stattfindenden

roßen deutschen Weihnachtsfeier

Beginn in beiden Sälen 7 Uhr abends

Bürgerbräukeller:

eutscher Marsch . . . . von Kempfert
ntasie aus der Oper „Freischütz" . . . . von Weber
ihegesang und Posaunenquartett . . . . von Mozart
ı Marie Wutz . . . . Liedervorträge
Einlage: Freiherr von Wolzogen . . . . . . Eigene Dichtungen

Pause

penheimer Reitermarsch . . . . von Rupprecht
ntasie aus der Oper „Rheingold" . . . . von Wagner
rede . . . . Herr Adolf Hitler
Meistersinger (Vorspiel) . . . . von R. Wagner

Pause

Briemann jr. . . . . Gedichte
hnachtsphantasie . . . . Georg Ebner
Harfe Frl. Eugenie Ebner, am Klavier „."
deutschen Gauen . . . . von Held
onviller-Marsch . . . . von Fürst
Weiß Ferdl . . . . Humoristische Vorträge
liche Weihnachten*) . . . . von Koebel
tschland hoch in Ehren, Marsch . . . . von Recklin

Musik: Kapelle Fürst

Änderungen im Programm bleiben vorbehalten

*) Kommentar siehe umstehend.

Beifall für Hitler gab es nicht erst ab 1933. Kabarettisten machten da keine Ausnahme. Bereits im Dezember 1922 ließen sich Kabarett-Gründer Ernst von Wolzogen und der Bayern-Komiker Weiß Ferdl auf einen Flirt mit den Nazis ein: Große deutsche Weihnachtsfeier mit Hitlers „Julrede", Weiß Ferdls „humoristischen Vorträgen" und Wolzogens „eigenen Dichtungen", in denen er vom „deutschen Herrgott" einen „gesunden Haß und Hundeschnauzen-Kühle" erbittet. Wolzogen wörtlich: „Deutsche Zähne, lernet beißen! Lerne hassen, deutsches Herz!"

Karl Valentin

Zwischen den Zeilen

Kabarett unterm Hakenkreuz

Die zwölf dunklen Jahre, die mit der Machtübernahme des Hitler-Regimes über Deutschland heranbrechen, machen der in Blüte stehenden Kultur der zwanziger Jahre den Garaus. In ihrem „Dritten Reich", das die Nazis für tausend Jahre installieren wollen, ist für progressive Kunst kein Raum, fürs zeitkritische Kabarett, für Scherz, Satire, Ironie, für all die Pointen mit und ohne tiefere Bedeutung schon gar nicht.
Kabarettisten leben gefährlich unterm Hakenkreuz. Viele von ihnen werden aus politischen oder rassischen Gründen verfolgt und gejagt; wem es nicht gelingt, sich ins Ausland zu retten, erhält Berufsverbot oder wird ins Konzentrationslager gesperrt und zu Tode gemartert. Zivilcourage, wie sie Werner Finck in der „Katakombe" und seine Kollegen vom „Tingel-Tangel" zeigen, ist lebensgefährlich und nicht jedermanns Sache. Viele passen sich an, versuchen, mit der Sklavensprache zu leben und damit zu überleben. Im einst renommierten „Kabarett der Komiker" etwa, wo mit dem braunen Ungeist nun harmlose „Kraft-durch-Freude"-Komik einzieht. Satirischer Biß und Polit-Pointen leben allenfalls im verbotenen Flüsterwitz weiter.
Mit Beginn des Zweiten Weltkrieges werden auch die Kabarettisten dienstverpflichtet – als launige Zulieferer für Durchhalte-Humor und Fronttheater-Späße.

Wenn ich wüßte
Was der Adolf mit uns vorhat
Wenn er erst die Macht
Am Brandenburger Tor hat...
Müssen wir dann alle
Braune Hemden tragen?
Darf dann niemand mehr
Das Wörtchen „nebbich" sagen?
Wird ein Vollbart
Unsre Heldenbrust bedecken?
Werden wir zum Gruß
Die dürren Arme recken
Rufen wir dem Adolf „Heil"?!
Oder auch das Gegenteil?
Bald gibt es keine Mollen Bier
Nur Met gibt es zu trinken
Und bei Kempinski rollen wir
Aufs Brot den Bärenschinken.
Statt Girls tanzt ein Walkürenchor
Bei Herman Haller balde
Das Kadeko macht Kabarett
Im Teutoburger Walde.
Hab ich das richtig vorgeahnt?
Ich weiß ja nicht, was Adolf plant!

Angepaßtes Kabarett erhoffte sich Goebbels, als Willi Schaeffers im Jahr 1938 Chef des „Kabarett der Komiker" wurde. Das „Kadeko" verkam, trotz kritischer Ansätze, im Dritten Reich immer mehr zum Tingel-Tangel-Betrieb.

Als Hitler an die Macht und Deutschland unter das Hakenkreuz kommt, ist für Kabarett, Satire und Zeitkritik kein Platz mehr. Die Mehrzahl der Kabarettisten flieht vor den Nazis ins Ausland. Wer bleibt, lebt fortan gefährlich. Viele Kabarettisten, aus politischen und rassistischen Gründen verfolgt, sterben in den Konzentrationslagern. Andere passen sich an, verlegen sich auf platten Humor und tümelnden Frohsinn im Sinne der „Kraft durch Freude"-Ideologie. Zu denen, die sich – so lange es eben geht – widersetzen und versteckt witzeln, gehört Werner Finck.

Beim Zahnarzt hieß der Sketch, mit dem Werner Finck 1935 in der „Katakombe" auftrat. Als ihn der Zahnarzt (Ivo Veit) auffordert, den Mund aufzumachen, antwortet er: „Aber ich kenne Sie doch gar nicht!"

Früher NS-Gefolgsmann war der Kabarettist und bayerische Komiker Weiß Ferdl, der mehrfach zu Hitler auf den Obersalzberg pilgerte. Wegen seiner zweideutigen Sprüche galt der Parteigenosse Weiß Ferdl trotzdem als ein heimlicher Nazi-Gegner – eine schöne Legende.

Goebbels im „Kadeko": Der NS-Minister, hier bei einem Besuch im „Kabarett der Komiker", wollte im Kabarett Unterhaltung pur. Politische Witze ließ er verbieten, Verstöße wurden streng bestraft. Links: Willi Schaeffers.

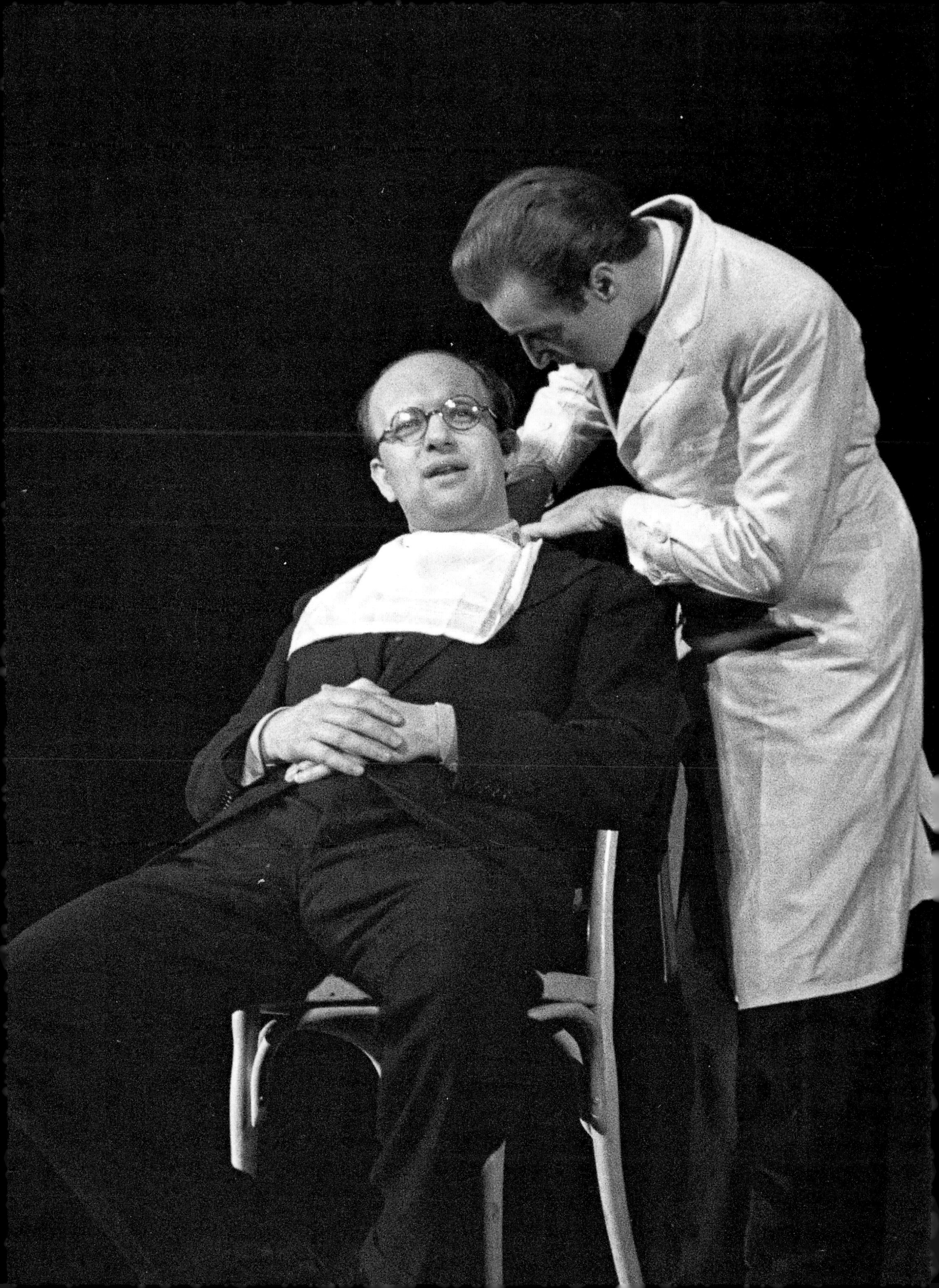

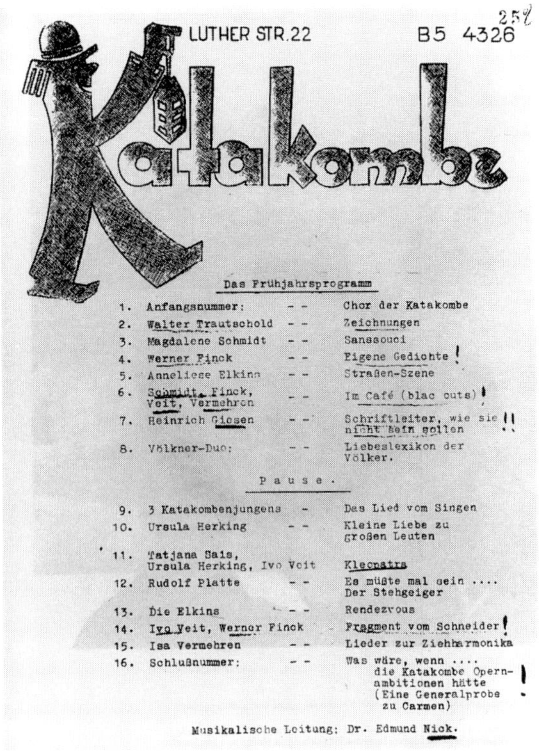

LUTHER STR. 22 B5 4326

Katakombe

Das Frühjahrsprogramm

1.	Anfangsnummer:	--	Chor der Katakombe
2.	Walter Trautschold	--	Zeichnungen
3.	Magdalene Schmidt	--	Sanssouci
4.	Werner Finck	--	Eigene Gedichte !
5.	Anneliese Elkins	--	Straßen-Szene
6.	Schmidt, Finck, Veit, Vermehren	--	Im Café (blac outs) !
7.	Heinrich Giesen	--	Schriftleiter, wie sie nicht sein sollen !!
8.	Völkner-Duo:	--	Liebeslexikon der Völker.

Pause.

9.	3 Katakombenjungens	-	Das Lied vom Singen
10.	Ursula Herking	--	Kleine Liebe zu großen Leuten
11.	Tatjana Sais, Ursula Herking, Ivo Veit		Kleopatra
12.	Rudolf Platte	--	Es müßte mal sein .... Der Stehgeiger
13.	Die Elkins	--	Rendezvous
14.	Ivo Veit, Werner Finck	-	Fragment vom Schneider !
15.	Isa Vermehren	--	Lieder zur Ziehharmonika
16.	Schlußnummer:	--	Was wäre, wenn .... die Katakombe Opernambitionen hätte (Eine Generalprobe zu Carmen) !

Musikalische Leitung: Dr. Edmund Nick.

Ein Jahr vor Hitlers Machtübernahme steht Werner Finck, verlegen lächelnd, auf der Bühne der Berliner „Katakombe" und blickt nach vorn. Er stellt sich vor, was passieren wird, wenn die Nazis ans Ruder kommen: „In den ersten Wochen des Dritten Reiches werden Paraden abgehalten. Sollten diese Paraden durch Regen, Hagel oder Schnee verhindert werden, werden alle Juden in der Umgebung erschossen."

Die Pointe, das sollte sich bald zeigen, war keine. Als die Nazis an der Macht sind, versucht Finck, den Witz als Widerstand zu leben. Da er sich auch durch Gestapo-Besuche im Kabarett nicht einschüchtern läßt, wird die „Katakombe" – wie auch das „Tingel-Tangel" – geschlossen; die Künstler, darunter Werner Finck, Walter Gross, Heinrich Giesen und Günther Lüders, werden für mehrere Wochen ins Konzentrationslager Esterwegen gebracht und müssen sich anschließend vor einem Sondergericht verantworten.

Spitzel im Kabarett: Gestapo-Beamte mischten sich in der Berliner „Katakombe" unter das Publikum und notierten sich Pointen, die sie für staatsgefährdend hielten.

Unerschrockener Finck: „Kommen Sie mit oder soll ich mitkommen?" rief er von der Bühne den Spitzeln zu. Goebbels ließ das Kabarett schließen und Finck verhaften.

Berlin, den 7. Mai 1935

Bericht:

Auf Anordnung von Reichsminister Dr. Goebbels besuchte ich am 28. April d. Js. das Kabarett „Die Katakombe", Lutherstr. 22. Das Programm der Katakombe stand auf einem wenig künstlerischen Niveau. Es war nur beabsichtigt, das Publikum durch schlechte politische Witze zu unterhalten. Der Ansager Werner Finck sowie sein Kollege Heinrich Giesen versuchten sich gegenseitig zu übertreffen. Nachdem diese beiden während der Pause das Publikum sondiert hatten, konnte man feststellen, daß diese Anzüglichkeiten noch gehässiger vorgebracht wurden…

Alles in allem erscheint es mir angebracht, dieses Lokal zu schließen und den Herrn Finck und Herrn Giesen für einige Zeit in Verwahrung zu nehmen, damit ihnen dort klar werden kann, daß solch eine Art von Unterhaltung des Publikums in der heutigen Zeit nicht mehr angebracht ist.

v. Wedel
Persönlicher Adjutant des Reichsministers für Volksaufklärung und Propaganda

39

Geheimes Staatspolizeiamt
II 1 A/M

Berlin, den 10. Mai 1935.

Entwurf!

Beschluss!

Aufgrund § 14 des Preussischen Verwaltungsgesetzes und § 1 der Verordnung zum Schutze von Volk und Staat vom 28. Februar 1933 wird mit sofortiger Wirkung die Vergnügungsstätte

"Katakombe"

Berlin, Lutherstrasse 22 bis auf Weiteres polizeilich geschlossen.

Beschluss!

Aufgrund § 14 des Preussischen Verwaltungsgesetzes und § 1 der Verordnung zum Schutze von Volk und Staat vom 28. Februar 1933 wird mit sofortiger Wirkung die Vergnügungsstätte

"Tingel-Tangel",

Berlin, Kantstrasse 12, bis auf Weiteres polizeilich geschlossen.

Zurück II 1 A/M.

Es weht ein frischer Wind, zwei, drei
Wir wollen wieder lachen
Gebt dem Humor die Straße frei
Jetzt muß auch der erwachen.

Der Löwe ist das Tier der Zeit
Der Mars regiert die Stunde;
Doch die geliebte Heiterkeit
Geht langsam vor die Hunde.

Das aber soll dem Teufel nicht
Und keiner Macht gelingen
Uns um das inn're Gleichgewicht
Und um den Spaß zu bringen.

Drum laßt des Zwerchfells Grundgewalt
Am Trommelfell erklingen.
Wem das nicht paßt, der soll uns halt
Am Götz von Berlichingen.

Das Kabarett-Verbot, das im Mai 1935 der „Katakombe" und dem „Tingel-Tangel" den Garaus machte, wurde von der NS-Presse höhnisch kommentiert.

Zwei „Freudenhäuser" mußten schließen

Die jüdischen „Kleinkunstbühnen" Katakombe und Tingel-Tangel in Berlin. sind von der Polizei geschlossen worden.

„Es ist ein Jammer", werden die krummnasigen und -beinigen Jünglinge mit der Intelligenzbrille vor den leicht basedowsch blickenden Augen sagen, nun hat man uns wieder zwei „Schmusentempel" geschlossen, in denen wir so ganz unter uns waren, mit unseren garantiert echt „blonden Damen". „Wieder haben die humorlosen Nationalsozialisten mit rauhen Händen ein Idyll zerstört, das uns um so teurer war, je mehr Eintrittskarten verkauft wurden."

„Wer fand sich bei uns nicht alles verständnisinnig zusammen. Die Künstler zunächst, die so tun mußten, als ob sie ganz auf dem Boden der Tatsachen stünden und in Wirklichkeit die alten Zeiten herbeisehnten und hier einen Erinnerungsplatz gefunden hatten; die sogenannten Autoren dann, deren morbide Geistesblüten, von Jazz umklungen und „neugeistig" vorgetragen, wirklich „starke Stücke" waren, und das Publikum, das genau wußte, wann es zu wiehern hatte und wann nicht. Diese Gemeinschaft ist vorbei; genau wie so viele geistige Schuttabladeplätze anderer Freundesinstitute abgetragen wurden, so auch dieser. Wo sollen wir denn wühlen?

Nicht? — So wehklagt es durch den intelligenten Westen, so mauschelt es den Kurfürstendamm entlang. Ja, der Liberalismus, das war doch noch etwas, der ließ sich wenigstens etwas gefallen, der war großzügig, der ließ sich mit Schmutz bewerfen, der warf sogar selbst mit.

In der Katakombe sangen Isa Vermehren, das „Mädchen mit der Quetschkommode", und Ursula Herking rotzgörig das „Lied, das aus der Kehle dringt".

Mit der Schließung der „Katakombe" und des „Tingel-Tangel" ist dem kritischen Kabarett in Deutschland endgültig der Todesstoß versetzt worden. Von den renommierten Kleinkunstbühnen, die in den Zwanzigern Berlins Ruf als Brettl-Metropole begründen halfen, existiert nun nur noch das „Kabarett der Komiker". Hat es eine Überlebenschance?

„Kadeko"-Chef Kurt Robitschek ist 1933 wie viele seiner Kollegen außer Landes gegangen; bald übernimmt Hanns Schindler das Haus am Kurfürstendamm. Als er 1938 stirbt, betraut Goebbels Willi Schaeffers mit der Aufgabe, „entzückende Programme leichter Kost" auf die „Kadeko"-Bühne zu bringen. Und Schaeffers enttäuscht diese Erwartung nicht.

Rosita Serrano – die südamerikanische Schlagersängerin auf der Kabarettbühne. Im „Kabarett der Komiker" war nach 1933 mehr und mehr Unterhaltung angesagt, wie sie die „chilenische Nachtigall" bot.

Abends in der Scala gab es im Januar 1938 ein Wiedersehen mit Claire Waldoff und Wilhelm Bendow. Als Zugabe sang die Waldoff hier noch einmal das bei den Nazis verhaßte Erfolgslied „Hermann heeßt er".

Unter seiner Regie greift nun KdF-Humor um sich: Erbauung durch Frohsinn, das Artistische als Selbstzweck, die Varieté-Nummer und das Schlagerliedchen als Attraktion – der Pausenfüller wird Programm. Das Kabarettistische verkommt immer mehr zum launigen Stimmungslieferanten in schwerer Zeit, das Kabarett zum Staats-Brettl auf Bumsfidel-Niveau.
Der von Goebbels verordnete Kleinkunst-Kurs hat System. Wie schon im gleichgeschalteten Film soll nun auch im Kabarett die Wirklichkeit ausgespart werden; harmlose Unterhaltung soll für ein paar Stunden die Alltagssorgen vertreiben und für den nächsten Arbeitstag fit machen.

Himmel und Hölle spielen die Hauptrolle in der „Nachrichter"-Revue „Der Apfel ist ab", die 1938 mit Charlott Daudert (Eva), Erik Ode (Adam) und Willi Schaeffers (Petrus) im „Kabarett der Komiker" Premiere hat.

Lale Andersen, Spezialistin für Seemannslieder, gibt Anfang der Dreißiger im „Kabarett für Alle" ihr Berliner Brettl-Debüt. 1939 hebt sie im „Kabarett der Komiker" ihr „Lili Marleen"-Lied aus der Taufe.

Die Kulturpolitik der braunen Machthaber setzt auf Kabarett als Frohsinn. Die Grenzen zwischen Kabarett, Varieté und Unterhaltungsschau verwischen sich. Die Programme des „Kadeko", der „Scala", des „Haus Vaterland" und des „Wintergarten" werden einander immer ähnlicher: Kabarettisten sorgen für gute Laune, launige Artisten nehmen Kabarettistisches in ihr Repertoire auf.
Zu den Stimmungskanonen jener Jahre gehören die Parodisten Werner Kroll und Ludwig Manfred Lommel, die Diseuse Loni Heuser, Peter Frankenfeld, der mit einem Vertreter-Solo im „Kadeko" sein Brettl-Debüt gibt, Peter Igelhoff, der kabarettelnde Schlagermacher, das blödelnde Unikum Heinz Erhardt und Lotte Werkmeister als Ulknudel vom Dienst (v.l.n.r.).
Der Kabarettist und Schlagermacher Willi Kollo kommt zu dem Schluß: „Aus dem Kabarett der Komiker war ein bürgerliches Kabarett geworden: die Serrano war da, Alexis, Undine von Medvey, Peter Igelhoff und wie sie alle hießen, und die machten da ihren Kokolores. Und den machten sie zwar sehr hübsch, aber Kabarett, wie wir es kannten, das, womit wir aufgewachsen sind, war das nicht mehr."

Immer wieder ist in Aufsätzen und Reden der braunen Kulturpolitiker von einem „positiven Kabarett" die Rede, das „beim kulturellen Aufbau des Dritten Reiches und bei der Propagierung der national-sozialistischen Weltanschauung gute Dienste leisten" könne. Es findet sich nicht.
Auch der Versuch, NS-Polit-Brettl zu gründen, bleibt erfolglos, die neuen Ensembles gehen aus Mangel an Zulauf bald wieder ein. Allenfalls die „Acht Entfesselten" des vielseitig begabten Entertainers Rudi Godden, die ab 1935 durch die Lande tingeln, finden vorübergehend ihr Publikum. Aber auch sie sterben schließlich „an schlechten Texten". Von den Nazis gehätschelt und zugleich bevormundet, ziehen sie sich mehr und mehr auf harmlose, musikalische Parodien und schlagerhafte Chansons zurück, in denen es um „kleine Schwächen – große Schwächen" und um die dumme, dumme Liebe geht.
Als die „Acht Entfesselten" von Goebbels angewiesen werden, „ihr ganzes Programm schlagartig umzustellen" und sämtliche „Anspielungen, die zweierlei Interpretationen zulassen, sofort zu unterlassen", geben sie auf.

Rudi Godden am Klavier war der Star der „Acht Entfesselten". Wegen ihrer betont unterhaltenden Note galten sie als Vorzeige-Kabarett. Godden war auch ein populärer Filmschauspieler.

Als brave Familie gaben sich die „Acht Entfesselten" in einem Sketch zu erkennen: Hannes Krock, Käte Scholz, Ernst August Brenn, Hans Haching, Gerty von Reichenhall und Rudi Godden.

Der allgemeinen Erstarrung, an der die Brettlkunst schon seit längerer Zeit leidet, stellt die NS-Kulturgemeinde mit der klein-kabarettistischen Arbeitsgemeinschaft „Die Acht Entfesselten" in diesen Tagen in Berlin einen glücklichen Versuch neuer Gestaltung entgegen.
Das ausgefahrene Schema des alten Kabaretts, die durch mehr oder minder geistreiche Ansage miteinander verknüpften und oft wahllos zusammengestellten „Nummern", ist hier ganz verlassen worden.
Die gesamte Vorstellung läuft in engem Zusammenhang von Anfang bis zum Ende ab. An die Stelle der Einzelnummern tritt die geschlossene Leistung eines Ensembles.
Ebenso wie die Form dieses neuen Überbrettls vom Hergebrachten abweicht, so ist auch inhaltlich eine Erneuerung versucht und vollzogen: Aus dem Alltag des Volkes sind die Themen der Darbietung genommen. Gegen Unnatürlichkeit in Kunst, Film, Funk, Theater, Operette, Wochenschau, Reklame wird eine vergnügte Attacke geritten. Dabei darf natürlich ein politischer Spott auf die Greuelpropaganda nicht fehlen. Wenn die NS-Kulturgemeinde sich dieser mutigen Vorkämpfer einer erneuerten Kleinkunst fördernd annimmt, so erfüllt sie damit wieder einmal in abgewandelter Form ihre Aufgabe, für die Erfüllung aller geistigen und künstlerischen Interessen des Volkes in einer artgemäßen und wertvollen Form zu sorgen. NS-Kulturgemeinde Berlin, 1936

Werner Finck, der nach KZ-Haft und Sondergerichts-Prozeß wieder auftreten darf, bleibt das Lieblings-Ärgernis des Reichspropagandaministers. „Spaß – ernst genommen" nennt der Conferencier seinen kabarettistischen Vortrag, mit dem er im April 1936 im „Kabarett der Komiker" zu sehen ist (oben). Zwei Jahre später stellt er sich mit den Worten vor: „Ich bin der Finck – leicht gedrosselt." Im gleichen Programm macht Peter Sachse (o.r.) als Ansager einige Bemerkungen zur Lage, und die Drei Rulands (unten) besingen den Neubau Berlins: „Alles neu macht der Mai und die Arbeitsfront ..."
Goebbels tobt und notiert sich ins Tagebuch: „Die Verbotsmaschinerie gegen das Kabarett der Komiker wird nun flott gemacht ... Der politische Witz wird ausgerottet. Und zwar mit Stumpf und Stiel ..."
Finck, Sachse und die Rulands erhalten Auftrittsverbot und werden aus der Reichskulturkammer ausgeschlossen. Im „Völkischen Beobachter" äußert sich Goebbels zu der Frage „Haben wir eigentlich noch Humor?" mit der Feststellung: „Humor gibt es in Deutschland noch genug und übergenug ... Wir glauben, es herrscht heute in keinem Lande Europas soviel Freude wie in Deutschland." Werner Finck hatte wenige Wochen zuvor die gleiche Frage im „Berliner Tageblatt" so beantwortet: „Doch, doch, wir haben ... Denn unter uns haben wir Humor. Aber dies unter uns. Bliebe also noch die Frage, ob wir über uns auch Humor haben ..."

Berlin, Sonnabend, 4. Februar 1939

Reichsminister Dr. Goebbels

Haben wir eigentlic
noch Humor?

Grundsätzliche Erklärungen zum Ausschlu
von fünf Reichskulturkammermitgliedern

Wir haben uns gestern gezwungen gesehen, in der Frage des sogenannten politischen Witzes, der alles andere, nur nicht witzig ist, eine Reihe ... Maßnahmen zu treffen. Diese waren ... geworden, weil sich auf diesem ...

Humor gibt es in Deutschland noch genug und übergenug. Es ist jene Art von Humor, wie sie seit ewigen Zeiten in den breiten Massen des Volkes gepflegt wurde, ein Humor, der gutmütig, anständig und sauber ist, und, wenn nötig, auch derb und zugreifend sein kann.

Wir glauben, es herrscht heute in keinem Lande Europas soviel Freude wie in Deutschland. Millionen Menschen werden

Aus der Reichskulturkammer

Die drei Rulands, Finck und Sachse ausgeschlossen

Der Reichsminister für Volksaufklärung und Propaganda hat den Schauspieler und Schriftsteller Werner Finck, den Conférencier Peter Sachse (Curt Pabst) sowie die unter dem Namen „Die drei Rulands" auftretenden Helmut Ruth, Wilhelm Meissner und Manfred Dlugi aus der Reichskulturkammer ausgeschlossen. Damit ist ihnen für die Zukunft jedes weitere öffentliche Auftreten in Deutschland verboten.

Der Schauspieler und Schriftsteller Werner Finck wurde bereits im März 1935 gelegentlich der Schließung des Kabaretts „Die Katakombe" ernstlich verwarnt, weil er in seinen Darbietungen Einrichtungen der Partei und des Staates öffentlich lächerlich zu machen versucht hatte. Trotz dieser Verwarnung hat er auch neuerdings in seinem Auftreten jede positive Einstellung zum Nationalsozialismus vermissen lassen und damit in der Oeffentlichkeit und vor allem bei den Parteigenossen schwerstes Aergernis erregt.

Der Conférencier Peter Sachse (Curt Pabst) sowie die unter dem Namen „Die drei Rulands" auftretenden Helmut Ruth, Wilhelm Meißner und Manfred Dlugi sind aus den selben Gründen aus der Reichskulturkammer ausgeschlossen worden.

Mit dem Bannstrahl, den Goebbels im Februar 1939 gegen die fünf Kabarettisten vom Berliner „Kabarett der Komiker" schleudert, ist es nicht getan. Überall in deutschen Landen wird weiterhin mehrdeutig gewitzelt, gibt es unter der vorgehaltenen Hand politisierende Anspielungen, mit denen Conferenciers ihr Publikum bei Laune halten.
Nicht einmal auf die von den Nazis selbst ins Leben gerufenen Kabaretts ist Verlaß: Im „Wiener Werkel", im Januar 1939 in offiziellem Parteiauftrag gegründet, wird sogar der deutsche Einmarsch in Österreich auf der Brettlbühne persifliert und ironisch kommentiert. „Das chinesische Wunder oder der wandernde Zopf" behandelt die „Heimholung Österreichs ins Deutsche Reich" als japanisch-chinesische Parabel. Die Verfremdung ist nur mäßig getarnt und recht offensichtlich: aus Wien, in das die Tokioten einfallen, wurde Wi-En, aus der österreichischen Mitzi die chinesische Mi-tsi, aus dem reichsdeutsch-preußischen Piefke der japanische Pif-keh. Dieses Kabinettstückchen, im Untertitel als „Spiel um den Chinesen, der net untergeht" bezeichnet, wird im „Wiener Werkel" bejubelt, der den Chinesen in den Mund gelegte Satz „Mir wer'n s' schon demoralisieren" macht in Wien rasch die Runde.
Anfang Dezember 1940 fährt Hitlers Propagandaminister nach Wien und droht Werkel-Chef Adolf Müller-Reitzner, der Parteigenosse ist, mit KZ-Haft für alle Kabarettisten. Im Goebbels-Tagebuch heißt es dazu: „Den Direktor des Wiener Werkel, eines Lokalkabaretts, zurechtgestaucht. Das Etablissement gefällt sich in versteckter Kritik und Wiener Raunzerei. Ich mache den Herrn sehr deutlich auf die Gefährlichkeit seines Tuns aufmerksam. Er wird sich nun hüten."

Zwei Seelen streiten sich in der Wiener Brust: Wilhelm Hufnagl und Robert Horky als Optimist und Raunzer im „Januskopf"-Couplet des „Wiener Werkel", 1940.

Die Tokioten in Wi-En: das „Wiener Werkel" mit seiner Persiflage auf den Einmarsch der Deutschen in Österreich. Goebbels verbot das „starke Stück". Wenig später erließ er ein „Verbot des Conference- und Ansagewesens"; Verstöße wurden „auf Befehl des Führers mit schärfsten Strafen geahndet".

Mit dem Ausbruch des Zweiten Weltkriegs ist Bombenstimmung angesagt – auch für die Kabarettisten. Die gute Laune, von der Propagandaminister Goebbels meint, sie sei kriegswichtig, wenn nicht gar kriegsentscheidend, erhält ihren Einberufungsbefehl. Die Stimmungskanonen des Amüsierbrettls – Peter Frankenfeld, Heinz Erhardt, Willy Reichert, Marita Gründgens, Peter Sachse und Paul Schneider-Duncker – werden nun alle zur Truppenbetreuung an die Front geschickt. Es bilden sich Frontbühnen und Soldatenkabaretts, die sich „Platzpatrone", „Knobelbecher" und „Eichkater" nennen und die Landser bei Laune halten sollen wie etwa Weiß Ferdl mit seinen Soldatenliedern oder Lale Andersen mit ihrer wehmütigen Weise von der „Lili Marleen". Selbst Werner Finck wird uniformiert und tingelt nun an vorderster Front.

Auch im Ätherkrieg wird das Kabarett als schweres Geschütz aufgefahren, in den Propagandasendungen ebenso wie im „Wunschkonzert für die deutsche Wehrmacht", das sich als „Brücke zwischen Front und Heimat" versteht.

Die meisten Kabaretts, darunter das „Kadeko" und „Carows Lachbühne", werden von Bomben in Schutt und Asche gelegt, die wenigen, die davon verschont bleiben, werden im September 1944 geschlossen. Letzte Lacher versucht noch Udo Vietz mit seinem Berliner Soldatenkabarett „Atlantis" durchreisenden Landsern zu entlocken. Die meisten von ihnen kommen aber nur ins Kabarett, um wenigstens für ein paar Stunden ein Dach überm Kopf zu haben.

Lachen ist gesund hieß die Durchhalte-Devise von Udo Vietz, der 1944 im Auftrag des Propagandaministeriums am Potsdamer Platz das „Wehrmachts-Nachtkabarett Atlantis" für durchreisende Soldaten betrieb.

Lachen ist gesund
Hohohohoho!
Öffne drum den Mund
Hihihihihi!
Stets nur zu einem
Herzlichen Gelächter!
Jahahaha!
Geht es dir auch schlecht
Hohohohoho!
Lache doch erst recht
Hehehehehe!
Sonst geht es dir bestimmt
Noch viel, viel schlechter.
Immer nur lachen
Und immer vergnügt
Lach dem Feind ins Auge
Dann hast du gesiegt!
Wenn du immer lachst
Hohohohoho!
Egal, was du auch machst
Hihihihihi!
Dann findest du
Das wahre Glück auf Erden.
Hahahaha!

Propaganda-Sketche spielten Jupp Hussels und Ludwig Schmitz 1939/40 in ihrer Kino-Serie „Tran und Helle", von der sich Goebbels „Volksaufklärung" versprach. Die populären Spaßmacher traten mit ihren Nummern über Luftschutz, Feindpropaganda und Hamsterkäufe auch im Kabarett auf.

September 1944: das Ende ist in Sicht. Nun haben auch die Kabarettisten ausgespielt. Alle Bühnen werden geschlossen, die Künstler als Rüstungsarbeiter dienstverpflichtet. „Kadeko"- Chef Willi Schaeffers gibt zu Protokoll: „Unser letztes Gastspiel haben wir noch am 28. August für die NS-Gemeinschaft ‚Kraft durch Freude' in Potsdam gegeben. Wenn wir jetzt, ganz anders als bisher gewohnt, in einem großen Rüstungswerk arbeiten, so helfen wir damit eine neue Zeit heraufzuführen, in der auch Kleinkunst und deutsches Kabarett ihren Platz behaupten werden."

Bombenstimmung verbreitete Humor-Reservist Weiß Ferdl während des Zweiten Weltkrieges mit Landserliedern und strammer Gesinnung: „Ich bin Soldat, Rosei, steh kerzengrad ..."

„Mensch, da war alles dran!"

Stunden beschwingter Freude von Soldaten für Soldaten

Jawohl, das ist wirkliche, echte ...st, Brettl, Kabarett in des Wortes ...edeutung! Spritzig, temperament...ig, geistreich und jedem Soldaten ...ich. Und wie!

... wissenden Einzelschmunzeln bis ... einsamen, befreienden Trompeten... lles ist da. Und so viel schlechte ...bt's garnicht, dass sich auch nur ...n fröhlichen Zauber dieses Solda...etts entziehen könnte.

...r, Komponist, Darsteller, alles ... wie wir! Aber darüber hinaus ... Künstler geblieben. Begeisterte ... und Kleinkunstaktivisten, die mit ...Kabarett eine vielleicht einmalige ...sche Leistung hingelegt haben, und ...icht, mit solchem Schwung, dass ...pucke wegbleibt!

*...ffizier **Lotar Olias,** in Frie... beim Kabarett der Komiker in... hrieb die Musik. Er spielt sie auch ...*

*Kälte usw. Und seine Musik ist Melodie und Rhythmus, wie wir sie brauchen. Sie geht uns ein, wie — na, sagen wir, bester, französischer Cognac, wenn wir ihn hätten. Untermalt wird sie am Schlagzeug von Unteroffizier **Kurt Grabert,** einst bei der Kapelle Otto Dobrindt, vom Deutschlandsender.*

*Den schmissigen Text, bei dem man direkt aufmerken muss, um jede scharfgeschliffene Pointe mitzukriegen, dichtete Gefreiter **Hans-Peter Rieschel,** im «zivilen Adam» Regisseur und Dramaturg des Deutschen Theaters. Er spricht den Zwischentext selbst, führt uns ein, stellt seine Mitspieler vor und geleitet uns in launigen Worten — von der Maas bis an den Kreml.*

Auf diesem Wege erleben wir in zwei Stunden eine Welt der Freude, des treffendsten Witzes, der amüsantesten «Pflaumerei», der beizenden Satire und Ironie, des besten unverwüstlichen Soldatenhumors ...

„Der Knobelbecher" nannte sich das Soldaten-Kabarett, das zwischen 1941 und 1943 an vorderster Front in Rußland spielte. Conferencier, Texter und Musiker war Lotar Olias, der nach Kriegsende das Hamburger Kabarett „Die Bonbonniere" gründete.

So schallt es, klatscht es, jubelt es, trampelt es, so schmunzelt es Abend für Abend

Frontkabarett „Von der Maas bis an den Kreml" stets willkommen — Ob im Bunker, im Feldlazarett, im Stabsquartier — echter Landserhumor, gut dosiert, leicht gewürzt, froh geweckt — zieht immer

tollen witzigen Sketchen lösen die ausgezeichneten Chansons, Melodien und Lieder ab.

*Obergefreiter **Bobby Schlüter-Mertens,** vom Opernhaus Hamburg, schuf für das ganze mit primitiven Mitteln einen für unsere Verhältnisse an der Ostfront erstaunlichen Rahmen, mit Bildern, die in ihrer ursprünglichen und eigenartigen Komik das Spiel in gelungenster Weise abrunden. Dass er darüber hinaus trotz aller Hemmnisse und Schwierigkeiten mit dem ganzen technischen Drum und Dran grossartig fertig wird, und dazu — wie alle anderen übrigens auch — noch auf der Bühne als Mitspieler wirkt, sei ihm besonders hoch angerechnet.*

*Mit dem Abschied «Marianne» beginnt die «Kunst in kleinen Dosen», und wenn dann der Abschiedstanz des Gefreiten **Rudi Greiner,** des Manns mit dem originellen Gesicht, privat: Stadttheater Kiel, mit seiner «Madeleine» über die Bretter geht, bleibt kein Auge trocken! — Doch, Kamerad, Du hast richtig gelesen, Madeleine tritt wirklich auf, ja, sie lässt sich sogar streicheln und küssen auf offener Bühne!*

*Und ob nun Gefreiter **Herbert Thamm,** der Mann mit der schönen Stimme, vom Reichssender Köln, bekannteste Filmstars von Ufastadt bis Hollywood parodiert, ob im «Vorstadtvarieté» das internationale Tänzerpaar erscheint, ob man seine eigenen geheimsten Wünsche in den «Träumen des Landsers» wiederfindet, oder auf dem «Originaldonnerbalken» balkenbiegende Landserwitze steigen, oder ob*

Olias seine «Pistolen» besingt, — aber wir verraten zuviel — jedenfalls man kommt, wie gesagt, aus dem Schmunzeln, Lächeln, Grienen, Lachen und Klatschen nicht mehr heraus.

Und wenn man am Schluss des flotten, schwungvollen und bunten Spiels den lukullische und andere Genüsse voraussagenden Blick in die Zukunft getan hat, herrscht eine Meinung bei allen, die dabei waren, und in Zukunft sein werden: Schade, dass es schon zu Ende ist.

*Aber die Melodien und manches treffende Wort, von Soldaten für Soldaten gedichtet, gesprochen und gesungen, gehen mit in den harten Alltag des Krieges. Und wir können der Ansicht des Kameraden nur zustimmen, der abschliessend also sein Urteil abgab: «**Mensch, da war alles dran!**»*

Albert Urmes

Mit dem Machtantritt der Nazis im Januar 1933 wird der Antisemitismus zur offiziellen Politik. Mit Broschüren, Plakatanschlägen und Filmen werden die jüdischen Künstler fortan als „Untermenschen“ diffamiert, darunter auch Kabarettisten wie Max Reinhardt, Siegfried Arno und Valeska Gert. Die Prominenz der Kleinkunst geht ins Exil, wer bleiben muß, erhält Auftrittsverbot.
Der Jüdische Kulturbund, der unter der Kontrolle des Propagandaministeriums zwischen 1933 und 1941 in Berlin und anderswo von Juden für Juden Theateraufführungen, Vorträge und Kabarettabende veranstaltet, ist für viele die einzige Möglichkeit, weiterhin aufzutreten. Zahlreiche Kabarettisten nutzen sie, darunter Camilla Spira, Max Ehrlich und Willy Rosen, die Conferenciers Willy Hagen und Willy Prager, der Komiker Otto Wallburg, die Diseusen Dora Gerson, Annemarie Hase und Rosa Valetti.
Im September 1941 wird der Jüdische Kulturbund aufgelöst – die Deportationen beginnen.

Jiddisches Kabarett auf der Berliner Bühne des Jüdischen Kulturbundes: Max Koninski, Heinz Kahnemann, Alfred Lichtenstein, Leo Rohrstock und Rolf Rado in einer Eljaschoff-Revue, 1935.

„Die Touristen“ nannte sich das Kabarett, in dem Elow 1937 beim Berliner Jüdischen Kulturbund als Conferencier auftrat. In den zwanziger Jahren war er Chef der „Namenlosen“.

Es war mal eine Pointe
Sie war so schön und gut
Aus allerbester Familie
Von allerbestem Blut.

Doch eines schönen Tages
Geschah die Schweinerei:
Man zog die arme Pointe
An ihren Haaren herbei.

Ein wilder Pointenmörder
Der hat sie umgebracht.
Da lag sie nun unterm Tische.
Kein Mensch hat mehr gelacht.

DIE TOURISTEN

Künstlerische Leitung: LUCIAN SCHNELL u. ERICH LOWINSKY (Elow)
Mitglieder des Reichsverbandes jüdischer Kulturbünde

Einmalige Wiederholung
zu Chanukkah

Dienstag, den 30. November
8⁴⁵ Uhr präzise

Brüdervereinshaus, Kurfürstenstraße 115/116

Ein Kabarett jüdischer Autoren

mit Stella Ehrlich (Hay), Steffi Rosenbaum (Ronau), Gina Friedman (Petruschka) (vom Kulturbund Berlin), Werner Hinzelmann, Ernst L. Nussbaum, Kurt Süssmann

An 2 Flügeln: Hildegard Lewin und Liselotte Jaffé
Conference: Erich Lowinsky (Elow)

Karten: RM 1.– 2.– 3.–
VORVERKAUF: Philo, Kedem, Poppelauer, Oekonomie Brüdervereinshaus, Konditorei Schneider, Kleiststraße, Citographia-Druckerei, J. G. Kalan, Berlin SW 19, Jerusalemer Straße 44-45

Telef. Bestellung: 71 18 20
Einlaß nur gegen Reichsverband- oder Kulturbund-Ausweis

Veranstalter: LUCIAN SCHNELL

„Revue der Revuen“ nannte sich das Kabarett-Programm, mit dem sich Max Ehrlich im Frühjahr 1939 von seinem Berliner Publikum verabschiedete, um nach Holland zu gehen. Wenig später wurde er dort vom Einmarsch der Deutschen überrascht.

Cläre Arnstein, das „Mädchen mit der Ziehharmonika“, 1936 in einer Berliner Ehrlich-Revue. Cläre Arnstein starb im KZ.

Um Fernweh und Abschied ging es 1937 in Max Ehrlichs Revue „Bitte einsteigen!“ Auf der Kleinkunstbühne des Kulturbundes: Monica Herrnfeld, Bert Baer, Ruth Lehnberg, Max Ehrlich, Edith Eisenheimer, Fritz Tachauer und Hans Lüpschütz (liegend).

Die Vorstellung, daß im Nazi-Deutschland Verfemte für Verfemte, Gejagte für Gejagte Kabarett spielen, Pointen servieren, auf Lacher setzen, humoristische Lieder singen, hat etwas Gespenstisches. Die Texte müssen dem Goebbels-Ministerium zur Zensur vorgelegt werden, die Vorstellungen werden von der Gestapo überwacht.
Die Situation ist absurd: Während auf den Straßen der Ruf „Juda verrecke!“ immer lauter wird, kommt Max Ehrlich 1935 aus dem holländischen Exil nach Berlin zurück, um die Kleinkunstbühne des Jüdischen Kulturbundes zu gründen. Fünf Jahre lang produziert er kabarettistische Revuen, zu denen Willy Rosen Texte und Musiken liefert: „Kunterbunt“, „Vorhang auf!“, „Bitte einsteigen!“, „Gemischtes Kompott“. Als sich Ehrlich im Frühjahr 1939 mit seiner „Revue der Revuen“ von seinem Berliner Publikum verabschiedet, um nach Holland zurückzugehen, muß er sich auf den Programmzetteln bereits Max Israel Ehrlich nennen.

Dora Gerson, einst Mitglied der „Katakombe“, brettelte auch für den Kulturbund. 1943 starb sie im KZ.

Max Ehrlich, einst Star im „Kabarett der Komiker“, leitete in Berlin die Kleinkunstbühne des Jüdischen Kulturbundes – unter den Augen der SS. Das Bild unten zeigt Ehrlich (2.v.r.) als Stimmenimitator beim „Sender Muckepick“ mit Fritz Grünne, Steffi Rosenbaum, Dolly Salkind, Fritz Tachauer.

Wir sausen mit tausend PS dahin
Wir können es nicht mehr lassen.
Wir sitzen im Turm von Babel drin
Und stempeln uns ab als Rassen.
Wir haben das Licht elektrisch gemacht
Und können uns trotzdem nicht sehen.
Wir haben das Esperanto erdacht
Und werden uns niemals verstehen.
Die Welt ist weit geworden
So furchtbar weit geworden
Und alle Hoffnungen sind Träumerein.
Wir sind gescheit geworden
Und sind bereit geworden
Auf dieser Welt
Nur Spreu zu sein.
Was das Gehirn zu deinem
Wohl erfunden
Hat dich gebunden
Und nicht erlöst.
Die Welt ist weit geworden
Und es ist Zeit geworden
Daß du nicht drunter
Sondern drüber stehst!

Er verkauft den Strick, an dem er sich aufhängen wollte: Camilla Spira und Max Ehrlich in der Komödie „Essig und Öl", 1937.

„Der Zug fährt ab" singt Edith Eisenheimer in Max Ehrlichs Revue „Bitte einsteigen!" Für viele Berliner Juden fuhr damals, im März 1937, schon längst kein Zug mehr ins rettende Exil.

Nach dem Einmarsch der deutschen Truppen in den Niederlanden wird auch hier die „Endlösung der Judenfrage" vorbereitet: Mehr als 100 000 Juden werden im Durchgangslager Westerbork zusammengetrieben, von wo aus die Transporte nach Auschwitz und Sobibor abgehen. Unter den Verhafteten befinden sich prominente Kabarettisten der Berliner und Wiener Kleinkunstszene, die in Holland Schutz vor den Nazis gesucht hatten: die Conferenciers Josef Baar, Franz Engel und Max Ehrlich, die Komiker Otto Wallburg und Hermann Feiner, die Diseusen Chaja Goldstein, Alice Dorell und Camilla Spira, Tänzer und Musiker wie Otto Aurich, Erich Ziegler und Willy Rosen sowie der einstige Star der Nelson-Revuen, Kurt Gerron. Sie alle treten – vor den Augen der SS – in den Revuen auf, die Max Ehrlich und Willy Rosen ab 1943 auf ihrer „Bühne Lager Westerbork" inszenieren. „Humor und Melodie", „BRAVO DA CAPO!" oder „Total verrückt!" nennen sich die Programme, die dem trostlosen Heide-Camp an der deutsch-holländischen Grenze den Ruf eintragen, die „Hochburg des europäischen Kabaretts" zu sein.

Gespielt wird immer, wenn die Transporte in die Vernichtungslager abgehen – Kabarett als Stimmungsdroge, um die Todeskandidaten ruhigzustellen. „Mein Gott", notiert sich eine Lagerinsassin ins Tagebuch, „der Saal ist zum Bersten voll. Und man lacht Tränen, ja Tränen!" Wer auf der Lagerbühne auftritt, rechnet sich eine Chance fürs Überleben aus.

Aber das Glück, das Willy Rosen in einem seiner Chansons beschwört, bleibt aus. Im August 1944 wird das Lager Westerbork aufgelöst. Nun gehen auch die Kabarettisten auf Transport – die Sonderzüge rollen über Theresienstadt nach Auschwitz. Kaum einer von denen, die in den letzten Jahren in Westerbork für Stimmung und gute Laune sorgten, entgeht der Gaskammer.

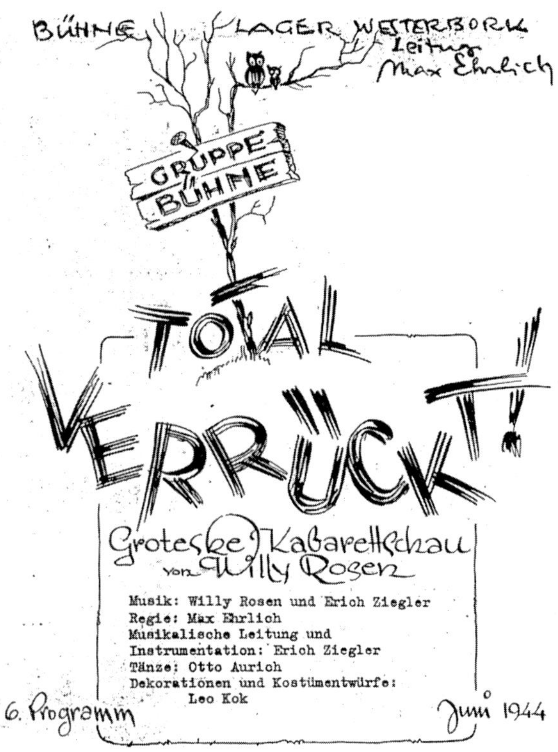

Wenn man kein Glück hat
Dann hat das Leben keinen Sinn.
Wenn man kein Glück hat
Dann rutscht man aus
Und fällt man hin.
Drum bitt ich dich
Fortuna, bleib mir treu –
Unberufen, unberufen
Toi-toi-toi!

„Total verrückt!" hieß die letzte Lager-Revue, die im KZ Westerbork gespielt wurde (o.l.). Anschließend schickte die SS die Kabarettisten nach Auschwitz in den Tod.

Um ein bißchen Glück bat das holländische Kabarett-Duo Johnny & Jones (u.l.) in seinen Lagerliedern. Die beiden Künstler starben im Frühjahr 1945 im Konzentrationslager Bergen-Belsen.

Kabarett im KZ: Max Ehrlich (u.) sang als Postkutscher seinen Mithäftlingen Trost zu: „Immer langsam, immer mit Gemütlichkeit. Es ist noch nicht soweit, wir haben noch lange Zeit…"

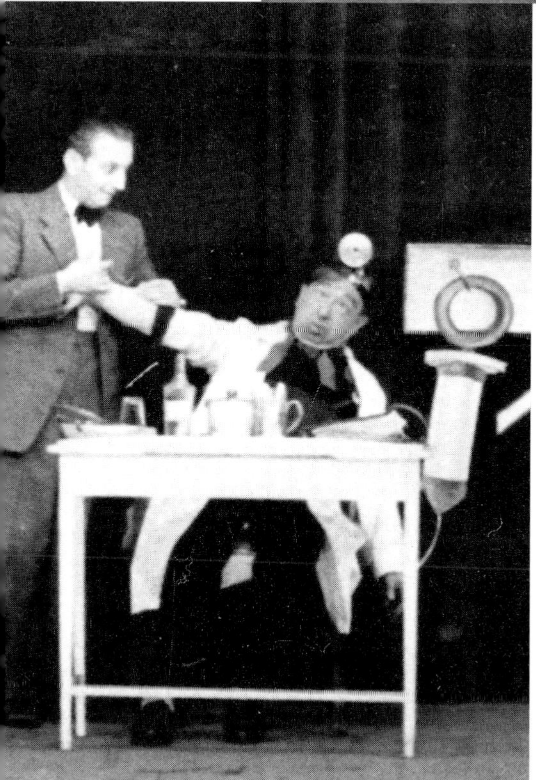

„Humor und Melodie“ nennt sich die Rosen-Revue, die Max Ehrlich (Mitte) im September 1943 auf die Lagerbühne im KZ Westerbork bringt. Links neben Ehrlich: Camilla Spira. In der gleichen Revue spielen Ehrlich und Hermann Feiner einen Arzt-Sketch (l.).

Auch das Lagerleben kam auf die Bühne: Willy Rosen, Esther Philipse, Mara Rosen und Erich Ziegler (u.l.). Im Herbst 1944 schickte SS-Kommandant Gemmeker seine Kabarettisten nach Auschwitz.

Überall gibt's immer einen
Über den man lacht
Überall gibt's immer einen
Der die Witze macht.
Einer ist dazu bestimmt
Den Narren abzugeben
Das fängt in der Schule an
Und bleibt das ganze Leben.
Einer muß als ewiger Clown
Durch das Dasein wandern
Ach, die Menschen lachen gern
Auf Kosten eines andern:
Überall gibt's immer einen
Über den man lacht
Überall gibt's einen
Der für euch –
Den Pojaz macht.

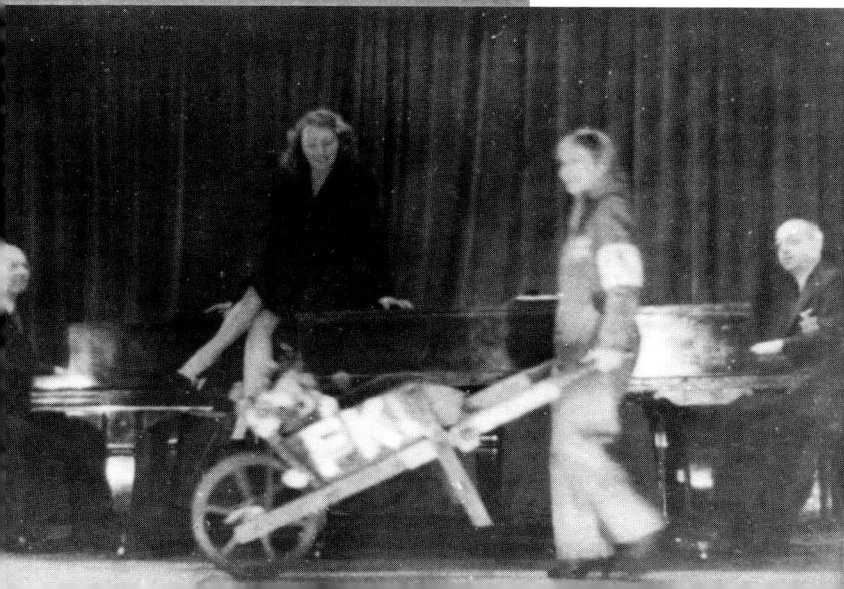

„Karussell“ nennt Kurt Gerron sein Kabarett im KZ Theresienstadt. Im Titel-Song heißt es: „Menschen haben Ambitionen, selbst wenn sie im Elend wohnen…“

Im Ghetto Theresienstadt, dem „Wartesaal des Todes“, von wo aus die Transporte in Richtung Auschwitz rollen, inszenieren die Nazis ein gewaltiges Täuschungsmanöver. Zu den Kulturaktivitäten, die das Ausland irreführen sollen, gehören auch kabarettistische Veranstaltungen, an denen sich bekannte Künstler wie Hans Hofer, Egon Thorn, Leo Strauß, Ernst Morgan, Bobby John und Karel Svenk beteiligen. Bald gibt es mehr als ein Dutzend Kabarett-Ensembles, die im Ghetto spielen – erst von der SS geduldet, später auf deren Befehl.
Kurt Gerron, der im Februar 1944 in Theresienstadt eintrifft, gründet dort das „Karussell“, in dem er mit Songs aus der „Dreigroschenoper“ und anderen, im Ghetto entstandenen Chansons auf der Bühne steht. Im Oktober 1944, nachdem er einen von den Nazis in Auftrag gegebenen Propagandafilm mit dem Titel „Der Führer schenkt den Juden eine Stadt“ abgedreht hat, wird er nach Auschwitz transportiert. Dort stirbt er, wie viele seiner Kollegen, in der Gaskammer.

Sie spielten um ihr Leben: Kurt Gerron und Annie Frey auf der Bühne des „Karussell“, 1944. Am Klavier Martin Roman. Gerron – das Bild oben zeigt ihn in Westerbork – starb in Auschwitz. Die Zeichnung (r.) entstand in Theresienstadt.

Kabarett im Freien: Zu Propagandazwecken wurden Kabarettisten und Publikum im KZ Theresienstadt vor die Kamera geholt. Unten: das Hofer-Ensemble mit Jupp Steiner, Theodor Otto Beer, Hans Hofer und Wolfi Lederer am Klavier; links: Hofer und Beer.

Meiner lieben Kollegin
Annie Frey
mit herzlichem Dank für ihre grossartige
Mitarbeit zur Premiere des „Karussell“!
Kurt Gerron
Theresienstadt. 3. Mai 1944

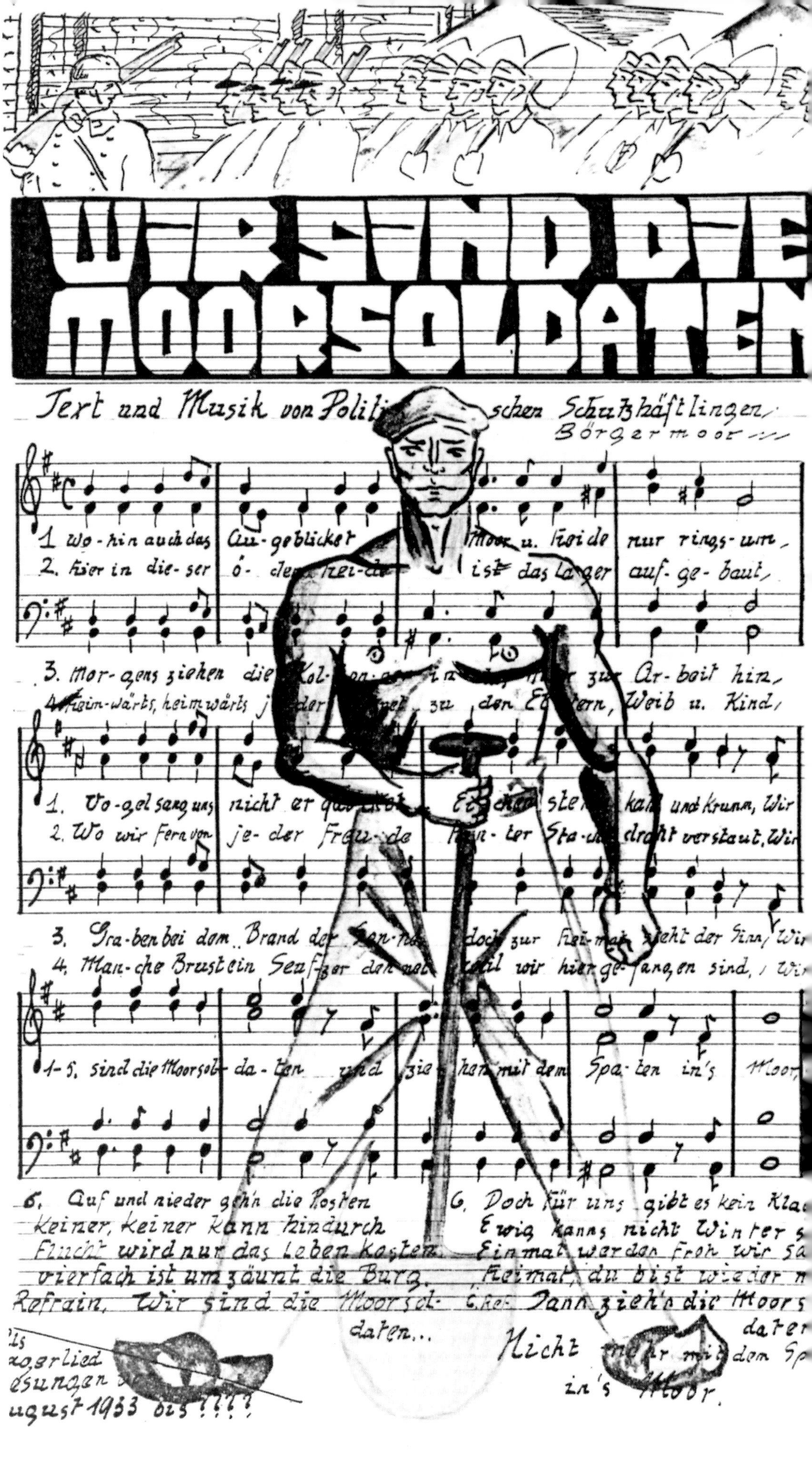

Ein Lied geht um die Welt: Die „Moorsoldaten“ wurden zum Symbol des antifaschistischen Widerstandes. Geschrieben wurde das Lied im Sommer 1933 von Häftlingen des KZ Börgermoor für eine Kabarettveranstaltung mit dem Titel „Zirkus Konzentrazani“.

Denk ich an Deutschland ...

Kabarett jenseits der Grenzen

Die vielen tausend Künstler, die nach Hitlers Machtübernahme vor den Nazis ins Ausland fliehen, gehen vielfach ohne jedes Gepäck über die Grenze, unter Zurücklassung all ihrer Habe. Und doch kommen sie, die ungebetenen Gäste, nicht mit leeren Händen in die Länder, in denen sie Aufnahme finden: oft genug sprachlos, tragen sie doch die Wut und die Empörung über das mit sich, was in diesen Jahren in Deutschland geschieht.

Die Kabarettisten unter den Emigranten versuchen, für diese Empörung im Exil ein Forum zu finden. In alle Winkel der Welt verstreut, suchen sie nach einer Möglichkeit, ihren Kampf gegen die faschistische Barbarei fortzusetzen – allen Sprachbarrieren, wirtschaftlichen Nöten, privaten Existenzsorgen und politischen Querelen zum Trotz.

Und so erstehen zwischen Moskau und Manhattan, zwischen Paris und Prag, London und Schanghai kleine Emigrantenbühnen, auf denen deutsche und österreichische Exil-Kabarettisten mit den Mitteln der „zehnten Muse“ einen Lagebericht zu liefern versuchen: mit Satiren gegen Hitler, mit Songs, Sketchen und Parodien über das schwere Los, ein Emigrant zu sein – heimatlos in der Fremde und staatenlos im Nirgendwo.

„Ich bin die Dummheit“: Therese Giehse im Kabarett „Die Pfeffermühle“, Zürich, 1934.

Scharfe Polit-Satiren bot Erika Manns Exil-Kabarett „Die Pfeffermühle“ – sehr zum Ärger der Nazis. Auf der Zürcher Emigrantenbühne agierten Robert Trösch als Koch, die Grotesktänzerin Lotte Goslar sowie Erika Mann als „Lügenprinz“.

Anfang Januar 1933, wenige Wochen vor Hitlers Machtübernahme, gründet Erika Mann in München ihr politisch-satirisches Kabarett, das sie auf Vorschlag ihres Vaters Thomas Mann „Die Pfeffermühle“ nennt. Im März flüchtet ein Teil des Ensembles nach Zürich. Die scharfen Attacken auf den Faschismus, mit denen die „Pfeffermühle“ in mehr als 1000 Vorstellungen in der Schweiz, in Holland und in der Tschechoslowakei auf der Bühne steht, führen zu Auftrittsverboten und diplomatischen Verwicklungen. Der Versuch, das Kabarett 1937 in den USA als „Peppermill“ zu etablieren, mißlingt.

Ich bin die Dummheit, hört mein Lied
Und nehmt es nicht zu leicht.
Nichts gibt’s, soweit das Auge sieht
Das mir an Dummheit gleicht …
Der Leute Hirn verklebe ich
Ich nag an der Substanz.
Von ihrem Stumpfsinn lebe ich
Es ist ein toller Tanz.
Besonders bin ich eingestellt
Auf Herren, die regiern
Und die auf dieser ganzen Welt
Mich freudig akzeptiern.
Die Herren tun alles, was ich will
In blut’ger Narretei.
Und ihre Völker halten still
Denn ich bin stets dabei.
Ja, um Gotteswillen, bin ich dumm!

„Kaltes Grauen" nannte sich die Szenenfolge, in der Erika Mann 1934 im Clownskostüm auftrat.

Wir sind die Realisten
Und stehn auf festem Grund.
Wer wird sich denn entrüsten?
Das ist doch nicht gesund!
Die Ideale zehren
Am Beutel und am Fett.
Ein Narr nur will bekehren –
Der Kluge geht ins Bett.

Mach's so wie wir! Sei so wie wir!
Laß doch der Welt den Gang!
Der Mensch ist nur ein bessres Tier
Und folgt dem Nahrungsdrang.

Wir sind die Wohlgenährten
Und haben nichts im Kopf.
Wir stoßen die Gefährten
Weit weg vom Suppentopf.
Wir haben nichts zu klagen
Wir kennen keine Not.
Wir leben mit Behagen
Dicht neben Mord und Tod.

Angeregt durch die „Pfeffermühle", schließen sich 1934 auch Schweizer Kabarettisten zusammen, um gegen den Ungeist der Faschisten mobil zu machen. „Cornichon"-Gründer Walter Lesch, der für seine Programme auch deutsche Exil-Schriftsteller wie Hans Sahl, Karl Schnog und Curt Bry schreiben läßt, will vor allem die eigenen Landsleute aus ihrer biedersinnigen Gleichgültigkeit wachrütteln und „den Spottkübel ausleeren über die Schwankenden, die innerlich und äußerlich Anschluß an den allmächtigen Umbruch suchen".
Der Blick über die Grenze trägt den Schweizer Kabarettisten manchen Ärger mit den eidgenössischen Behörden ein, die Mäßigung, Neutralität und Nichteinmischung auf ihre Fahnen geschrieben haben. Aber das „Cornichon" hält, allen Anfeindungen und Einschüchterungsversuchen zum Trotz, weiter auf antifaschistischen Kurs. Max Werner Lenz, eine der Stützen des Ensembles, beschreibt die Absichten seiner Kollegen so: „Was wir wollen? Dieses: Den Mund aufmachen!"

„Das Emigrantenschwein": Max Werner Lenz als der „Mensch ohne Paß" im Zürcher „Cornichon", 1935. Das Schweizer Kabarett nahm mutig die Selbstgefälligkeit der Eidgenossen aufs Korn.

Oratorium für Zufriedene nannte sich die Szene des „Cornichon", mit der man die eigenen Landsleute aufrütteln wollte: „Wir leben mit Behagen dicht neben Mord und Tod."

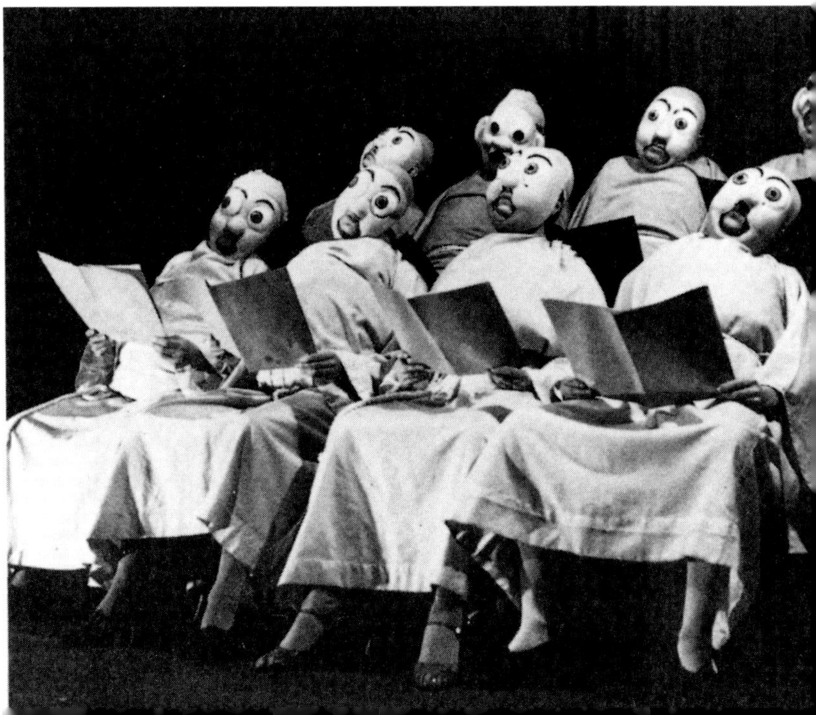

Simpl-Revue 1937: Fast unbekümmert gaben sich die Kabarettisten im Wiener „Simplicissimus" angesichts der braunen Gefahr, die von Deutschland drohte: Ina von Elben, Fritz Puchstein, Edritha Ragetté, Harry Stollberg, Karl Farkas, Fritz Grünbaum, Fritz Strehlen und Gerti Kalmar.

Die Wiener Kabarettszene, von Anbeginn an immer eine Spur geistreichelnd-gemütvoller, charmant-lächelnder und augenzwinkernd-eleganter als diejenige an der Spree, in München und anderswo in deutschen Landen, findet erst in dunkler Zeit zu sozialem Engagement, zu scharfem Biß und satirischer Schärfe. Der allgemeine Rechtsruck der dreißiger Jahre, der schon bald im Austrofaschismus Gestalt annimmt, läßt auch Wiens Kleinkünstler ernsthaftere Töne anschlagen: im „Lieben Augustin", in der „Stachelbeere", in der „Literatur am Naschmarkt" und im „ABC". Autoren wie Rudolf Weys und Jura Soyfer, Rudolf Spitz und Peter Hammerschlag verbreiten neuerdings eine Weltuntergangs-Stimmung, die ihrem Publikum das Lachen im Halse steckenbleiben läßt: „Gehn ma halt a bisserl unter ..." Die Versicherung, daß es „gar so arg schon net sein" werde, klingt wenig tröstlich. Selbst im alten Wiener „Simpl" mischt sich hier und da Ungemütliches in die gewohnt unbekümmerte Conference, zum Beispiel wenn Fritz Grünbaum 1938 die dunkle Bühne betritt und vor sich hin mosert: „Ich sehe nichts, absolut gar nichts, da muß ich mich in die nationalsozialistische Kultur verirrt haben."

Wenig später bricht diese Kultur in Österreich ein und versetzt der Wiener Kabarettszene den Todesstoß. Die Künstler versuchen zu fliehen, viele von ihnen, darunter Jura Soyfer, Franz Engel, Walter Lindenbaum, Paul Morgan, Peter Hammerschlag, Fritz Grünbaum, Fritz Löhner-Beda und Leo Strauß, werden aufgespürt, interniert und schließlich umgebracht.

Verjagt und verfolgt: Populäre Kabarettisten der Wiener Kleinkunstszene wurden Opfer des NS-Systems. Hermann Leopoldi war einer der wenigen, die das KZ überlebten. Sein Kollege Fritz Löhner-Beda, mit dem er das Buchenwald-Lied schrieb, starb in Auschwitz, Paul Morgan und Jura Soyfer starben im KZ Buchenwald.

Doppelconference und Stegreifreime waren Spezialitäten von Franz Engel und „Simpl"-Chef Karl Farkas. Auch der Texter Peter Hammerschlag (unten rechts) trat im „Lieben Augustin" als „Blitzdichter" auf.

Für zahlreiche Kabarettisten, die nach 1933 Deutschland verlassen müssen, sind die Niederlande das Wunsch-Ziel ihrer erzwungenen Reise: Hier versteht man sie, hier kennt und schätzt man die deutsche Kabarett-Tradition. Willy Rosen, Otto Wallburg, Kurt Gerron, Max Ehrlich, Karl Farkas und andere finden im Nachbarland Aufnahme und Arbeit auf den Brettern der Emigranten-Kabaretts: Im „Kabarett der Prominenten", im „Ping-Pong" oder in den sechzig Kabarett-Revuen, die Altmeister Rudolf Nelson ab 1934 im Amsterdamer „Gaîté"-Theater inszeniert.
Nach dem Einmarsch der deutschen Wehrmacht finden sich viele Stars der Kleinkunstszene in Internierungslagern wieder, von wo aus sie bald auf die letzte Reise geschickt werden – in die Vernichtungslager des Ostens.

Ins benachbarte Holland emigrierten viele deutsche Kabarettisten: „Du reiche Welt ... wie bist du arm geworden", sang Dora Paulsen 1935 in einer Nelson-Revue in Amsterdam.

Vor den Nazis geflüchtet waren Berlins populärste Kabarettisten der Zwanziger, darunter Siegfried Arno und Kurt Gerron, die als Kabarett-Duo „Beef & Steak" auch durch den Film bekannt wurden.

Erinnerung ans Gestern beschworen die Nelson-Revuen im Kabarett-Theater „La Gaîté" in Amsterdam. V.l.n.r.: Dora Paulsen, Walter Fein, Kurt Lilien, Harold Horsten, Fritzi Schadl, Peter W. Staub, Eva Busch und Rudolf Nelson am Klavier.

Ein Hauch von Berlin kam mit dem Nelson-Ensemble (rechts) nach Amsterdam. Zur Truppe gehörten Ira Kant, Dora Paulsen, Fritzi Schadl und Eva Busch (v.l.n.r.). Auch Walter Fein, Karl Farkas und Kurt Lilien (rechts außen) traten bei Nelson auf.

Ich hab so das Gefühl
Ich paß nicht in die Zeit
Ich hätte in der Zukunft
Leben sollen
Oder in der Vergangenheit.
Ich hab so das Gefühl
Als wär ich hier ganz fremd
Als ständ ich eingeklemmt
Zwischen Stacheldraht und
Bajonetten.
Und keiner hilft
Denn ringsherum
Liegt meine Welt in Ketten.
Ich hab so das Gefühl
Wenn rings der Haß nur spricht:
Ich hätte gestern oder morgen
Leben sollen
Nur heute – nicht.

Ein Frauen-Kabarett baute die Mannheimerin Alice Dorell im holländischen Exil auf: Dorell's Drie-Dames-Cabaret. 1942 starb sie im KZ Auschwitz.

Kabarett der Prominenten (links) nannte sich das Emigranten-Ensemble, das im holländischen Nordseebad Scheveningen auftrat. Mit dabei waren Berlins einstige Kabarett-Stars Willy Rosen und Otto Wallburg (l.) sowie Siegfried Arno (r.). Neben ihm der Boxer Max Schmeling als Besucher, 1937.

Das „Ping-Pong"-Kabarett aus Berlin (rechts) spielte nach 1933 in Amsterdam. Zum Ensemble gehörten Dora Gerson, Geza L. Weisz, Kurt Egon Wolff, Dotz Son Rethel, Leo Lesch und Irmgard Andersen.

Als Deutschland unter das Hakenkreuz kommt, flieht ein großer Teil der populären Kabarettisten ins Ausland. In alle Winde verstreut, versuchen sie, in der Fremde an einem Kabarett-Podium zu zimmern – in Mexiko und Moskau, in Manhattan und Amsterdam, in Paris, London, Stockholm und selbst in Schanghai. „Les Sœurs Viennoises" nennen sich Lilli Palmer und ihre Schwester Irene, die 1933 mit Chansons und Wiener Liedern durch Pariser Kabaretts und Nachtclubs tingeln (links oben). An der Seine kommt es ein Jahr später auch zur Gründung der Emigrantenbühne „Laterne", auf der Günter Ruschin, Werner Florian und Steffie Spira 1934 ihr Programm „La Mont Parnassauer" spielen (links unten). Zur gleichen Zeit setzen Mitglieder der Berliner Agitprop-Gruppe „Kolonne Links" in Moskau ihren politischen Kampf gegen die Nazis mit Satiren und Songs wie der „Ballade vom Reichstagsbrand" fort (links). In Prag schließen sich antifaschistisch gesinnte Künstler zu Hedda Zinners Kabarett-Kollektiv „Studio 34" zusammen. In New York , wo Kurt Robitschek mit seinem „Kabarett der Komiker" scheitert, hat die „Jüdisch-Politische Kleinkunstbühne Arche" mehr Erfolg: Vilma Kürer, Erna Trebitsch, Werner Kemp und Arthur Hoff lassen 1943 in ihrem Programm „Reisende der Weltgeschichte" eine schwerhörige Friedenstaube auftreten (oben).

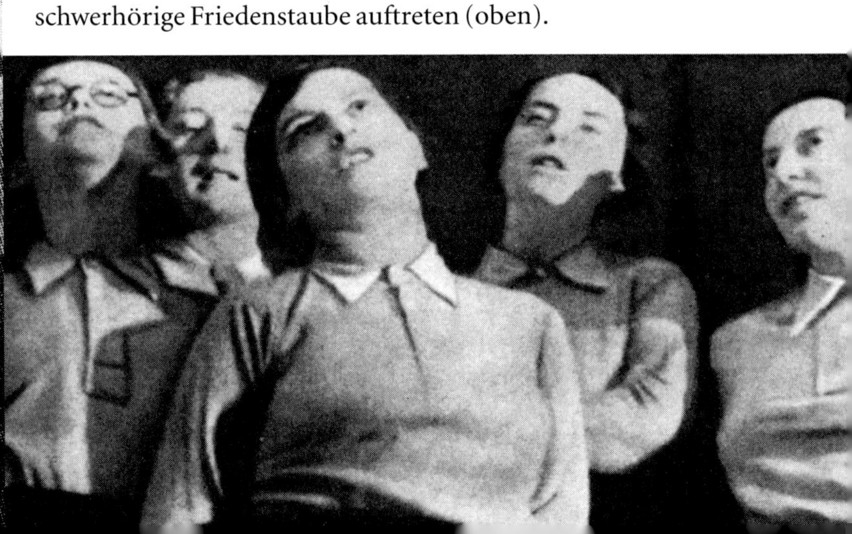

„Säuberung im Zoo“ nennt sich die Szene aus Peter Pans Revue „Schmocks höhnende Wochenschau“, die 1941 von den deutschen Internierten des Lagers Gurs im besetzten Frankreich gespielt wird – eine Satire auf die NS-Ideologie: „Vom Rindvieh bis zum wilden Schwein, der ganze Zoo muß arisch sein."

Ein Kabarett in Hollywood: Friedrich Hollaenders „Tingel-Tangel“ erstand 1934 noch einmal, diesmal am Santa Monica Boulevard der Filmmetropole. Aber der Versuch, in der Neuen Welt europäische Kleinkunst heimisch zu machen, mißlang.

Ach, sie haben ihre Sprache verloren
Und der Zunge flinke Biegsamkeit
Auszudrücken Glück und neues Leid
In der Melodie
In der sie nicht geboren ...
Und ich sehe deine Tränen fließen
Deine Augen sind vom Weinen blind
Und es steht uns auf
Der Stirn geschrieben
Daß wir Fremde sind.

Als jüdische Kabarettisten sprachlos im eigenen Land: Ruth Klinger und Maxim Sakaschansky scheiterten in Palästina am Sprachenproblem. Jiddisch war verpönt. In Berlin waren die beiden bis 1933 mit ihrem Kabarett „Kaftan“ aufgetreten.

Moorsoldaten in Schweden im Programm „Was mancher nicht kennt“ der Freien Bühne Stockholm. An die KZ-Häftlinge in Deutschland erinnerten 1944 Hans Verder, Robert Peiper, Peter Winner, Curt Trepte und Georg Hansen.

Wer vor Hitler aus dem braunen Deutschland ins Ausland flieht, trägt oft nur das Nötigste bei sich. Und doch kommen die Emigranten nicht mit leeren Händen ins Exil – immerhin bringen sie ihre kulturelle Identität mit, auch wenn die in der Fremde zuweilen schwer zu leben ist. Vor allem in London gibt es einige beachtliche Versuche, auch und gerade von Kabarettisten, die schwere Zeit künstlerisch zu gestalten. Die Österreicher, allen voran der Wiener Schauspieler Martin Miller, engagieren und artikulieren sich auf ihrer Kleinkunstbühne „Laterndl"; schon die Programmtitel „Keine Orchideen für Mr. Hitler" und „Von Adam bis Adolf" verraten eine entschiedene Haltung gegenüber den braunen Machthabern in der alten Heimat.
Im Juli 1939, einen Monat nach der „Laterndl"-Gründung, finden auch die deutschen Kabarettisten ihren Brettl-Platz: im Exil-Kabarett „24 Schwarze Schafe", aus dem bald die „Kleine Bühne" des Freien Deutschen Kulturbundes hervorgehen wird. Man setzt auf Zweisprachigkeit: „We play in English – und jeder Deutsche versteht uns. Wir spielen in Deutsch – but every Englishman understands." Dennoch – man bleibt unter sich: Emigrantenlos. Das ändert sich erst, als Kabarettisten wie Martin Miller und Annemarie Hase durch satirische Beiträge im deutschen Dienst der BBC Popularität erlangen – vor allem daheim in Deutschland, wo man, trotz Verbot, regelmäßig „Feindsender" abhört.

Annemarie Hase in ihrem „Solo einer Scheuerfrau" in der Kabarett-Revue „Mr. Gulliver Goes to School" des Freien Deutschen Kulturbundes, London, 1942.

Die verlorene Heimat besang Agnes Bernelle 1940 als „Kosmopolitin" in der Londoner „Kleinen Bühne": „Ich kenn die Welt, sie läßt mich kalt. Ich bin schon ganze zwanzig Jahre alt."

„Volksgenossen! Volksgenossinnen! Meine heutige Botschaft fällt zusammen mit dem Ablauf eines Jahres, für das ich Ihnen den Endsieg garantiert habe. Aber dieses Jahr ist nur im Kalender abgelaufen, in jenem gregorianischen Kalender, den ein vom internationalen Judentum und von den Freimaurern bestochener römischer Papst namens Gregor der germanischen Welt aufgedrängt hat. Wollen wir Nationalsozialisten, die wir der Welt eine neue Ordnung geschenkt haben, uns von fremdstämmigen Dunkelmännern vorschreiben lassen, wann ein Jahr beginnt und aufhört? Nein, meine Volksgenossen, wann das deutsche Jahr anbricht und zu Ende geht, darüber habe ich ganz allein zu entscheiden."

Millers Hitler-Parodie, Silvester 1941

Der Führer spricht in London: Martin Miller in seiner Hitler-Parodie, mit der er im Februar 1940 im „Laterndl" auftrat. Als sie wenig später vom britischen Rundfunk ausgestrahlt wurde, sorgte das für Irritationen bei den Geheimdiensten.

Satire gegen die Nazis: Die „Briefe des Gefreiten Hirnschal“, als Kabarett-Serie unter deutschen BBC-Hörern populär, wurden ab 1943 auch als Flugblätter über Deutschland abgeworfen. Sie sollten die Stimmung gegen Hitler mobilisieren.

Adolf Hirnschal, Gefreiter in Rußland, schreibt an seine Frau in Zwieselsdorf

Teure Amalie, vielgeliebtes Weib!

Teile Dir mit, dass der Jaschke und ich seit einer Woche auf der Suche nach unserem Regiment sind und ich werd Dir erklären wieso:

Also, begonnen hat es in Warschau am 8. November und ich sitze in der Kantine und spiele gerade eine Partie Schafskopf, da heisst es auf einmal im Rundfunk, die Rede unseres geliebten Führers wird in einer Stunde übertragen werden. Im nächsten Augenblick aber stürzt der Jaschke herein und brüllt: "Hirnschal!" schreit er, "in einer Stunde müssen wir an der Bahn sein! Wir gehen wieder an die Front!" "An welche Front, Jaschke?" frag' ich und er sagt: "Ostfront, Hirnschal!" Am Bahnhof brüllt uns ein Hauptmann an: "Sie sind abkommandiert als Geleitmannschaft mit Munitionszug. Nach Ankunft schliessen Sie sich sofort Ihrem Regiment an." Und fünf Minuten später sind wir schon gefahren.

Da war ein Feldwebel aus Hamborn - Altmarkt mit uns im Waggon, der wo Straube geheissen hat; und im nächsten Waggon waren ein paar von der S.S. und auf einmal sage ich: "So ein Pech, jetzt haben wir die Rede von unserem geliebten Führer versäumt." Aber der Jaschke meint: "Was wird er denn schon gesagt haben, Hirnschal!"

Da werde ich ganz wütend und sage: "Ich weiss genau was unser geliebter Führer gesagt hat, Jaschke! Ich wette, dass er alle Fragen beantwortet hat, die wo jetzt vom ganzen deutschen Volk an ihn gestellt werden. Erstens: wie wir die russische Offensive aufhalten werden; zweitens: wie die deutschen Städte vor den britischen Luftangriffen geschützt werden sollen und drittens: wann der Krieg zu Ende sein wird." Darauf meint der Feldwebel Straube, wenn der Zug stehen bleibt, wird er mal hinüber in den nächsten Waggon gehen, wo die Kerle von der SS einen Lautsprecher haben und hören was der Führer wirklich gesagt hat.

Im nächsten Augenblick bleibt der Zug mit einem Ruck mitten auf einer Brücke stehen. Der Straube klettert heraus aber er kommt gleich wieder zurück und sagt: "Jungens!" sagt er ganz atemlos, "wisst ihr, wann der Krieg zu Ende ist? Der Führer hat es gesagt: Fünf Minuten nach zwölf." Darauf sieht der Jaschke ganz verklärt drein und sagt: "Hirnschal," sagt er, "auf meiner Uhr ist es schon 11 Uhr 15." So sag ich dem Straube, er soll mal genau wiederholen was der Führer gesagt hat, und er wiederholt: "Niemals werden wir in den Fehler von 1918 verfallen, nämlich eine Viertelstunde vor 12 Uhr die Waffen niederzulegen. Diesmal wird Deutschland erst fünf Minuten nach zwölf die Waffen niederlegen." Und dann sagt der Straube, auf seiner Uhr is es schon 11 Uhr 37, und die Uhr von Jaschke geht zu langsam.

Gerade wie ich zu erklären beginne, dass unser geliebter Führer das nur symbolisch gemeint hat, klettert ein SS-Oberscharführer zu uns in den Waggon und sagt, wir können nicht weiter, weil russische Partisanen die Schienen aufgerissen haben. So sagt der Straube, er muss genau herausfinden was los ist und springt vom Waggon.

Der Jaschke fragt mich: "Also was heisst es denn, Hirnschal, eine Viertelstunde vor zwölf und fünf Minuten nach zwölf?" So erkläre ich ihm: "1918 haben Ludendorff und Hindenburg erkannt, dass Deutschland sofort Schluss mit dem Krieg machen muss, sonst gibt es eine "furchtbare Katastrophe", so hat also Deutschland eine Viertelstunde vor zwölf die Waffen niedergelegt, denn zwölf Uhr, das wäre die Katastrophe gewesen." Da fragt der Jaschke: "Ja, zum Teufel, warum sollen wir denn dann diesmal bis fünf Minuten nach zwölf kämpfen?"

Aber, bevor ich noch antworten kann, klettert der Straube wieder zurück in den Waggon und er ist leichenblass und sagt: "Sie haben einen Partisanen gefangen und er hat gestanden, dass die Bolschewiken eine Zeitbombe unter die Brücke gelegt hatten. Punkt zwölf fliegt die Brücke mit dem Zug in die Luft."

Da brüllt der SS-Oberscharführer in den Waggon: "Wer den Zug verlässt, wird erschossen!" Der Straube ächzt vor Aufregung: "Mensch," sagt er, "der ganze Zug ist voll Dynamit. Jetzt sind's nur noch fünf Minuten bis zwölf." Und der Jaschke sagt: "Vielleicht geht doch meine Uhr richtig. Ich habe erst 11 Uhr 16." So frag' ich den SS Mann: "Wieviel ist's denn bei Ihnen, Herr Oberscharführer?" Aber er antwortet: "Meine Uhr steht!" Darauf sage ich: "Das ist sehr unangenehm, wenn man nicht weiss, wie spät es ist."

Und der Jaschke fängt mit einem Mal zu zittern an: "Wenn die Geschichte um 12 los geht - ist das eigentlich nach russischer Zeit oder nach deutscher Zeit?" Darauf stöhnt wieder der Straube: "Drei Minuten vor zwölf." Da krieg' ich ein sehr unangenehmes Gefühl im Magen und sage: "Am Ende geht die Uhr von den russischen Partisanen vor, nach der wo sie die Zeitbombe eingestellt haben." Aber der SS Mann brüllt: "Wer die Nerven verliert, wird erschossen. Wir bleiben hier bis fünf Minuten nach zwölf. Wir glauben an den Führer."

Aber in diesem Augenblick schlägt ihm der Straube seinen Gewehrkolben über den Schädel und schon sind wir aus dem Zug draussen und rasen über die Brücke und wir sind gerade über die Böschung, da fliegt der ganz verdammte Munitionszug in die Luft.

Und in diesem Sinne, mein vielgeliebtes Weib, grüsst und küsst Dich Dein Dich liebender

Adolf

Gefreiter in Russland.

Weitere Briefe des Gefreiten Adolf Hirnschal hören Sie im Londoner Rundfunk jeden zweiten Montag um 22 und 24 Uhr sowie den folgenden Diensta um 8 und 12 Uhr auf den folgenden Wellenlängen: 1500, 373, 285 m und 49, 41, 31 m

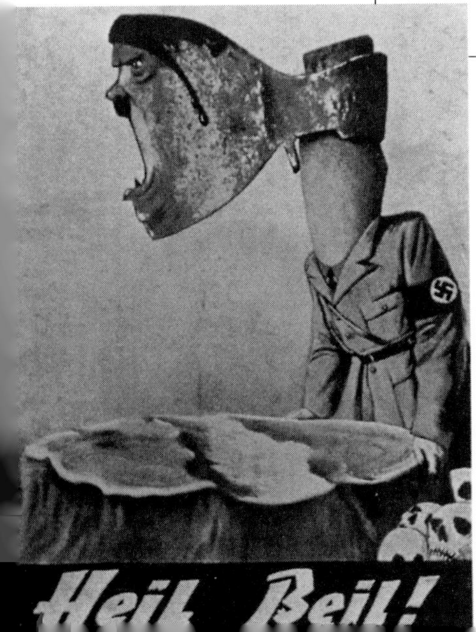

Wir Hinterbliebenen

Kabarett im Nachkriegs-Deutschland

21

Das Ende des Zweiten Weltkrieges bringt einen neuen Anfang, auch für das deutsche Kabarett. Nach dem tausendjährigen Spuk, nach den Jahren der kulturellen Verarmung, der totalen Gleichschaltung, der Zensur, der Propagandalügen und der Knebelung des freien Wortes haben kabarettistische Unternehmungen, die sich in der Trümmerlandschaft der zerstörten Städte etablieren, ihre Chance. Erste Programme, rasch aus dem Nichts heraus improvisierend auf die Beine gestellt, nehmen sich, wo es an neuen Texten fehlt, erst einmal des literarischen Erbes an, das von den Nazis verboten und verbrannt worden war: Tucholsky, Ringelnatz, Mehring, Klabund, Kästner und Mühsam.

Neben jungen Studenten und Nachwuchsschauspielern, die auf der Brettl-Bühne ihre Vorstellungen vom Neubeginn formulieren wollen, finden sich auch bekannte Kabarettisten in München, Berlin, Hamburg und anderswo wieder zu neuen Ensembles zusammen, um das neu anbrechende Kapitel der Zeitgeschichte kritisch zu kommentieren. Themen sind die Nöte des Nachkriegsalltags, Hunger, Obdachlosigkeit, Entwurzelung und Desillusion. Und noch ein Thema kommt auf das Brettl-Podest des frühen Nachkriegskabaretts: die jüngste deutsche Vergangenheit.

Das Leben geht weiter: Conferencier Hellmuth Krüger in der Münchner „Schaubude", 1946.

Deutschland 1945 – ein Trümmerfeld. Und doch regt sich zwischen den Ruinen – kaum, daß der letzte Schuß gefallen ist – auch wieder Kabarettistisches. Bereits vier Wochen nach Kriegsende steigt in Berlin das „Kabarett der Komiker" auf provisorisch zusammengezimmerte Bühnenbretter. In notdürftig hergerichteten Kellern, Scheunen, Gasthöfen und vielfach sogar unter freiem Himmel gibt es improvisierte Kleinkunst-Darbietungen. Den eigentlichen Anfang aber macht die Münchner „Schaubude" mit ihrem „Ersten Schritt", einem Programm, das im August 1945 in den Räumen der Münchner Kammerspiele über die Bühne geht. Ein Jahr später hat die „Schaubude" ihr eigenes Haus. Zum Ensemble, das sich um Regisseur Rudolf Schündler schart, gehören bekannte Kabarettisten wie Ursula Herking, Hellmuth Krüger und der Musiker Edmund Nick. Ihren unverwechselbaren Stil aber verdankt die „Schaubude" ihrem Cheftexter Erich Kästner, der für die Herking das programmatische „Marschlied 45" schreibt. Kästner setzt, wie schon einmal in den späten Zwanzigern, auf die moralische Kraft der literarisch-politischen Brettl-Bühne, auf Satire und Zeitkritik: „Der Satiriker stellt die Dummheit, die Bosheit, die Trägheit und verwandte Eigenschaften an den Pranger. Er hält den Menschen einen Spiegel, meist ein Zerrspiegel, vor, um sie durch Anschauung zur Einsicht zu bringen."

Die Themen waren im Jahre 1946: die Kriegsgefangenen, die Wohnungsnot, der schwarze Markt, die Zonen, die Sperrstunde, der Persilschein (Entnazifizierung), die Menschen auf der Landstraße, die Amerikaner in Bayern, die Veronikas, Maschin' kaputt, Hitler im Jahre 2000 ... Schon nach den ersten drei Minuten war der Kontakt da. Als ich den letzten Ton des „Marschliedes" gesungen hatte, sprangen die Menschen von den Sitzen auf, umarmten sich, schrien, manche weinten ... Das richtige Lied, richtig formuliert, richtig gebracht, im richtigen Moment!

Ursula Herking

Ich trag Schuhe ohne Sohlen
Durch die Hose pfeift der Wind.
Doch mich soll der Teufel holen
Wenn ich nicht nach Hause find.
In den Fenstern, die im Finstern
Lagen, zwinkert wieder Licht.
Freilich nicht in allen Häusern.
Nein, in allen wirklich nicht.
Tausend Jahre sind vergangen
Samt der Schnurrbart-Majestät.
Und nun heißt's: Von vorn anfangen!
Vorwärts, marsch!
Sonst wird's zu spät!

Der Ausverkaufsdeutsche in der Münchner „Schaubude" mit Karl Schönböck, Werner Thun, June Chiltern, Siegfried Lowitz.

Kästners „Marschlied 45" markiert den Beginn des Nachkriegs-Kabaretts. Ursula Herking trat damit in der „Schaubude" auf.

30

MG/PS/G/9a
Rev. 15 May 45)

Schaeffers

MILITARY GOVERNMENT OF GERMANY

Fragebogen

WARNING: Read the entire Fragebogen carefully before you start to fill it out. The English language will prevail if discrepancies exist between it and the German translation. Answers must be typewritten or printed clearly in block letters. Every question must be answered precisely and conscientiously and no space is to be left blank. If a question is to be answered by either "yes" or "no", print the word "yes" or "no" in the appropriate space. If the question is inapplicable, so indicate by some appropriate word or phrase such as "none" or "not applicable". Add supplementary sheets if there is not enough space in the questionnaire. Omissions or false or incomplete statements are offenses against Military Government and will result in prosecution and punishment.

WARNUNG: Vor Beantwortung ist der gesamte Fragebogen sorgfältig durchzulesen. In Zweifelsfällen ist die englische Fassung maßgebend. Die Antworten müssen mit der Schreibmaschine oder in klaren Blockbuchstaben geschrieben werden. Jede Frage ist genau und gewissenhaft zu beantworten, und keine Frage darf unbeantwortet gelassen werden. Das Wort „ja" oder „nein" ist an der jeweilig vorgesehenen Stelle unbedingt einzusetzen. Falls die Frage durch „ja" oder „nein" nicht zu beantworten ist, so ist eine entsprechende Antwort, wie z. B. „keine" oder „nicht betreffend" zu geben. In Ermangelung von ausreichendem Platz in dem Fragebogen können Bogen angeheftet werden. Auslassungen sowie falsche oder unvollständige Angaben stellen Vergehen gegen die Verordnungen der Militärregierung dar und werden dementsprechend geahndet.

A. PERSONAL / A. Persönliche Angaben

1. Für Sie in Frage kommende Stellung:
2. Name Schaeffers (Zu-(Familien-)name) Willi (Vor-(Tauf-)name) 3. Andere von Ihnen benutzte Namen oder solche, unter welchen Sie bekannt sind.
4. Geburtsdatum 2. 9. 1884 5. Geburtsort Landsberg a/W
6. Größe 7. Gewicht 8. Haarfarbe grau 9. Farbe der Augen blau
10. Narben, Geburtsmale oder Entstellungen
11. Gegenwärtige Anschrift Berlin-Wilmersdorf Helmstedter Str. 12a (Stadt, Straße und Hausnummer)
12. Ständiger Wohnsitz Berlin (Stadt, Straße und Hausnummer)
13. Art der Ausweiskarte Nr. 14. Wehrpaß-Nr. 15. Reisepaß-Nr.
16. Staatsangehörigkeit Deutschland 17. Falls naturalisierter Einbürgerungsort an.
18. Aufzählung aller Ihrerseits oder seitens Ihrer Ehefrau oder Ihrer
19. Religion evang. 20. Welcher Kirche gehören Sie inoffiziell Ihre Verbindung mit einer Kirche aufgelöst? nein
haben Sie bei der Volkszählung 1939 brechen an, für welche Sie je
25. Welchen deutschen
26. In welchen Napola, Orts- und Zeitbestimmu
27. Haben Ihre Kinder eine
28. Führen Sie (mit Orts- und Ze waren.

C. PROFESSION

Name of Examination / Name der Prüfung

Prima

OFFICE OF MILITARY GOVERNMENT
US BERLIN DISTRICT
Information Services Control Section
US Army
APO 755

FM/st
28 May 1946.

Mr. Willi Schaeffers
Kabarett der Komiker
Kronen-Lichtspiele
Rheinstrasse 65
Berlin-Friedenau.

Dr. Mr. Schaeffers,

this is to confirm the information I gave you to-day orally. After a preliminary vetting by this Division, and further processing of your case through the Screening Center Bad Homburg, you have been declared unsuitable as licensee in the field of theatrical production.

I hope you will find a chance to carry on your work, by passing the burden of official responsibility to somebody else.

Sincerely

Frederic Mellinger
FREDERIC MELLINGER US Civ.
Theatre and Music Officer

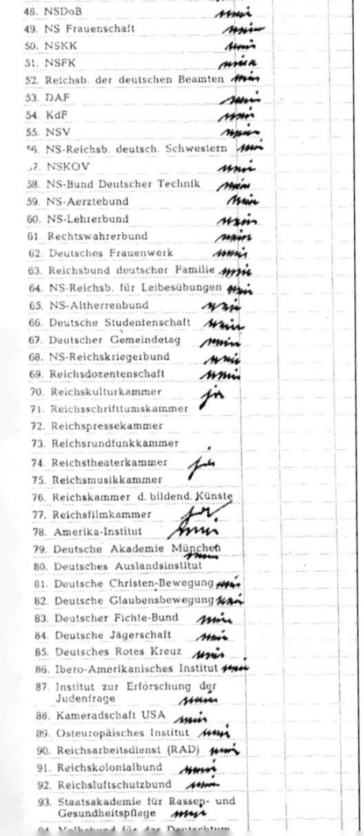

	Yes or no / ja oder nein
41. NSDAP	nein
42. Allgemeine SS	nein
43. Waffen-SS	nein
44. Sicherheitsdienst der SS	nein
45. SA	nein
46. HJ einschl. BDM	nein
47. NSDStB	nein
48. NSDoB	nein
49. NS Frauenschaft	nein
50. NSKK	nein
51. NSFK	nein
52. Reichsb. der deutschen Beamten	nein
53. DAF	nein
54. KdF	nein
55. NSV	nein
56. NS-Reichsb. deutsch. Schwestern	nein
57. NSKOV	nein
58. NS-Bund Deutscher Technik	nein
59. NS-Aerztebund	nein
60. NS-Lehrerbund	nein
61. Rechtswahrerbund	nein
62. Deutsches Frauenwerk	nein
63. Reichsbund deutscher Familie	nein
64. NS-Reichsb. für Leibesübungen	nein
65. NS-Altherrenbund	nein
66. Deutsche Studentenschaft	nein
67. Deutscher Gemeindetag	nein
68. NS-Reichskriegerbund	nein
69. Reichsdozentenschaft	nein
70. Reichskulturkammer	ja
71. Reichsschrifttumskammer	
72. Reichspressekammer	
73. Reichsrundfunkkammer	
74. Reichstheaterkammer	ja
75. Reichsmusikkammer	
76. Reichskammer d. bildend. Künste	
77. Reichsfilmkammer	ja
78. Amerika-Institut	nein
79. Deutsche Akademie München	nein
80. Deutsches Auslandsinstitut	
81. Deutsche Christen-Bewegung	nein
82. Deutsche Glaubensbewegung	nein
83. Deutscher Fichte-Bund	nein
84. Deutsche Jägerschaft	nein
85. Deutsches Rotes Kreuz	nein
86. Ibero-Amerikanisches Institut	nein
87. Institut zur Erforschung der Judenfrage	nein
88. Kameradschaft USA	nein
89. Osteuropäisches Institut	nein
90. Reichsarbeitsdienst (RAD)	nein
91. Reichskolonialbund	nein
92. Reichsluftschutzbund	nein
93. Staatsakademie für Rassen- und Gesundheitspflege	nein

Der Fragebogen sollte Auskunft über eine mögliche NS-Gefolgschaft geben. Auch Kabarettisten wie der Kadeko-Chef Willi Schaeffers gerieten ins Zwielicht. Die US-Militärbehörden entzogen ihm im Mai 1946 die Kabarett-Lizenz (links).

Deutsche Vergangenheit beschwor Hans Leip in seinem Trümmer-Lied: „Und als ich über die Brücke kam – Schutt, nichts als Schutt ... welke nicht, Hoffnung!" Karl John trug es 1946 in der „Schaubude" vor (rechts). Gustav Tolle entwarf dazu das Bühnenbild – eine Trümmerlandschaft (unten).

Die Schatten der jüngsten Vergangenheit werden dem frühen Nachkriegs-Kabarett zum beherrschenden Thema. Auch ans eigene Metier stellen junge Kabarettisten wie die „Hinterbliebenen" unerbittliche Fragen; im Dezember 1945 brechen sie von Bad Reichenhall aus auf und tingeln mit ihrem Programm „Wir heizen ein" als „lachende Erben einer verlorenen Tradition" durch Restdeutschlands Trümmerwüsten.

Brav und redlich hat sich Willi Schaeffers während der braunen zwölf Jahre durch das Dickicht von Argusaugen und Gestapo-Ohren hindurchgewunden und geschunden. Dabei hat sein Kabarett aber auch alles an künstlerischem Gehalt, noblem Geist und anfeuerndem Esprit eingebüßt. Es sank dabei etwa auf die Idylle der Stettiner Sänger herab.

Die Weltbühne

Wir waren weder für noch wider etwas politisch eingestellt, sondern lediglich dazu da, Menschen nett und gefällig und kultiviert zu unterhalten. Ich habe nie etwas anderes gewollt, als arbeitenden Menschen etwas Licht und Sonne, mit Musik und schönen Frauen zu bringen.

Willi Schaeffers

Die Hinterbliebenen '46: Heinz Hartwig, Harald Wolff, Gerda Bundesmann, Elisabeth Puhr, Senta Foltin, Hans Bernuth und Roman Sporer. Die Trauermäntel schneiderten sie sich aus einem alten Fallschirm.

Wir stehen hier am Grabe
Am Grabe einer Zeit
Die gestorben
Und verdorben
Bis in alle Ewigkeit!
Ja, es sind die Reste
Einer hohlen Geste
Die hier aufgebahrt
Die man hier verscharrt.
Wir erweisen ihr die letzte Ehre!

Wir sind die Hinterbliebnen
Die hin und her Getriebnen
Die nach den ungeschriebnen
Gesetzen freier Kunst sich traun
Den Deckel auf den Sarg zu haun.

Im Sommer 1945, um die gleiche Zeit, da in München an der „Schaubude" gezimmert wird, schließen sich in Bad Reichenhall Autoren und Schauspieler zu einem Ensemble zusammen, das als Reise-Kabarett durch die Westzonen zieht. Die „Hinterbliebenen", wie sie sich nennen, wollen den Neuanfang, sie befürworten den demokratischen Aufbruch und rechnen rigoros mit der Vergangenheit ab.
Die Reise der „Hinterbliebenen" erstreckt sich über Jahre und mehr als tausend Vorstellungen zwischen Nordsee und Alpen. Ihr Ende findet sie im Frühjahr 1949 – die Währungsreform hat ihnen das Lebenslicht ausgeblasen. Auch das Publikum findet die Botschaften der „Hinterbliebenen" mehr und mehr entbehrlich: Der optimistische Wiederaufbauwille und das neuerwachte Selbstbewußtsein der jungen Teilrepublikaner vertragen sich schlecht mit kritischer Vergangenheitsbewältigung und satirischer Gegenwartsbeschreibung.

Die meisten Kleinkunstbühnen wursteln weiter, auch wenn sie vorgeben, funkelnagelneu zu beginnen. Doch es gibt rühmliche Ausnahmen. Da ist ein Ensemble, das sich „Die Hinterbliebenen" nennt. Die Texte sind aktuell, manche sind ausgezeichnet. Man kann sie auf die Gewinnseite des kleinen, immer klein gewesenen Kontos „Deutsches Kabarett" verbuchen. Erich Kästner

Die „Hinterbliebenen" sind fraglos das Kabarett unserer Zeit. Gut gelaunte Wanderprediger gegen Muff und Reaktion. Walther Kiaulehn

„Auf in den Kampf" hieß die Parole der „Hinterbliebenen" im Jahre 1949. Herrmann Mostar und Heinz Hartwig (unten links mit Werner Oehlschläger) lieferten die Texte. Das Ensemble bestand damals aus Hans Bernuth, Senta Foltin, Martin Jente, Margarete Trampe, Roman Sporer, Gerda Bundesmann und Heinz Hartwig.

Eine Schule des Lachens gründeten 1946 in München die Conferenciers Hellmuth Krüger, Werner Finck und Walther Kiaulehn mit ihrem „Schmunzelkolleg". Auf dem Lehrplan standen „Experimentalkurse für Scherz, Satire, Ironie und tiefere Bedeutung".

Als Allround-Talent gab Lotar Olias in der Hamburger „Bonbonniere" den kabarettistischen Ton an: Er war Komponist, Texter, Pianist und Conferencier.

Kurz nach Kriegsende melden sich auch wieder bekannte Kabarettisten zu Wort, die das Ende des Tausendjährigen Reiches in der ungeliebten Wehrmachtsuniform überlebt haben. Altmeister Werner Finck, der trotz Verbot wenigstens noch vor Landsern hatte witzeln können, findet sich 1946 mit Hellmuth Krüger und Walther Kiaulehn in München zu einem „Schmunzelkolleg" ein. Zwei Jahre später hat Finck mit seiner „Mausefalle" wieder ein eigenes Haus, und in den fünfziger und sechziger Jahren bereist er dann mit verschiedenen Solo-Programmen die westdeutschen Lande. Schon im Dezember 1945 hat Lotar Olias, auch er Kriegsheimkehrer mit Soldaten-Kabarett-Erfahrung, in Hamburg seine „Bonbonniere" eröffnet, die zu einer der Talentschmieden des Nachkriegs-Kabaretts wird: Hier stehen Ursula Herking, Thierry und Wolfgang Neuss auf der Bühne, dem Autor Eckart Hachfeld die erste „Pauke" auf den Leib schreibt.

Im Sommer 1947 findet sich an der Universität Kiel um Joachim Hackethal ein Studenten-Ensemble zusammen, das zu einem der langlebigsten Reise-Kabaretts der Nachkriegszeit wird. In den vierzehn Jahren ihres Bestehens legen die „Amnestierten" im In- und Ausland annähernd 700 000 Kilometer zurück; bedeutsamer ist jedoch die Bandbreite dieses politisch-literarischen Kabaretts, die vom Unterhaltungs-Brettl bis zum Agitprop-Protest reicht.

Die „Amnestierten" nannte sich das bekannteste nachkriegsdeutsche Reise-Kabarett, gegründet von Studenten der Kieler Universität. Im Jahr 1953 gingen sie kabarettistisch auf „Italienreise": Walter Niebuhr, Waltraud Ritzler, Ernst König, Joachim Hackethal und Margret Fürer.

Kabarett und Komödien bot die Leipziger „Rampe", die sich im November 1945 gründete. Neben politisch-literarischen Nummern wurden hier auch Einakter auf die Bühne gebracht.

Auf der Straße lagen die Themen des Nachkriegskabaretts. Um Schwarzmarkt, Schieber und Hamsterkäufe ging es im Berliner „Frischen Wind". Unser Szenenfoto zeigt Ruth-Maria Strabusch und A. W. Neubert.

Unmittelbar nach dem Ende des Zweiten Weltkrieges wird in deutschen Landen zwischen den Trümmern allerorten nach Kräften gebrettelt und gekabarettelt – in München und Hamburg, in Leipzig und Berlin. Man will einen neuen Anfang, will Zeichen setzen, will, nach Jahren der Zensur und Unterdrückung, wieder den Mund aufmachen, will Meinungen äußern und die Lage beschreiben. Wo es an Texten fehlt, werden Autoren wie Tucholsky, Mehring oder Ringelnatz neu entdeckt. Neben den altbewährten Kabarett-Kräften, die unter der Nazi-Diktatur Auftritts- und Schreibverbot hatten, drängt es auch die Jungen auf die Kleinkunstbühne: neue Ensembles bilden sich, neue Talente machen von sich reden – unter ihnen Ursula Noack von der Leipziger „Rampe", die später zur Münchner „Lach- und Schießgesellschaft" gehört, und Wolfgang Neuss, der als „Mann mit der Pauke" Karriere machen wird.

„Tanz auf dem Vulkan" nannte sich der Sketch, mit dem 1948 in Düsseldorfs Künstlerkneipe „Mutter Ey" die Gipfelkonferenz der Großmächte glossiert wurde: Abi von Haase (de Gaulle), Wolfgang Neuss (Stalin), Müller senior (Churchill) und Wolfgang Müller (Roosevelt).

Gegen das Ewiggestrige fuhr das Düsseldorfer „Kom(m)ödchen" scharfzüngige Geschütze auf: Uhrenvergleich der rechtsgesinnten Biedermänner – mit den Darstellern Franz Schmitz, Dieter Bündgen, Hanswalter Clasen, Werner Vielhaber, Walter Gottschow, 1949.

Kabarett lebt vom Widerspruch – in vielfacher Hinsicht. Daß ein politisch-literarisches Kabarett, 1947 in den Trümmern der Düsseldorfer Altstadt von einem zwar kunstsinnigen, aber brettlunerfahrenen Studentenehepaar gegründet, eine Überlebenschance haben würde, hätte bis dahin wohl niemand für möglich gehalten. Erst recht nicht, wenn dieses Kabarett die kleine theatralische Form bedient und auf literarischen Glanz und künstlerische Brillanz ebensoviel Wert legt wie auf anspruchsvolle Musik, geschmackvolle Dekoration und oppositionellen, politischen Biß. Das unmögliche Unternehmen hat einen Namen: „Kom(m)ödchen". Von Kay und Lore Lorentz im März 1947 als „kleine Literaten-, Maler- und Schauspielerbühne" aus der Taufe gehoben, hat diese Kleinkunstbühne wie keine zweite über vier Jahrzehnte lang die bundesrepublikanische Geschichte begleitet, interpretiert und in gewisser Weise mitgestaltet. Die politische Wirkung indes, so geht 1962 aus einem „Kom(m)ödchen"-Song hervor, hielt sich in Grenzen.

Lore Lorentz gab ihr Kabarett-Debüt 1947 mit dem Solo „Madl in Germany".

Fünfzehn Jahre attackieren
Wir mit diesen unsern Waffen.
Freunde, seht uns resignieren:
Bonn ist geistig nicht zu schaffen.
Wenn wir auf die Köpfe zielen
Trifft man meistens nur ins Leere.
Wenn wir ihre Narrheit spielen
Rechnen sie sich's noch zur Ehre.

Positiv dagegen war die Devise von Kay und Lore Lorentz, als sie im März 1947 in Düsseldorf ihr „Kom(m)ödchen" gründeten. Als Startkapital diente eine Leica. Die „kleine Literaten-, Maler- und Schauspielerbühne" war über vierzig Jahre lang eines der führenden deutschen Kabaretts.

Die alten Kameraden als Schießbudenfiguren: Hubert von Meyerinck und Hans Deppe 1947 in der Zeit-Revue „Schwarzer Jahrmarkt".

Um die Stunde Null geht es im „Schwarzen Jahrmarkt". Zwischen Realismus und Romantik: Ann Höling und Tatjana Sais, 1947.

Es liegt eine Insel im roten Meer
Und die Insel heißt Berlin
Und die Brandung geht hoch
Und der Wind geht schwer
Und die dunklen Wolken ziehn ...
Der Insulaner
Verliert die Ruhe nich
Der Insulaner
Liebt keen Jetue nich
Und brumm'n des Nachts auch laut
Die viermotorjen Schwärme
Det is Musik für unser Ohr
Wer red't vom Lärme?
Der Insulaner
Träumt lächelnd wunderschön
Daß wieder Licht ist
Und alle Züge gehn
Der Insulaner
Hofft unbeirrt
Daß seine Insel
Wieder 'n schönes Festland wird!

Die Währungsreform hat – wie die nagelneue DM, die sie im Juni 1948 den Westdeutschen beschert – zwei Seiten einer Medaille. Die Abgrenzung zwischen Ost und West, die übers Jahr zur Teilung in zwei deutsche Staaten führen wird, ist nun machtpolitische Wirklichkeit. Während der Blockade, die den West-Berlinern das Leben schwer machen soll und die alliierten „Rosinenbomber" auf den Plan ruft, versorgt ein Funk-Kabarett die Frontstadt mit geistig-moralischer Kost. Es verabreicht über den RIAS-Sender kabarettistische Spitzen und Spritzen gegen das „östliche Gift", verordnet Durchhaltepointen und beschwört agitproper und hoffnungsfroh die Vorstellung, daß die „Insel im roten Meer" dermaleinst „wieder 'n schönes Festland" werde.
Die „Insulaner", vom Texter-Komponisten Günter Neumann als einmalige Sendung geplant, wird ein Serienerfolg und bringt es auf 133 Folgen. Neumann war bereits 1947 mit einer kabarettistischen Zeit-Revue erfolgreich gewesen, die die Not jener ersten Kriegsjahre thematisiert und komödiantisch verfremdet hatte: „Schwarzer Jahrmarkt", uraufgeführt im Berliner „Ulenspiegel"-Kabarett. „Diese Revue", soll Jean-Paul Sartre geäußert haben, „hätte eigentlich ich schreiben müssen."

Frontstadt-Kabarett auf der Ätherwelle: Günter Neumanns „Insulaner". Zum Team gehörten Olaf Bienert, Joe Furtner, Ewald Wenck, Ilse Trautschold, Edith Schollwer, Günter Neumann, Bruno Fritz, Agnes Windeck, Walter Gross und Tatjana Sais.

Lyrik aus der Toilette und selbst Selbstmord-Pantomimen gab es 1949 in der Berliner „Badewanne“ zu bestaunen. Maler, Tänzer, Poeten, Musiker und Schauspieler hatten sich zu diesem surrealistischen Kabarett zusammengefunden, darunter Wolfgang Frankenstein und Johannes Hübner (unten).

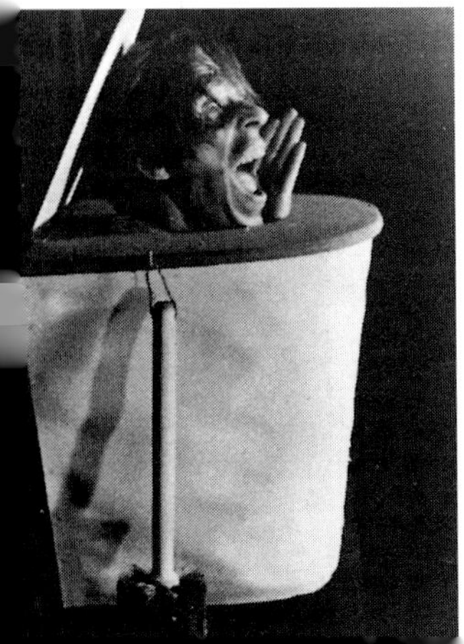

Das Zeichen, das Berliner Künstler – Musiker, Maler, Tänzer, Schauspieler, Schriftsteller – im Jahr 1949 setzen wollen, ist kurz, aber heftig. In ihrem surrealistischen Kabarett „Die Badewanne“ werden blasphemische Messen abgehalten, malerische Ekstasen gelebt und poetische Happenings veranstaltet, die den Biedermännern den Schweiß auf die Stirn treiben. Lyrisches wird durch die Klobrille verkündet, und auf der kleinen Bühne stirbt man hundert Tode: „Pulsader“, „Gift“, „Fenstersturz“, „Morphium“, „Gas“ – pantomimisch dargebrachte Variationen über ein und dasselbe furchterregende Thema. Nach einem Jahr ist der Kabarett-Spuk vorbei, das Publikum verlangt nach leichterer, gefälligerer Kost. Auch sie wird in der „Badewanne“ ausgekocht, denn auf der Bühne proben bereits junge Kabarettisten, die als Berliner „Stachelschweine“ von einer Kleinkunstkarriere träumen.

Wir Wunderkinder

Kabarett in der Bundesrepublik

Als die Bundesdeutschen nach den ersten Jahren, in denen es die Trümmer der Vergangenheit wegzuräumen galt, innehalten und sich umschauen, stellen sie befriedigt fest, daß sie mit sich und ihrem Schicksal zufrieden sein können. Die Mühe, so scheint es, hat sich gelohnt, man ist wieder wer. Aus den Zwangsdemokraten der Stunde Null sind über Nacht Musterschüler und Wunderkinder geworden, die nicht müde werden, sich selbst anerkennend auf die Schulter zu klopfen.

Im Kabarett verfolgt man diese Entwicklung mit leichtem Unbehagen, zumal aus dem Chor der Satten und Selbstgerechten neuerdings schon wieder die ersten nationalen Mißtöne herauszuhören sind. Also spuckt man sich und seinesgleichen zwar nicht gleich in die Wohlstandssuppe, aber man beklagt, literarisch elegant verpackt, das mangelnde Raffinement der Köche – man ist positiv dagegen, ein wenig wenigstens.

Dem Publikum gefällt das. Subtile Kritik, die nicht das Große und Ganze infrage stellt, die amüsiert und entspannt, bestätigt das gute Gewissen und verschafft ein sanftes Ruhekissen. Man macht sich ein paar schöne Stunden und geht ins Kabarett. Hier kann man ablachen, schmunzeln und überm Schmerbauchansatz in die Hände klatschen.

Sie sind so alt wie die Bundesrepublik. 1949 in Berlin als politisch-satirisches Kabarett gegründet, brachten es die „Stachelschweine" inzwischen auf mehr als fünfzig Programme. „Alles irrsinnig komisch" hieß das erste, damals wurde noch, wie ihnen die Presse bescheinigte, „über das Ziel hinausgeschossen". Zehn Jahre später ließen sie sich bereits – „ein festliches Jubiläum" – im Berliner Sportpalast feiern. Zum 25. Jubelfest gab der Regierende Bürgermeister ihnen zu Ehren einen Empfang. Bundeskanzler Brandt feixte im Parkett, wenn er auf der Bühne parodiert wurde, es gab Dank- und Anerkennungschreiben von seiten der Politiker. Der Kritiker Friedrich Luft zog 1974 Bilanz: „Sie verkaufen inzwischen Marmelade und Bonbons statt Salz und Pfeffer." Ein Kabarett, das sich selbst überlebte – eine Humor-AG als Touristen-Attraktion.

Gruppe mit Maskottchen. Die Berliner „Stachelschweine", 1951: Wolfgang Gruner, Jo Herbst, Inge Wolffberg, Ingeborg Wellmann, Achim Strietzel sowie Klaus Becker, Günter Pfitzmann, Rolf Ulrich. „Laßt Euch nie rasieren", schrieb ihnen der Satiriker Erich Kästner ins Stammbuch …

SA-Mann als Party-Spaß zum Führer-Geburtstag: eine Szene aus dem Programm der „Stachelschweine". Von links: Edith Elsholtz, Achim Strietzel, Wolfgang Gruner, Inge Wolffberg, Joachim Röcker, Jo Herbst, 1961.

Als Mann mit der Pauke wurde Wolfgang Neuss in Berlin zum Begriff. Mit den „Haferstengels“ war er von der „Bonbonniere“ Hamburg in die Viersektorenstadt gekommen, wo er bald Triumphe feierte.

Mit dem Elektriker-Solo war Autor Thierry auch auf der Bühne präsent.

Wenn der Grundstein fürs Kabarett der Nachkriegszeit auch in München gelegt wird, so ist Berlin Ende der Vierziger doch schon wieder der Sammelpunkt für junge Talente, die sich mit satirischem Biß, komödiantischer Vitalität und berlingemäßer Schnoddrigkeit zu Wort melden. Allen voran Wolfgang Neuss, das vitale Allround-Talent, der „Mann mit der Pauke“, der sich bald mit Wolfgang Müller zusammentut, um im gemischten Doppel noch schlagkräftiger zu sein, als es jeder für sich ohnehin schon ist.
Berlin kommt wieder, und Berlin-Gastspiele westdeutscher Kabarettgruppen zählen wieder. Mit Neuss kommt auch Thierry in die Stadt, der Autor, den es von Zeit zu Zeit mit einem Solo auch auf der Bühne zu bewundern gibt.
Aus den USA kehrt schließlich auch Valeska Gert, die schrille, skandalumwitterte Grotesk-Künstlerin nach Berlin zurück, um mit ihrer „Hexenküche“ noch einmal ein eigenes Kabarett zu eröffnen.

Valeska Gert trat nach der Rückkehr aus amerikanischem Exil 1950 in ihrer Berliner „Hexenküche“ auf.

Die „Kleine Freiheit“ und ihr Team im Jahr 1951: Oliver Hassencamp, Hellmuth Krüger, Hannelore Schützler, Per Schwenzen, Herbert Weicker, Trude Kolman, Christiane Maybach, Bum Krüger, Ursula Herking, Erich Kästner, Jochen Breuer, Karl Schönböck, Robert Gilbert.

„Plüsch und Pleurösen“ und Erinnerungsseliges mit Helen Vita und Oliver Hassencamp in der Münchner „Kleinen Freiheit“, 1953.

In München, seit den „Scharfrichtern“ eine mit Berlin konkurrierende Kabarett-Metropole, ist nach dem Aus für die „Schaubude“ eine Lücke entstanden, die es auszufüllen gilt. Abermals beteiligt sich Erich Kästner an einem Kabarett-Revival: „Die kleine Freiheit“ nennt sich dieser Versuch, lebendiges Kabarett-Theater auf die Bühne zu bringen. Regie führt Trude Kolman, vormals „Katakombe“ und „Tingel-Tangel“, die aus dem Londoner Exil an die Isar zurückgekehrt ist. Die Themen ändern sich: Es geht nun weniger, den Blick rückwärts gerichtet, um die Aufarbeitung der jüngsten Vergangenheit, als vielmehr um Gegenwart und Zukunft; die kabarettistische Zeitkritik zielt auf die restaurativen Tendenzen im frisch gegründeten Teilstaat mit Namen Bundesrepublik. „Als wir schließlich“, so berichtet Erich Kästner, „aus unserer großen Lethargie erwachten und das eben erworbene Radio andrehten, staunten wir nicht schlecht. Wir waren in der Zwischenzeit an die Vergangenheit verkauft worden! Wir besaßen allerdings, bis auf Widerruf, die im Grundgesetz verbriefte ‚kleine Freiheit‘, darüber zu murren und zu schimpfen. Und ein Kabarett gleichen Namens zu gründen. Das war nicht viel. Aber es war besser als gar nichts.“

Die große Freiheit
Ist es nicht geworden
Es hat beim besten Willen
Nicht gereicht.
Aus Traum und Sehnsucht
Ist Verzicht geworden
Aus Angst ist Bürgerpflicht geworden
Die große Freiheit
Ist es nicht geworden
Die kleine Freiheit – vielleicht!

Spötter, Spötter, Spötter
Es gibt nichts mehr zum Spotten...
Clown
Du hast deine Stellung verloren
Sieh dich nach einer neuen um.
Zogst die Politik lang genug
An den Ohren.
Dummer August
Sei nicht länger dumm...
Deine Bonmots beginnen zu rosten!
Es brenzeln die Wortspielerein
In einer Welt der Mordspielerein.
Gib uns nicht länger zu kosten
Deine muntren Späßchen
Über Westen und Osten!
Spötterdämmerung
Kommt mit leisen Schritten.
Keine Belämmerung
Ist mit Spaß zu kitten.
Stopfe, stopfe du
Die Ulk-Trompete zu!
O, du dummer Augustin
Gib doch, dummer Augustin –
Ruh!

„Ach, sie haben ihre Sprache verloren“, heißt es über sich und seinesgleichen in der Emigrantenballade, die Friedrich Hollaender 1939 in den USA schrieb. Der Versuch, in Hollywood sein „Tingel-Tangel-Theater“ neu zu gründen, war gescheitert. Die Sehnsucht nach der deutschen Sprache und der kleinen literarischen Form des Kabaretts läßt ihn dann Mitte der fünfziger Jahre nach Deutschland zurückkehren. In München feiert der unvergessene Komponist des „Blauen Engel“ ein glanzvolles Comeback, als er in der „Kleinen Freiheit“ seine geliebte „Revuette“ wieder zu neuem Leben erweckt, mit „Hoppla, aufs Sofa!“ (1957), „Der große Dreh“, „Es ist angerichtet“ (1958). „Futschikato“ heißt die letzte Revue, mit der er sich 1961 vom politisch-literarischen Kabarett verabschiedet. Er hat resigniert. Das Literarische scheint aus der Mode gekommen zu sein, das Politische, das, wie gehabt, seinen verhängnisvollen Gang nimmt, interessiert ihn nur noch am Rande. „Oh, du dummer Augustin, gib doch Ruh!“ schreibt er dem Kabarett ins Stammbuch. Ein schmerzlicher Abschied.

Sehnsucht nach Kabarett ließ Friedrich Hollaender aus Amerika nach München zurückkehren. In seiner Revue „Der große Dreh“ spielten Brigitte Wentzel und Lukas Ammann, 1958.

Man ist wieder wer und weiß sich zu benehmen: Hanne Wieder als Bonner Knigge-Dame Erika von Pappritz in der Hollaender-Revue „Hoppla, aufs Sofa“, 1957.

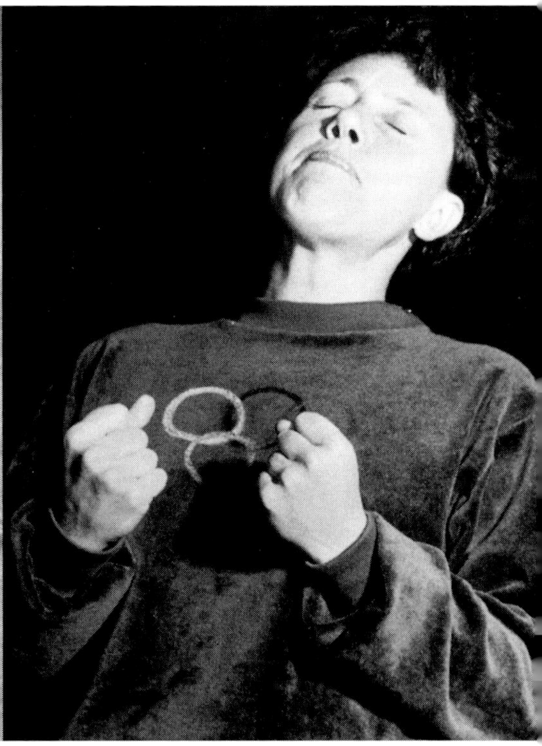

Volkstümelnd zünftig in der Münchner „Zwiebel“: Fritz Korn und Michael Burk als bezechte Kneipengänger.

Die Zeiten, da man, ulk- und vergnügungssüchtig, Schwabing eher als Zustand denn als Stadtteil Münchens verstanden wissen wollte, sind längst vorbei – ein halbes Jahrhundert ist seitdem vergangen. Trotz vielfacher Wiederbelebungsversuche von seiten umsatzbewußter Kneipiers waren die Tage des Simpl gezählt und vergleichbare Brettl-Freuden nicht in Sicht.

Allenfalls volkstümelnd-bayerische Urtöne finden sich in der literarisch-politischen „Zwiebel“ vererbt, die Michael Burk im Mai 1954 in München eröffnet. Opposition in netter Form lautet die Devise: „Wir sind das kleine Zwiebelchen, nehmt uns das nicht übelchen ...“

Das Lied über den Zorn sang Ursula Herking in der Münchner „Zwiebel“. „Sei nur zornig, mein Junge!“, heißt es 1958 über den unangepaßten Sohn. Und: „Du hast ein Recht, zu revoltieren.“ Zehn Jahre später wird sich die Jugend dieses Recht einklagen.

Therese Angeloff, die Autorin und Regisseurin der Münchner „Kleinen Fische“.

Münchens „Kleine Fische“ im Programm „Vor Gartenzwergen wird gewarnt“. Zum Ensemble gehörten Kinga von Felbinger, Ingrid van Bergen und Lia Pahl.

Schon ein Jahr vor der „Zwiebel“-Premiere gibt es in München ein lebendiges Schwabing-Brettl, das frech, fröhlich und frei seine Meinung zum Weltgeschehen auf der Kleinkunstbühne vertritt. Und frisch wollen sie sein, die „Kleinen Fische“, die von der Texterin und Regisseurin Therese Angeloff im Frühjahr 1953 in der „Künstlerklause“ an der Leopoldstraße auf das Schwabinger Amüsierpublikum losgelassen werden.

Zeitkritisch wollen sie sein, und so schwimmen sie – sehr zum Ärger von deutschnational gesinnten Zuschauern und medienpolitischen Bedenkenträgern – gegen Dummheit, Vorgestriges und hohles Pathos ebenso an wie gegen die Selbstherrlichkeit der Regierenden und die Ängstlichkeit der Regierten. Erich Kästner schreibt ihnen ins Stammbuch: „Bei den Fischen kommt es – außer beim Gegessenwerden – nicht auf die Größe, sondern auf die Qualität an.“

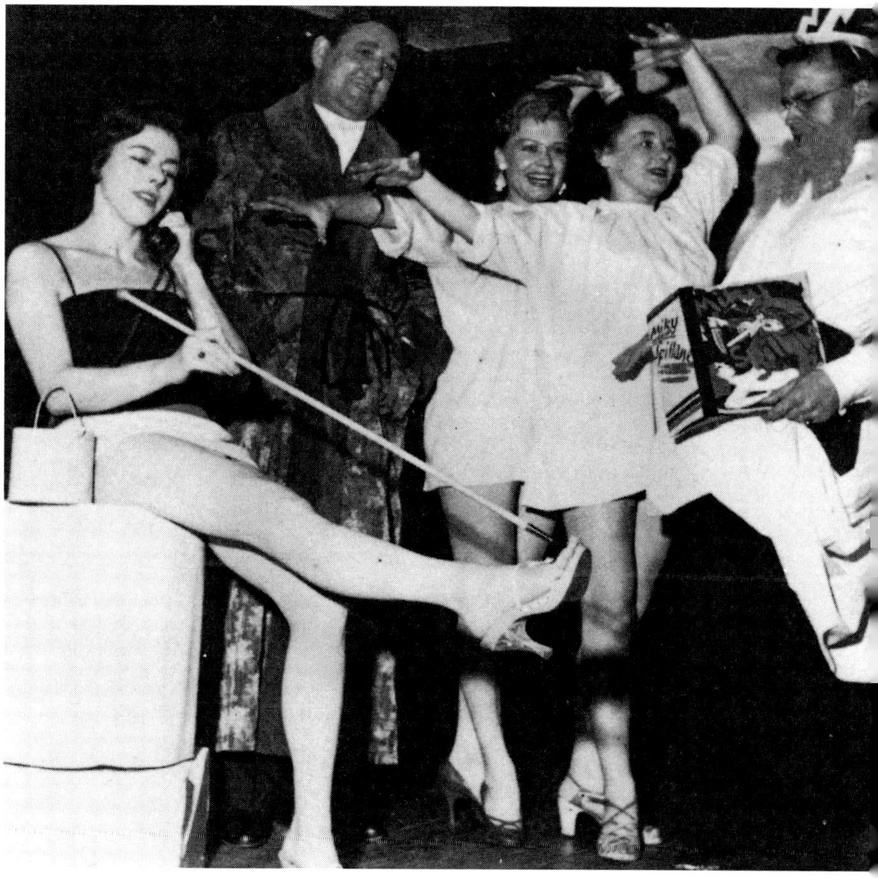

Engagiert dagegen waren die „Kleinen Fische“, wenn es um Restauration und Militarismus ging: Lia Pahl, Hannes Ganz, Ingrid van Bergen, Kinga von Felbinger, Erich Sehnke.

Die Linie der Sack-Mode war Thema eines Solos von Ingrid van Bergen im Programm der Münchner „Kleinen Fische“.

Eine Prise Poesie steuerte Hanns Dieter Hüsch mit seiner „arche nova“ zur Kabarett-Szene bei. Im Programm „Die 11. Muse“ spielten 1956 neben Hüsch auch Helga Mummert, Rudolf Jürgen Bartsch und Agnes Verena.

Literarisches am Piano hatte Hanns Dieter Hüsch schon am Beginn seiner Kabarettkarriere im Angebot: „Das literarische Klavier“ nannte er sein Solo-Programm, mit dem er ab 1950 durch die bundesdeutschen Lande zog.

Seit den Tagen der „Schaubude“ und der „Kleinen Freiheit“ gibt es in München wieder ein Kabarett-Bewußtsein. Auch unter den Studenten finden sich junge Talente, die sich zur Kleinkunst hingezogen fühlen: Klaus Peter Schreiner etwa, der sich bereits als „Seminarr“ versucht hat, oder Dieter Hildebrandt, der sich der Theaterwissenschaft verschrieben hat; in der „Kleinen Freiheit“ macht er als Platzanweiser erste Bekanntschaft mit dem Brettl. 1955 stehen beide als „Namenlose“ auf der Schwabinger Kabarett-Bühne, die ein Jahr später bereits das Sprungbrett für ein neues Ensemble ist: die Münchner „Lach- und Schießgesellschaft“.

In kurzer Zeit wird die Truppe, die der Funkreporter Sammy Drechsel auf Erfolgskurs bringt, nicht zuletzt durch die Fernsehübertragungen all ihrer Programme, Telepopularität erlangen und bald als das bekannteste Kabarett der Nachkriegszeit gelten.

Unproblematisch ist solch auf Massenwirkung wie breite Akklamation abzielende Kabarett-Betätigung indes nicht – zu leicht wird Kitzeln statt Kneifen angesagt sein.

Immerhin: Das Ensemble hält bis 1972 durch; vier Jahre später ersteht unter dem alten Namen ein neues, das mit wechselnden Gesichtern bis in unsere Tage hinein den unverwechselbaren „Lach- und Schießer“-Gestus ins Land hinausbrettelt.

Namenloser SPD-Sprecher bei den Münchner „Namenlosen“: Dieter Hildebrandt in dem Sketch „Die Redner-Schule“, 1955.

Namenloser Schuster bei den „Namenlosen“: Klaus Peter Schreiner. Später lieferte er den „Lach- und Schießern“ die Texte.

Motor und Promoter der „Lach- und Schießgesellschaft“: Sammy Drechsel. Bevor er die Liebe fürs Kabarett entdeckte, war er als Reporter für den Rundfunk tätig.

Das erste Ensemble der 1956 gegründeten Münchner „Lach- und Schießgesellschaft“: Dieter Hildebrandt, Klaus Havenstein, Ursula Herking, Hans Jürgen Diedrich.

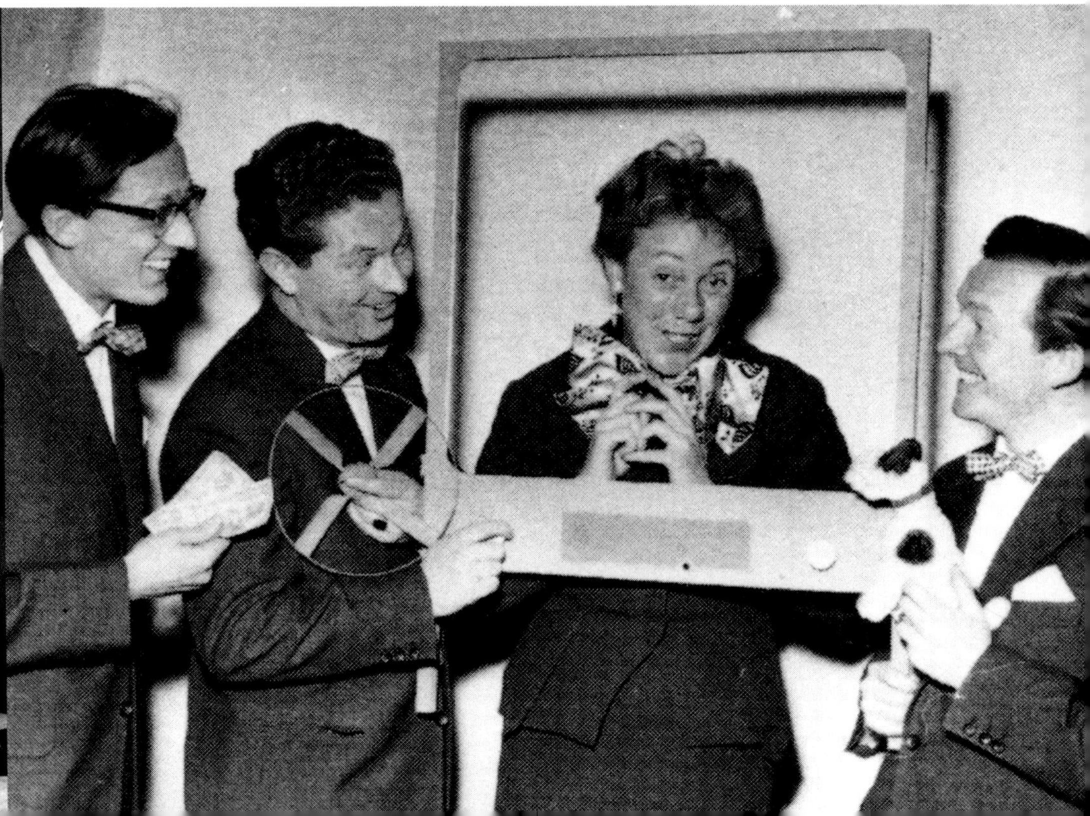

Wenn die großen, die namhaften, die erfolgreichsten, fast hätte ich geschrieben: die „Staats-Kabaretts" ihr Programm übers Fernsehen feilbieten, drängen sich ihre „Opfer", die Objekte ihrer Kritik und Anpflaumerei, eilfertig im Parkett ... lassen sich von der Kamera beobachten, wie unerhört gut gelaunt, liberal und schenkelschlagend humorvoll sie auf die Narrenhiebe von der Bühne reagieren.

Friedrich Luft

Lächeln von staatswegen: Lach- und Schießer Dieter Hildebrandt, Ursula Noack, Walter Kabel und Klaus Peter Schreiner zum Tee im Bonner Kanzleramt. Ludwig Erhard und der Regierungssprecher Karl-Günther von Hase sind's zufrieden. Hildebrandt rückblickend: „Die lächeln dich um."

Fibag-Skandal im Visier: Hans J. Diedrich und Dieter Hildebrandt bringen 1962 als Sherlock Holmes und Dr. Watson Licht ins Dunkel eines Polit-Krimis.

Dieter Hildebrandt 1956 in seinem Solo als Zöllner auf der „Lach- und Schießer"-Bühne.

Auf der „Tour de Trance": Klaus Havenstein, Ursula Noack, Hans J. Diedrich und Dieter Hildebrandt. 1960 war das Ensemble bereits durchs Fernsehen populär.

Kabarett – ungemütlich: Rudolf Rolfs als Kriegsheld in seiner Frankfurter „Schmiere“, 1958 : „Die Nation braucht mich fürs Lesebuch, Würmer zerfressen mein Gesicht und Ratten kommen täglich auf Besuch...“ Schmieren-Komiker Regnauld Nonsens saß im linksengagierten Rolfs-Kabarett, nach eigenem Bekunden das „schlechteste Theater der Welt“, auch am verstimmten Klavier.

Rechts-Widerspruch auf der Kabarett-Bühne: die „Zeitberichter“ Thessy Eckel, Peppi Kausch und Gerd Knabe in „Volk ohne Traum“, 1965.

„Der Satiriker sagt, wie es ist. In Deutschland nennt man dergleichen Kraßheit.“ Rudolf Rolfs, von dem dieser Satz stammt, ist über Jahrzehnte konsequent kraß gewesen, seit er 1950 in Frankfurt am Main sein politisch-satirisches Kabarett „Die Schmiere“ gründete. Die satirischen Texte der mehr als 50 Programme, alle aus seiner Feder, wurden mit komödiantischer Verve, aber zugleich mit hierzulande brettlweit unbekannter Direktheit dargeboten. 1989 zog sich Rolfs, nach 39 Spielzeiten, von der Kabarettbühne zurück.
Zwei Jahre nach Gründung der „Schmiere“ eröffnet Gerd Knabe im hessischen Eschwege sein rechtsextremes Kabarett „Die Zeitberichter“, das vorzugsweise vor SS-Veteranen, Vertriebenenfunktionären und Neos spielt – eine wahnwitzige, doch zugleich singuläre Erscheinung der deutschsprachigen Kabarett-Szene.

Der Blick nach drüben

Kabarett der Nachbarn

Der Blick nach drüben – von der westdeutschen Rumpfrepublik aus betrachtet, sind das die Nachbarländer Österreich und die Schweiz, in denen das Kabarett schon früh heimisch geworden und eigene Wege gegangen ist. In Wien versucht man nach dem Ende des Zweiten Weltkrieges wieder da anzuknüpfen, wo die Nazis der Kleinkunstszene den Garaus gemacht hatten. Zu den wenigen Überlebenden, die aus dem Exil heimkehren, gesellen sich bald junge Talente, die in der Nähe des Zentralfriedhofes siedeln und ebenso rabenschwarz wie gallebitter auch eigene Geschichte und Geschichten aufarbeiten.

Neue Gesichter sind auch auf der Schweizer Kabarettbühne zu sehen; mit ihnen tritt der politisch-engagierte Ton des „Cornichon" allmählich zugunsten hausgemachter, leichter und poetischer Brettl-Kost in den Hintergrund.

Drüben, das ist auch der deutsch-deutsche Nachbar jenseits der Elbe, der sich im eigenen Staat unterm Hammer-und-Sichel-Emblem mehr und mehr einigelt. „Die da oben", von jeher bevorzugtes Objekt progressiven Kabaretts und engagierter Satire, planen den staatstragenden Humor ins realsozialistische Soll ein und geben gelegentlichem Unmut ein Ventil. Das Kabarett, das freche Musenkind, verkommt dabei zum gehätschelten Musterkind, das sich in dem gefällt, was erlaubt ist – auf dem schmalen Grat zwischen Anpassung und verschlüsselter Krittelei.

Der Herr Karl, persongewordener tümelnder Wiener Biedersinn, fand in Helmut Qualtinger einen kabarettistischen Darsteller von hohen Graden. Der Satire-Monolog erregte noch Jahrzehnte nach der Premiere im Jahr 1961 die Gemüter.

Georg Kreisler, politisierender Liedermacher, trat ab 1955 mit seltsamen Gesängen, Liedern zum Fürchten und nichtarischen Arien auf (r.). Er gehörte zeitweise auch zum Team um Qualtinger, das mit Programmen wie „Glasl vor'm Aug" schmähenden Wiener Schmäh in Szene setzte. Von links nach rechts: Gerhard Bronner, Louise Martini, Peter Wehle, Helmut Qualtinger, Georg Kreisler, Carl Merz, 1957.

Österreich im Wandel der Zeiten: 1945 sieht es sich von den deutschen „Piefkes" befreit, zehn Jahre später dann von den Befreiern. Bereits im ersten Nachkriegsjahr regt sich in Wien kabarettistisches Leben zwischen den Ruinen. Im Mai eröffnet der „Simplicissimus", in dem Karl Farkas, der aus amerikanischem Exil Heimgekehrte, mit Ernst Waldbrunn, Hugo Wiener und anderen den alten Simpl-Geist wiederzubeleben versucht. Neue, schärfere Töne kommen von Kabarettisten wie Qualtinger, Bronner, Wehle, Kreisler & Co., die während der Fünfziger die Donaumetropole beunruhigen. Solistisch oder als Team, mischen sie einen Schuß Bitter-Satire in den süffigen Wiener Cabaret-Trunk.

Alter Geist neu beseelt: Simpl-Premiere mit Altmeister Karl Farkas und seinem Ensemble (Mitte). Auch Chansonautor Hugo Wiener und Cissy Kraner waren auf der Simpl-Bühne zu Hause (r.). Aus Graz kam das Studenten-Kabarett „Der Würfel" nach Wien. Das Würfel-Quartett (rechts außen): Miriam Dreyfuß, Peter Lodynski, Günter Tolar und Felix Dvorak.

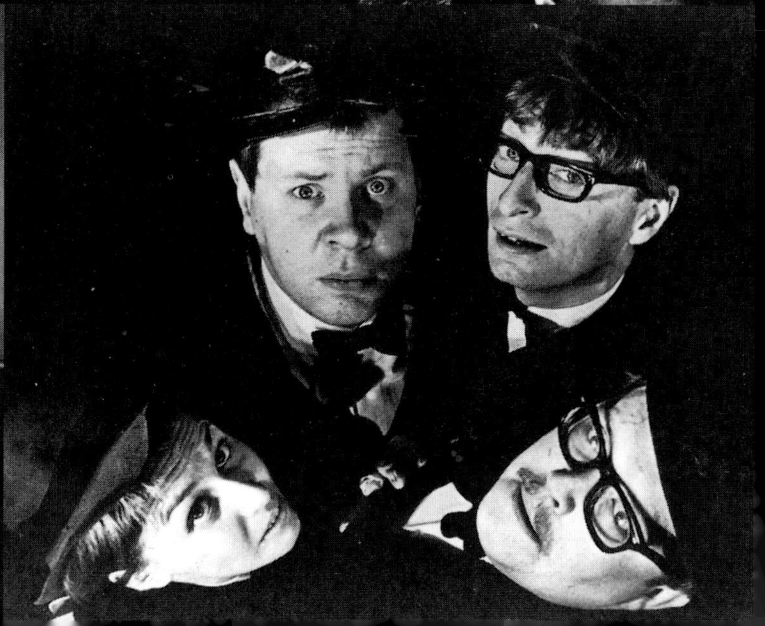

Blicke über die Grenze riskierte Alfred Rasser aus Basel. Hier reckt er die Rechte im Solo „Knorke“, 1952. In den braunen Dreißigern hatte sich Rasser wegen Kritik am Über-alles-Deutschtum bei den Nazis unbeliebt gemacht.

Ein kritischer Humorist unter den Kabarettisten ist Franz Hohler, dem Musik und Literatur als Vehikel für Satire dienen. 1965 hatte er seinen ersten Solo-Auftritt in Zürich.

Schweizer Kabarett – nach den turbulenten Jahren der faschistischen Diktatur im benachbarten Deutschland, Italien und Österreich, wird es nach 1945 verhältnismäßig ruhig um die eidgenössische Kabarett-Szene. Das legendäre „Cornichon“ gibt 1951 seinen Geist auf, einige seiner Mitglieder starten erfolgreiche Solo-Karrieren. Allen voran Elsie Attenhofer, die ab 1947 mit ihrem Telefon-Sketch von der „Europa-Union“ auch in Deutschland populär wurde (unten links). Auch das Kabarett-Duo Voli Geiler/Walter Morath (unten rechts in „Die Nacht am Rhein“) wurde über die Grenzen seiner schweizerischen Heimat hinaus bekannt. Die Zeit der Ensembles scheint vorbei.

Gasmaske am Cello, Poet am Hackbrett, Musikant an der Schreibmaschine: Franz Hohler, Literat, Liedermacher, Sänger, Kabarettist.

Emil wurde zum Begriff für Schusseligkeit auf Schweizer Art: Der Kabarettist Emil Steinberger hat auch in der Bundesrepublik viele Fans. – Artistischer Grenzgänger zwischen Kabarett-Pantomime und Figurentheater ist der schau-spielernde Zeichner Kaspar Fischer (unten rechts).

Auch der Blick über die deutsch-deutsche Grenze nimmt Kabarettistisches wahr. Vergleiche mit der Entwicklung, die das Kabarett nach 1945 in der Bundesrepublik genommen hat, verbieten sich angesichts grundsätzlicher Unterschiede: In der DDR ist das Kabarett, ob seiner Ventilfunktion vom SED-Regime als konfliktbefriedende Institution erwünscht und nach Kräften gefördert, rasch zum Staats-Theater avanciert – lizensiert, subventioniert, kontrolliert, zensiert.

Die Fürsorge des Staates für kabarettistische Belange ist total: Den Künstlern, die im „Verband der Theaterschaffenden der DDR“ organisiert sind, wird Unterstützung bei der Themensuche, ideologische Beratung und eine offizielle Abnahme ihrer Programme garantiert.

Kabarett in der DDR: Kriechgänge auf der Schmalspur der Macht. Für übers vorgegebene Ziel hinausgeschossene Pointen lockt die Partei mit Blackouts, für Sollerfüllung und gelegentliche Ergebenheitsadressen setzt es staatliche Verdienstorden und Nationalpreise.

Humor nach Plan versprachen die Distel-Kabarettisten in ihrem ersten Programm: Gustav Müller, Wolfgang E. Parge, Gina Presgott, Robert Trösch, Charlotte Brammerhoff, Hilde Kneip, Hans Krause, Werner Lierck, 1953 (Bildleiste oben).

Biermann in der Distel: Der einstige DDR-Barde sang seine Lieder bis zu seinem Auftrittsverbot auch auf der Kabarettbühne. Unser Foto zeigt ihn mit dem Distel-Ensemble: Heinz Draehn, Karl H. Oppel, Ingrid Ohlenschläger, Wolf Biermann, Hanna Donner, Gustav Müller, Ellen Tiedtke, Gerd E. Schäfer, Otto Stark, 1964.

Zwischen den Fettnäpfen sahen sich die Distel-Kabarettisten 1988: Ihr Programm „Keine Mündigkeit vorschützen!“ wurde nach der Voraufführung abgesetzt. Das Foto zeigt (v.l. n.r.): Karl H. Oppel, Hannelore Erle, Otto Stark, Ilse Maybrid, Heinz Draehn, Edgar Harter, Hanna Donner, Helmut Hellmann, Gabriela Schütz, Frank Rudolph, Brigitte Krause, Helmut Plischke und Michael Nitzel (unten) sowie Gert Kießling, Myriam Stark, Detlef Nier, Peter Mohrdieck und Karsten Speck.

Der Blick über die Mauer als Kabarett-Sketch mit Manfred Uhlig, Siegfried Mahler, Edgar Külow und Hanskarl Hoerning, 1959. „Laßt uns die Za(e)hne zeigen" hieß das „Pfeffermühlen"-Programm zum zehnten DDR-Jahrestag.

Satire in der DDR ist, natürlich, system-immanent. Nicht die herrschende Ideologie wird attackiert, nur der herrschende Zustand mit seinen Bonsai-Bonzen, Karrieregeiern, Duckmäusern, Schlampern, Sündern wider die sozialistische Moral, den ewigen „Versorgungsengpässen", dem dröhnenden, leeren Blech-Welsch der Medien ... Zyniker unter den Satirikern blicken noch besser durch. Das DDR-Kabarett habe „Ventilfunktion", „sozialhygienische Wirkung", die Leute könnten sich „ihren Frust ablachen". Der Spiegel, 1987

Satire ist das, was sein muß. Walter Ulbricht

Wir ergreifen Partei. Das ist unser Grundunterschied zu allen westlichen Kabaretts. Die sind höchstens dagegen, und insofern kommen Adenauers 50 Prozent auch auf ihr Konto ... Wir sind das schlechte Gewissen einer guten Sache. Die „Distel", 1957

Eintracht vorm Vorhang: Das Ensemble der „Leipziger Pfeffermühle" mit (v.o.) Siegfried Mahler, Joachim Loeb, Ursula Schmitter, Ellen Tiedtke, Conrad Reinhold und Manfred Uhlig in dem Programm „Rührt euch!" – Reinhold, 1956 noch Chef der „Pfeffermühle", bekam wegen einer Anspielung auf SED-Chef Ulbricht Ärger mit der Partei und ging in den Westen.

Um den lieben Frieden ging es 1981 mit Hans-Jürgen Silbermann, Manfred Stephan und Peer Jäger im Programm der „Pfeffermüller". Nach der Wende wechselte Silbermann zur „Lach- und Schießgesellschaft".

„Mit Pauken & Moneten" nannten „Die Kiebitzensteiner" aus Halle 1980 ihr Programm. Ein Opening mit D-Mark Ost und (v.l.n.r.) Helmut Reichhardt, Joachim Wencke, Horst Sonntag.

Um die Widersprüche im realexistierenden Sozialismus ging es in einem Kabarettstück, das 1981 in der „Herkuleskeule" mit Werner Knodel, Manfred Schubert und Jutta Rockstroh Premiere hatte. „Bürger, schützt eure Anlagen oder Wem die Mütze paßt" wurde zum Bühnen-Hit und von vielen anderen Kabaretts und Schauspielbühnen der DDR nachgespielt.

Die Kabarettisten in der DDR sollten die gesellschaftlichen Zusammenhänge stärker als bisher beachten. Ihre Arbeit muß, wenn sie nicht zur kleinkarierten Meckerei werden soll, zu einer progressiven parteilichen Kritik führen. Erich Honecker auf der 12. ZK-Tagung, 1974

Seit einiger Zeit beschäftigen wir uns kritisch mit der satirischen Kunst. Es besteht ein allgemeiner Mangel an guten Texten in den Kabaretts. Mit den Genossen der „Distel" hatten wir viele Auseinandersetzungen über ihre Arbeit. Die schärfste Kritik forderte das Programm „Bette sich, wer kann" heraus. Dieses Programm ist daraufhin stark verändert worden. Bezirksleitung Berlin an das ZK der SED, 1965

Das Kabarett greift im Sinne seiner gesellschaftlichen Auftraggeber – also Partei und Staat – ein in die großen Fragestellungen unserer Zeit ... Immer sorgten produktive Kräfte im Ensemble dafür, daß ... der sozialistische Charakter dieses Kabaretts nie, jawohl: nie verletzt wurde. Stets stand und steht die „Distel" fest an der Seite der Arbeiterklasse und ihrer Partei. „Distel"-Dramaturg Horst Gebhardt, 1984

Fast 30 Jahre gibt es die „Academixer", die als Studentenkabarett der Leipziger Universität ihre Premiere hatten. 1981 spielten sie „Wir brauchen Nachwievorsicht" mit Katrin Bremer-Hart, Jürgen Hart und Gisela Oechelhaeuser.

Von „putziger Seefahrt" sangen Birgit Frohriep, Uwe Geyer, Gerd Staiger, Johanna Lesch und Hans-Joachim Finke vom Potsdamer „Kabarett am Obelisk" in ihrem Programm „Immer wieder blüht uns was", 1979.

Bitte recht freundlich gab sich die Dresdner „Herkuleskeule“ 1979 in ihrem Programm mit Hans Glauche, Fritz Ehlert, Werner Knodel, Gisela Grube: „Bitte recht freundlich, hier wird gelacht ... Bitte recht freundlich, oder's kracht ...“

3 x kurz gelacht – ein Soldatenkabarett der Nationalen Volksarmee gab es von 1955 bis zum Wende-Ende: Die „Kneifzange“. Die BRD-Bundeswehr mochte den Vertrag der Kabarett-Uniformierten nur abwickeln, nicht erneuern. Unser Bild (unten rechts) zeigt Klaus Zeim, NVA-Stabsfeldwebel Thomas Puppe und Michael Kinkel im Programm „Praktisch läuft alles“, 1983.

„Wie das so wäre, wenn es das gäbe“ spielten 1980 in ihrem Programm „Verklemmt noch mal“ die „Oderhähne“ aus Frankfurt/Oder durch: Johannes Greiner, Alfons Linnhofer, Winfried Strnad.

Hat die Satire bei uns überhaupt noch eine Funktion? Natürlich hat sie die. Nicht mehr gegen die herrschende Klasse, sondern mit ihr im Kampf gegen Überlebtes. „Pfeffermühle“-Chef Rainer Otto, 1987

Im Osten soll das Kabarett alles verändern, darf aber nichts sagen. Im Westen darf das Kabarett alles sagen ...

Ex-„Pfeffermühle“-Chef Conrad Reinhold, 1966

Ich finde, wir als Kabarett – ich spreche jetzt konkret von uns – werden durch unsere Partei so gut und in ausreichendem Maße mit Informationen versehen, daß wir diese vorgegebenen Analysen und Prozesse wieder zum künstlerischen Fakt erheben können.

„Academixerin“ Gisela Oechelhaeuser, 1987

Du hast noch viel vor dir
Wir liegen alle noch im Rennen.
Schon heut versprechen wir
Es kann uns nichts mehr trennen.

Wir achten stets auf deinen Ruf
Und dir zuliebe üben wir Kritik.
Wir stehn zur Klasse, die dich schuf
Du dufte junge Republik!

Beim Barte des Proleten gelobten die DDR-Kabarettisten Gefolgschaft bis hinab in die Tiefen der Kleinkunstkeller – oft wurde eine komische Nummer daraus. Die Magdeburger „Kugelblitze“ mit Gerd Weidner und Dieter Langkabel im Programm „Die Macht der Prominenten“, 1980. Auch andere Kabaretts hingen ihre Partei-Oberen zuweilen an die Dekoration. 1979 schwang man in Dresden nach einem Text von Ensikat die sanfte Herkuleskeule: „Freundlich schaut bei uns von allen Wänden Erich Honecker auf uns herab. Warum färbt die Freundlichkeit von Wänden nicht auf die, die drunter sitzen, ab?“

Opposition? Opposition!!

Kabarett der unruhigen Jahre

Es liegt in der Luft: Unruhige Zeiten. Eine junge Generation gibt sich nicht mehr damit zufrieden, daß die Fragen an die Väter über deren Vergangenheit mit Schweigen beantwortet werden. Nun wird die Autorität selbst hinterfragt. Und manch anderes mehr. Die Studenten machen den Anfang. Sie wollen nicht nur wissen, nach welcher Formel Napalm produziert wird, sondern auch wozu. Und der Protest gegen den von den Amerikanern geführten Vietnam-Krieg bleibt nicht länger auf die Hörsäle beschränkt, bald wird daraus eine weltweite Bewegung.

Aber nicht nur die Studenten politisieren sich. Immer mehr Menschen glauben zu wissen, daß das Parlament die Interessen der Wähler nicht mehr vertritt. Außerparlamentarische Opposition ist das Stichwort. Viele Kabarettisten nehmen es auf. Sie, die von Berufs wegen Unruhe für die erste Bürgerpflicht halten, wollen nicht abseits stehen, wo neue Ziele anvisiert werden, der Traum von einer neuen, besseren Gesellschaft angedacht wird.

Man will nicht länger Symptome bekritteln, sondern den Kleinkunstkeller zum Forum für den Ruf nach Veränderung machen. Das Kabarett, das auf der weich gepolsterten Spötterbank der Wirtschaftswunderzeit dahinzudämmern drohte, findet wieder zu seinem Ursprung zurück: zum rebellischen Ton der frühen Pariser Jahre.

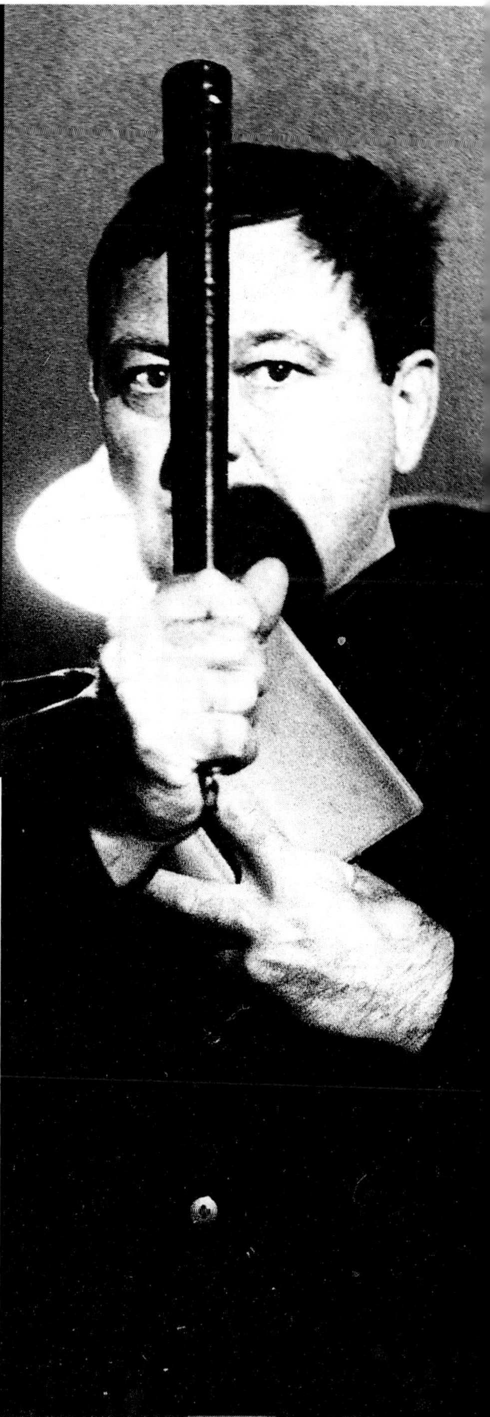

Die unruhigen Sechziger werden mitgeprägt von einem Kabarettisten, der bereits in den fünfziger Jahren als „Mann mit der Pauke" szenebeherrschend war und der sich nun, da der Bundesrepublik frischer Luft ins Haus steht, vom politisierenden Pointen-Clown zum scharfzüngigen, politischen Satiriker wandelt: Wolfgang Neuss. 1963 startet der inzwischen als Filmstar populäre Kabarettist sein erstes Solo-Programm, „Das jüngste Gerücht" (linke Seite). Zwei Jahre später liefert er mit seiner Villon-Show „Neuss Testament" ein ebenso starkes wie zupackend satirisches Stück Zeitgeschichte (oben mit Walter Otto). 1967 folgt sein letztes Solo, „Asyl im Domizil – Bunter Abend für Revolutionäre", mit dem er sich vehement für die Ziele der Studentenrevolte einsetzt (rechts). Anfang der Siebziger zieht sich Neuss von der Bühne und aus den Medien zurück und macht fortan in seiner Berliner Wohnung für Freunde und Kollegen „Kabarett im Schneidersitz", produziert Sponti-Sprüche und Hasch-Pointen. 1989 stirbt er in Berlin. – Bildleiste unten: Neuss bei einem seiner kabarettistischen Spontan-Acts in einer Talk-Show mit dem Bundespräsidenten-Bewerber Richard von Weizsäcker: „Is'n schickes Amt, Richie!"; Neuss mit Kabarett-Partner Wolfgang Müller in dem Film „Wir Wunderkinder" (1958); Neuss nach seinem Abschied von der Bühne.

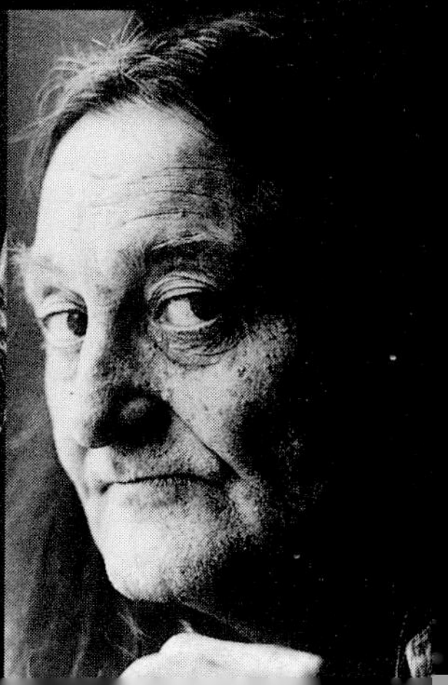

Franz-Josef Degenhardt (r.) ist der radikalste Erneuerer des Polit-Songs unter den deutschen Liedermachern. Er singt von Schmuddelkindern und Senatoren, vom Väterchen Franz und nicht zuletzt vom Klassenkampf.

Dieter Süverkrüp (oben) bringt „widerborstige Gesänge" auf die Bühne – virtuos, rasant, pointensicher, spitzzüngig und aggressiv. 1967 geht er mit Degenhardt, Hüsch und Neuss (Bild Mitte) als Kabarett-„Quartett 67" auf Tour.

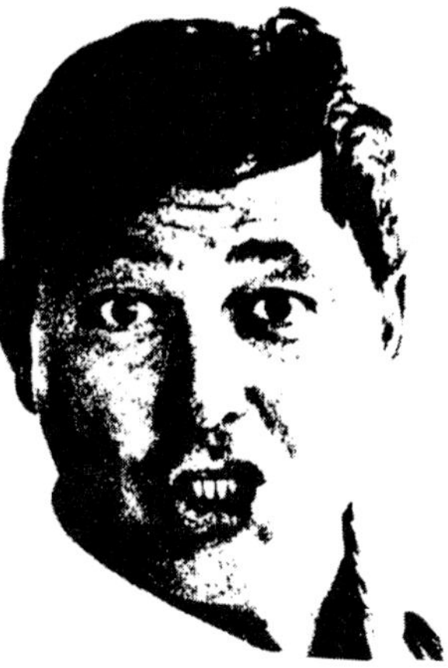

Wolf Biermann, der „Poet mit dem Wimmerholz" (u.), gehört zu den vielseitigsten Talenten der Liedermacher-Szene. 1965 wird der DDR-Barde von Neuss dem westdeutschen Publikum vorgestellt, 1976 bürgert die DDR den unliebsamen Kritiker aus.

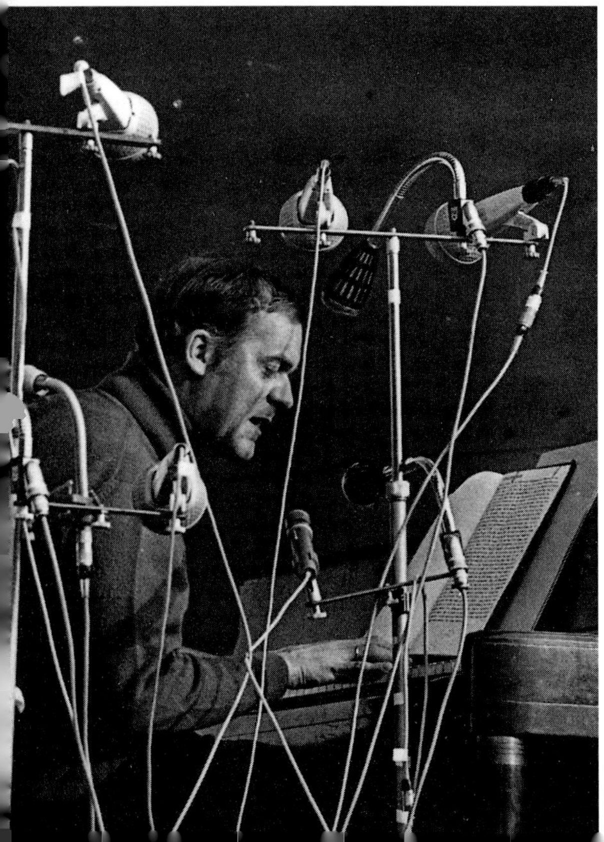

Hanns Dieter Hüsch singt seit über vier Jahrzehnten „für die Verrückten" und lebt poetische Tagträume allabendlich an der Heimorgel im Kabarettkeller. Ein kommunizierender Einzelgänger und fahrender Poet (l.).

„Wir Mauerblümchen …“: Szene aus dem gleichnamigen Programm des Kabaretts „Die Bedienten“ mit Herbert Baneth, Pia Trajun, Uwe Gauditz, Kurt Noack, Beate Hasenau, 1962 (o).

In den Sechzigern zieht es die Kabarettisten mehr und mehr nach Berlin, wo das Publikum aufgeweckter, rascher auf die politischen Ereignisse zu reagieren scheint als anderswo. Aus Potsdam, wo sie nach wenigen Vorstellungen verboten worden waren, kommen die „Bedienten“, die nun auch im Westteil der Ex-Hauptstadt nicht gerade brav Pfötchen geben. Provozierend auch Hackethals Comeback-Versuch mit seinen „Amnestierten“, die 1965 in Berlin das brandheiße Vietnam-Thema auf die Bühne bringen. Presse und Publikum buhen, die „Amnestierten“ geben auf, aber das Thema des politisch engagierten Kabaretts ist vorgegeben: der schmutzige Krieg in der Dritten Welt.

„Lieb Vaterland, schlaf ruhig ein“ nannten die „Bedienten“ ihr Programm 1961. Mit dabei: Beate Hasenau und Renate Küster.

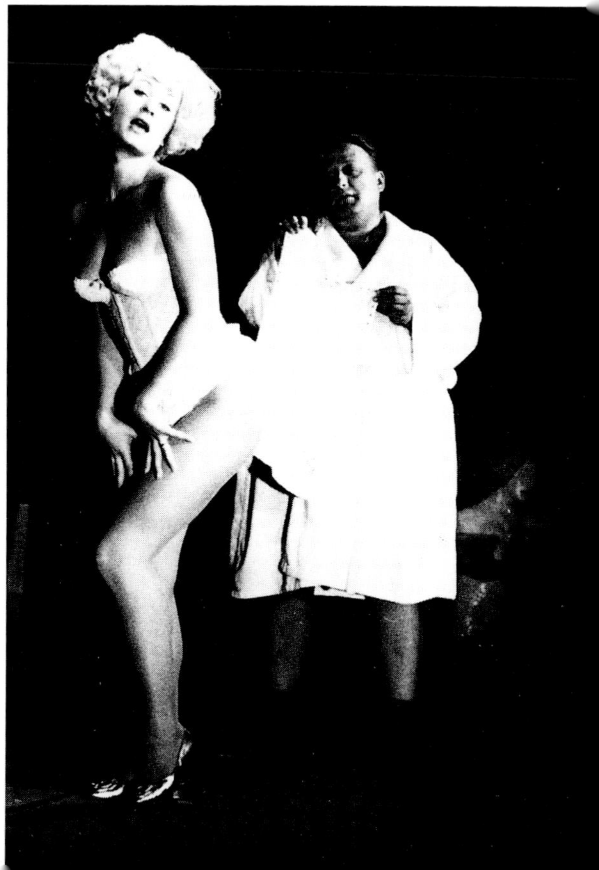

Die Amnestierten proben das Comeback: Doris Bierett und Joachim Hackethal im Programm „Bal paré“, 1965. Wenig später löste sich das Kabarett auf.

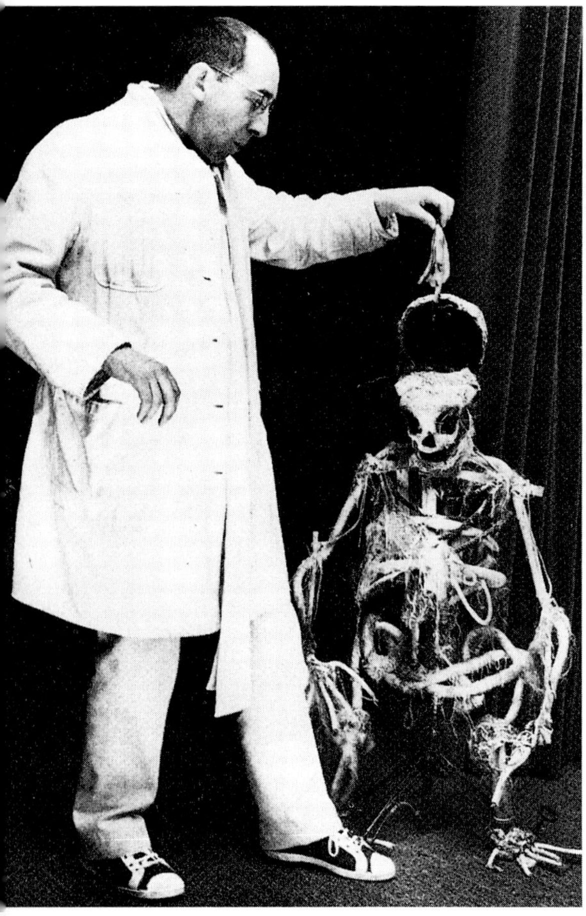

Kabarett-Theater haben die „Wühlmäuse" bereits früh ins Programm genommen. 1966 spielte Dieter Hallervorden einen Irrenarzt in „Haben Sie Lust?"

Eine Spaltung ist eine Spaltung ist eine Spaltung: was dabei herauskommt, sind neue Kabaretts. Nachdem es bei den „Bedienten", die Kurt Noack 1959 in Westberlin neu gegründet hatte, zu politischen Meinungsverschiedenheiten gekommen war, gründet Dieter Hallervorden ein Jahr später mit einem Teil der Noack-Mannschaft seine „Wühlmäuse". Auch die Einheit der „Wühlmäuse" ist vorerst nicht von Dauer, ein Teil von ihnen wird sich 1965 zum Berliner „Reichskabarett" zusammentun. Die „Wühlmäuse" setzen früh auf die räumlichen Möglichkeiten ihres Kabarett-Theaters an der Lietzenburger und nutzen sie, bis in die frühen siebziger Jahre, für Projekte des kabarettistischen Theaters.
Mit einer erkennbar politischen Linie tut sich Hausherr Hallervorden da schon schwerer: mal mittig, mal links, mal kalauerig, mal nonsensibel blödelnd – ganz nach der Marktlage.
Nach seiner Nonstop-Nonsens-Karriere auf Bildschirm und Kinoleinwand, scheint Dieter Hallervorden sich in jüngster Zeit wieder auf seine Anfänge als politisierender Kabarettist zu besinnen.

„Wühlmaus" Hallervorden 1969 in „Menschen, Tiere, Aggressionen", einer vampirischen Kabarett-Schau. Anfang der Siebziger setzte Dieter Hallervorden verstärkt auf Nonsens-Pointen und TV-Flachsinn.

Truppenbetreuung in demokratischer Gesinnung verordneten die „Wühlmäuse" Rotraud Schindler, Dieter Hallervorden und Wolfgang Immenhausen im Satire-Stück „Deutschland – wir kommen!", 1971.

Wir glauben an Duck, den Vater
Schöpfer unseres
Freiheitlich-demokratischen Systems
Und seiner duckgewollten
Grundordnung
Wir glauben an die heilsame Kraft
Der freien Marktwirtschaft
Die gegründet ist
Auf dem freien Unternehmertum
Und auf der Freiheit derselben
Frei zu schalten und zu walten
Wie es ihr Allgemeinwohl gebietet
Und das sich stützt
Auf Macht und Besitz
Liquidität und Mehrwert
Seit jeher bis in Ewigkeit

„Das Kabarett ist tot – es lebe das Cabaret", so verkündete das „Bügelbrett" 1967 im Programmtitel. Zum Ensemble gehörten Birger Heymann, Jürgen Knieper, Hannelore Kaub, Andreas Mannkopff, Wilfried Herbst.

Hannelore Kaub – Texterin, Kabarett-Chefin, Darstellerin, 1966 in ihrem „Bügelbrett"-Programm „Auf Gedeih und Verderb".

So ein Kabarett von heute
Muß sich manchmal fragen
Ob es was zu sagen, zu wagen hat
Sollte man nicht schweigen
Statt zu zeigen:
Auch das Kabarett führt eben
Nur ein deutsches Wohlstandsleben
Und so etwas macht satt ...
Was ist Kabarett von heute?
Sich zu arrangieren
Die Substanz verlieren:
Satire im Fett?
Wir haben noch lange keine Bange
Weil stets irgendwelche Sachen
Irgendjemand sauer machen –
Das ist Kabarett!!!

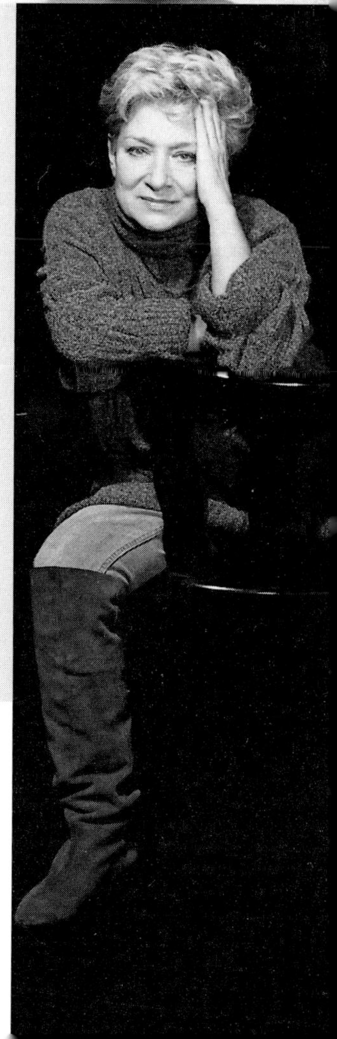

Berlin wird während der sechziger Jahre zum Zentrum des politisch-satirischen Kabaretts. Während in den etablierten Ensembles, etwa in Düsseldorf oder München, immer noch nörgelnd in der Wohlstandssuppe gerührt wird, kommen in der geteilten Stadt die Polit-Themen pur auf die Kleinkunstbühne. Aus Heidelberg zieht Hannelore Kaub mit ihrem linksengagierten „Bügelbrett" an die Spree, das sich mit literarischer Kraft und politischer Courage einzumischen weiß.

Die Schnauze voll: Hannelore Kaub macht weiter. 1993 mit ihrem Solo gleichen Titels.

Die unruhigen Zeiten, die Mitte der Sechziger die politischen Gemüter bewegen, rufen nach Veränderung. Auch beim Kabarett. Neue Ensembles tun sich zusammen, die nicht mehr nur kalauernd ihr bürgerliches Publikum mit Pointen und Lachnummern eindecken wollen, sondern eine Plattform suchen, auf der sie ihren Unmut über die Welt, in der sie leben, verbalisieren können. Das Berliner „Reichskabarett“, das sich im Sommer 1965 mit dem Programm „Kein schöner Land“ erstmals vorstellt, steht bald in dem Ruf, ein APO-Kabarett zu sein. Und tatsächlich will das Team um Volker Ludwig nun nicht länger nur Symptomkritik vorbringen, sondern auch die Frage nach dem System selbst stellen, das für Ausbeutung, Massenmord und soziale Ungerechtigkeit steht. Folglich wird dokumentiert, informiert, agitiert, glossiert, ironisiert. Rechte Blätter warnen: „Vorsicht! Gut gemachtes Kabarett von links!“

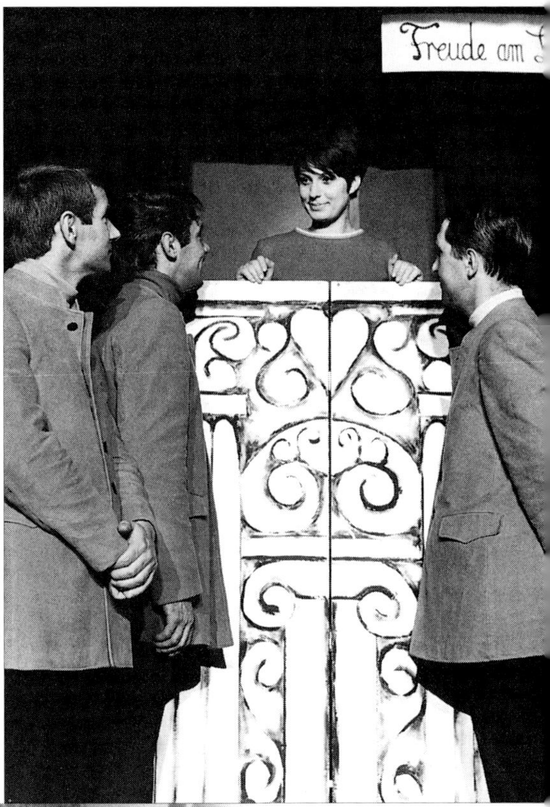

„Kein schöner Land“ war der Titel des Programms, mit dem das Reichskabarett 1965 in Berlin startete. V.l.: Alexander Welbat, Siegrid Hackenberg, Peter Herzog, Dieter Kursawe und Doris Bierett.

Kabarett zieht vornehmlich Leute an, die sich für Gleichgesinnte halten. Folglich attackiert es sein Publikum nicht: es schmeichelt ihm. Kabarettisten, die mehr wollen, sollten darum ihren Geist für nützlichere Sachen als Kabarett verwenden – oder sich wenigstens endlich das bescheidwissende, liberale Publikum zum Gegenstand nehmen, das sie nun einmal haben und in dem ein guter Teil ihrer selbst steckt.

Reichskabarett, 1969

Hab Bildung im Herzen lautet die Botschaft der Berliner Reichskabarettisten, die 1967 System- statt Symptomkritik auf ihre Satire-Banner schrieben. V.l.n.r.: Wolfgang Wiehe, Joachim Kemmer, Renate Küster und Dieter Kursawe.

Das Reichskabarett-Team 1968: Dieter Kursawe, Wolfgang Wiehe, Joachim Kemmer, Günter Schäfer, Renate Küster, Horst-A. Hass, Volker Ludwig, Detlef Michel, H. H. Müller und Volker Kühn.

Du sitzt im Büro
Denkst an nichts Böses
Und plötzlich
Blickst du dem Nichts ins Gesicht:
Mein Geld ist weg!
Mein Geld!!!

Das greift an die Nieren
Erschüttert das Mark dir
Fährt ins Gedärm dir
Durchbohrt das Herz dir
Es gerinnt dir das Blut!
Geld Geld Pinke Pinke
Mäuse Kröten Stoff
Kohlen Mücken Kies Penunse
Ein und alles! Hab und Gut!
Freude Dasein Glück!

Was ist eine weinende Mutter
Was ein sterbendes Reh
Gegen den herzzerfetzenden Anblick
Eines Aktionärs
Dessen Aktien
Um zehn Punkte gefallen sind?

Die so oft beschworene Kontinuität mit der Kabarettzeit der Zwanziger Jahre, deren Paten Mehring, Klabund und Tucholsky waren, hier im „Reichskabarett" wird sie fortgesetzt. Josef Reding

Opposition? Opposition waren Tucholsky und Mehring und Kästner. Was sich hier auf der Bühne abspielt, ist Apparatschik-Theater, linientreu bis zur totalen Öde. Hans Habe

Das ist Kabarett, wie es sein soll. Erich Kästner

Freiem Unternehmergeist lieh das Reichskabarett 1968 ironisch die Stimme in seinem Programm „Der Guerilla läßt grüßen" mit Wolfgang Wiehe, Dieter Kursawe, Renate Küster und Joachim Kemmer.

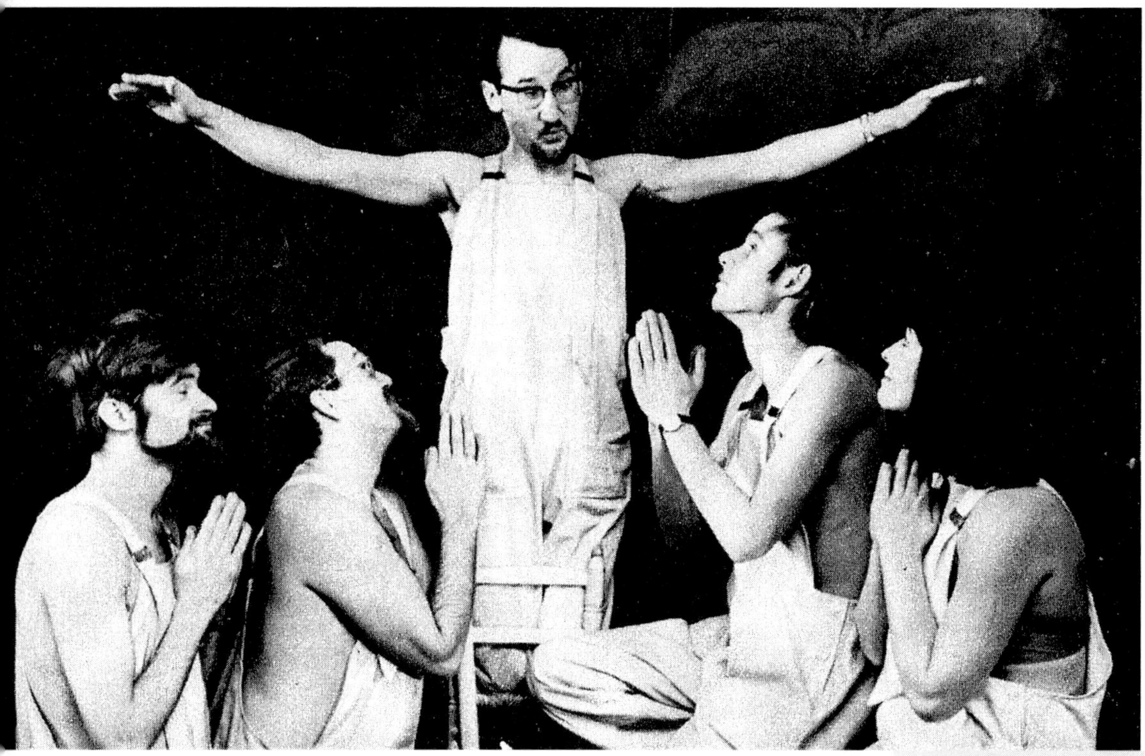

Aktion und Provokation sollten Denkanstöße geben: das Kabarett-Team „Floh de Cologne“ mit Markus Schmidt, Hansi Frank, Dieter Klemm, Gerd Wollschon, Britta Baltruschat in seinem Programm „Zwingt Mensch raus“, 1968. Rechts: Ein Die-in der „Flöhe“ als kabarettistischer Protest gegen den Vietnam-Krieg, 1969.

Die Jungen machen mobil. Auf den Essener Kabarett-Tagen drängen nun auch mehr und mehr Kabarettgruppen nach vorn, die die Forderungen der studentischen Linken auf der Bühne thematisieren wollen. Opas Kabarett ist tot, heißt es da lautstark und ultimativ, es lebe das APO-Kabarett. Zu denen, die in Essen für einen Eklat sorgen, gehören die Kölner Studenten der Theaterwissenschaft, die sich 1966 zum Kabarett „Floh de Cologne“ zusammengetan und radikal mit den Traditionen der etablierten Kleinkunst-Lieferanten gebrochen haben. Mit Dia-Einblendungen, Zitaten, Kommentaren und zunehmend mit Beat-Elementen thematisieren sie die Weltlage, wie sie sie sehen: Konsumterror, brutale Kolonisierung der Dritten Welt, Ausbeutung der sozial Schwachen. Auf die Frage, ob das noch Kabarett sei, antworteten die Flöhe im Stil der Zeit: „Scheißegal“.

Die oberen Zehntausend gibt es nur
Weil die unteren sechzig Millionen
Mit ihrer Rolle einverstanden sind
Und sie sagen
Wir sind das Recht und die
Herrlichkeit in Ewigkeit
Und sie machen
Das Recht und die Herrlichkeit
Und die Ewigkeit
Und du sagst Amen
Im Namen des Volkes

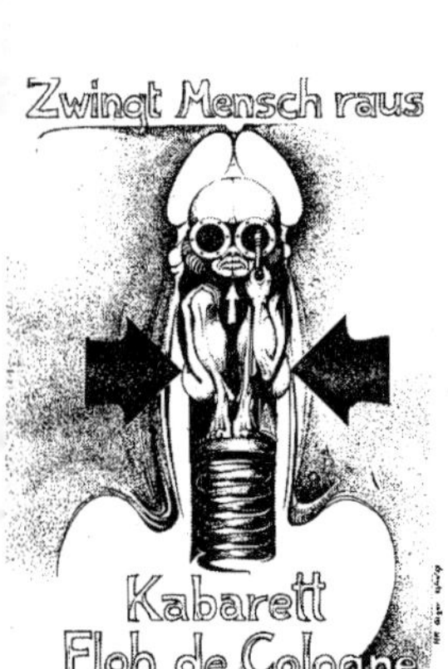

Mit aggressivem Beat trugen die „Flöhe“ ab 1969 ihre kabarettistischen Botschaften vor. 1971 hoben sie mit „Profitgeier“ die erste deutsche Rockoper aus der Taufe. Mit „Beat-Shows“, einer „Geier-Symphonie in Rock-Dur“ und einer „Kantate für Rockband“ waren sie bei Jugendlichen populär. 1982 spielten sie das Programm „Faaterland“ mit Hansi Frank, Vridolin Enxing, Dieter Klemm, Dick Städtler und Theo König. Ein Jahr später löste sich die Kabarett-Gruppe auf.

Clown als Welttheater: Ex-Freimauler F. J. Bogner, seit über dreißig Jahren als Solist unterwegs, vereint in seiner Clownsfigur Kabarett und Pantomime und bietet „authentisches Theater" (l.).

Mit neuen Formen experimentierte das Frankfurter Studenten-Kabarett „Die Freimauler": Das Mimische rückte in den Vordergrund. V.l.: Ralph Baltzer, Hansjürgen Rosenbauer, Anita Kienert, Hans-Erich Fischer, F. J. Bogner, 1965.

Studenten-Kabarett der Sechziger einmal anders: Die „Freimauler" setzen auf formale Experimente und geben dem Wie ihrer Aussagen den Vorzug vor dem Was. Ähnliche Akzente betont das 1964 in Kettwig/Ruhr von Pädagogik-Studenten gegründete Ensemble „Die NIveauHILISTEN", das Jürgen Henningsens Kabarett-Theorie („Kabarett ist Spiel mit dem erworbenen Wissenszusammenhang des Publikums") auf die Bühne bringt. In den siebziger Jahren bringt Henningsen seine Erfahrungen im „Kabarett Fortschrott" ein.

Die NIveauHILISTEN verstanden sich als „melo-flitterarisches Kabarett". Rasmus Tolkacz, Barb Sewien und Wolf Juergen in „Alle flüstern einen Namen" auf den Essener Kabarett-Tagen 1967.

Erziehung des Publikums? Davon war unter den zukünftigen Pädagogen schon gar keine Rede. Eher wollte man die öffentlichen, wirklichen Erzieher des Publikums aufs Korn nehmen: erstens das Fernsehen, zweitens das Fernsehen, drittens die Konsumgesellschaft, die mit Werbung zugemalte Wirklichkeit, unseren in Serie hergestellten Alltag. Anton Austermann über „Fortschrott"

Kabarett – was ist das? Meine Definition? Infragestellung. F. J. Bogner

Thema des Kabaretts ist nicht die Obrigkeit, sondern das Untertanenbewußtsein, nicht die Wirtschaft, sondern das Selbstverständnis des düpierten Konsumenten, nicht das Fernsehen, sondern die Fernsehgläubigkeit; Thema sind nicht die „Verhältnisse", sondern ihr ideologischer Überbau. Jürgen Henningsen

Ausgezogen bis aufs Hemd und noch mehr: der alte Student. „Fortschrottler" Bernward Hoffmann singt den Uni-Blues. Das „Kabarett Fortschrott" bestand aus Pädagogik-Studenten der Universität Münster.

Die Kölner Machtwächter als Puppen des Systems: Heinz Herrtrampf, Wiltrud Fischer, Max Kellas im Programm „Puppen“, 1969.

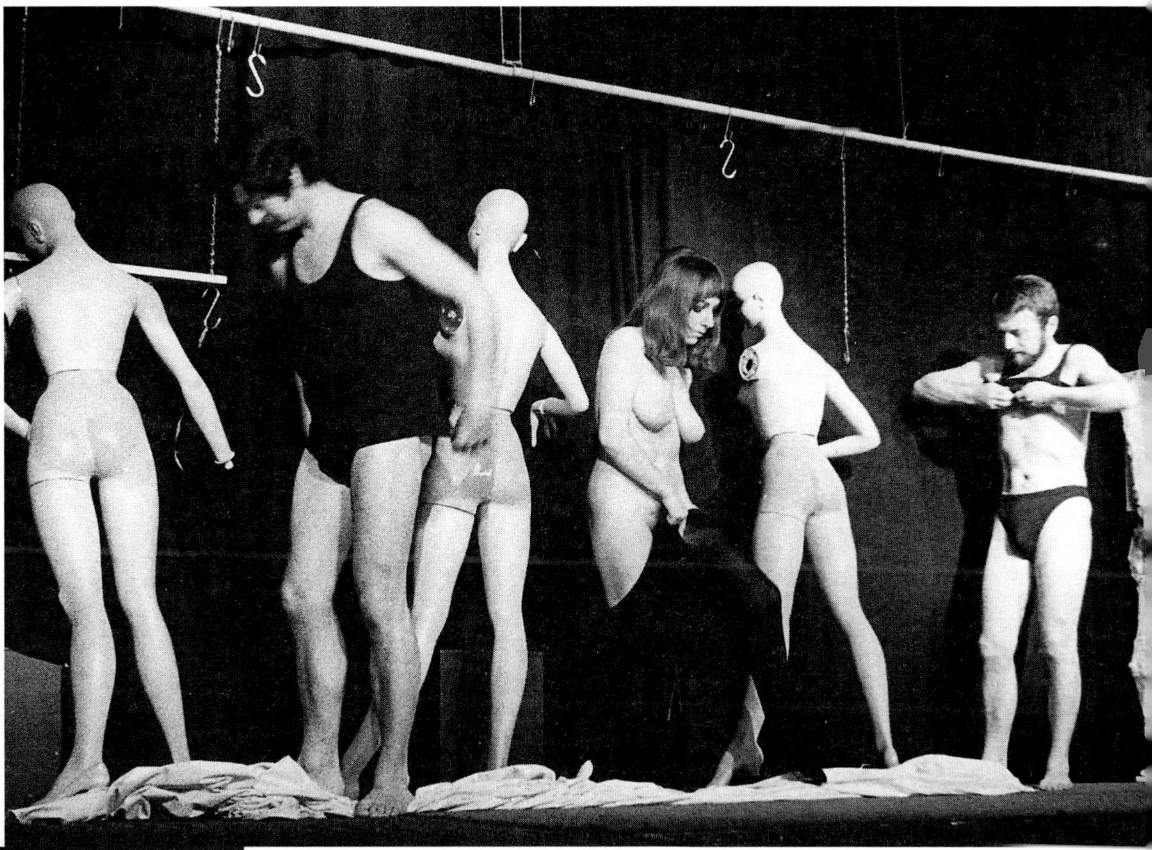

Der Nazi-Tango mit dem Machtwächter-Duo Heinz Herrtrampf/Wiltrud Fischer im Programm „Der Rummel rollt“, 1976.

Unter dem Eindruck der weltweiten Jugendrevolte schreckt auch die Provinz aus ihrem Dornröschenschlaf der fünfziger Jahre auf. Selbst in Großstädten, in denen sich bisher keine kabarettistische Aktivität regte, kommt es zu beachtlichen Neugründungen. Eine davon sind die Kölner „Machtwächter“, die sich im Zuge der Zeit bis hin zum „sozialistischen Kollektiv“ radikalisierten, bevor sie wieder zum Vergnügen des Erkenntnislachers zurückfanden. Es gibt sie noch heute.

Kabarett bedeutet weniger die Form und das Kostüm zu ändern als den Inhalt, bedeutet nicht Symptom-Kritik, sondern System-Kritik … Bleibt in der Opposition! Die Machtwächter, 1969

Am Anfang waren wir schon lustig. Das änderte sich dann durch die APO-Zeit, da war halt Agitprop-Kabarett gefragt … Das war keine Modeerscheinung, sondern es war auch unsere Überzeugung. Und das Spielerische trat etwas zurück. Das haben wir jetzt halt wieder geändert. Wir sind jetzt wieder kulinarischer geworden. Die Machtwächter, 1977

Ein Vierteljahrhundert als Machtwächter aktiv: Duo Fischer-Herrtrampf 1993 im Programm „Brandsätze“.

Es bleibt nicht bei Berlin und Köln. Auch in München wächst das Interesse an Kabarett ohne überlebten Simpl-Schmäh und Schwabing-Schmus. Den Anfang macht das „Rationaltheater", das erst nach einigen Programmen zu seiner Form findet: zur Dokumentation. Höhepunkt ist das für Strafgefangene konzipierte „Sing-Sing-Spiel" mit dem Titel „Knast". Weniger karg als die „Rationalen" geben sich die „Hammersänger", die Ende der Sechziger von der Spree an die Isar umziehen. Ruge, soziologisch geschult und psychologisch geschickt, betreibt kabarettistische Aufklärung als nachvollziehbare Erfahrung – bis heute.

Aufstieg und Fall eines Konzernherrn beschreibt das Kabarett-Stück der „Hammersänger" mit dem Titel „Vorsicht – die Mandoline ist geladen! oder Beutemüller konzertiert zum letzten Mal", 1969: Helmut Ruge und Ulf Borchardt.

Jörg Hube und Helmut Ruge im „Hammersänger"-Programm „Maria Hilf oder Krümel für die Welt", 1971. Wenig später starteten beide Kabarettisten mit eigenen Solo-Programmen.

APO-Kabarett in München gab es im „Rationaltheater" zu erleben. 1968 spielten hier Jochen Busse, Eberhard Peiker, Brigitte Koesters, Reiner Uthoff das Programm „So legt man euch, ihr Brüder".

Neben den jungen Ensembles sind auch – wie Berlins Schandschnauze Wolfgang Neuss – in Westdeutschland Einzeltäter unterwegs, die es mit ihren kabarettistischen Botschaften auf die Brettl-Bühne treibt. Allen voran Dietrich Kittner, der sich einst, Anfang der Sechziger, in Göttingen als „Leidartikler" vorstellte und dann, in Hannover heimisch geworden, über ein Vierteljahrhundert lang als Solist auf die Bühne steigt. Kittners satirischer Biß des Radikaldemokraten kennt keinen Schlingerkurs: zupackend agitproper-fröhlich erinnert da einer an die Hinterlassenschaft der Zwanziger und wendet sie auf die Thematik seiner Zeit an.

Einzel- wie Überzeugungstäter auch Rolf Schwendter, der Ende der Sechziger mit der Kindertrommel unterwegs ist und seine Zuhörer subkulturell unterwandert. Conrad Reinhold von den Frankfurter „Mainingern", vom Leipziger Hause aus kritischer Sozialist, setzt statt dessen auf beherztes Komödiantentum.

Mit einer Kindertrommel gegen den Zeitgeist: Rolf Schwendter. Mit radikaldemokratischen Songs liederte er sich in den politischen Underground der Sub- und Gegenkultur.

Als agitierender Rebell steht Dietrich Kittner seit 1960 auf der Kabarettbühne. Der einstige „Leidartikler", ab 1965 mit Ein-Mann-Programmen unterwegs, legte sich nicht nur auf der Bühne mit der Obrigkeit an. Motto: „Dein Staat – das bekannte Unwesen".

Als Deutschlandstreicher betätigte sich Conrad Reinhold 1966 in seinem Kabarett-Solo – ein „Ost-West-Gaukler als Wunderer zwischen zwei Welten". Der einstige Chef der „Leipziger Pfeffermühle" kam Ende der fünfziger Jahre in den Westen und gründete in Frankfurt die „Maininger"

Gar winzig ist der Unterschied
Im vierten deutschen Reich
Im zweigeteilten Staatsgebiet
Da ist noch vieles gleich.
Denn hier wie dort, da sitzt sie fest
In ihrer Position
Die nicht gern mit sich spaßen läßt:
Die deutsche Reaktion.
Ob CSU, ob SED
Ob Ulbricht oder Strauß
Verfassungsschutz und SSD –
Sie sehn genauso aus.

Den Maulkorb für Satire verpaßte der NDR-Sender 1966 seinem „Hallo Nachbarn"-Team: Joachim Roering, Renée Franke und Richard Münch.

Jeder hat das Recht
Seine Meinung in Wort, Schrift und Bild
Frei zu äußern und zu verbreiten
Und sich aus allgemein zugänglichen
Quellen ungehindert zu unterrichten
Die Pressefreiheit
Und die Freiheit der Berichterstattung
Durch Rundfunk und Film
Werden gewährleistet
Eine Zensur findet nicht statt

Grundgesetz, Artikel 5,1

Keinen Ärger mit Zensur hatten die Medien-Kabarettisten – eher schon mit dem Zensor. „Bis zur letzten Frequenz" hieß die kabarettistische Monatsbilanz, die vom Hessischen Rundfunk ab 1965 regelmäßig gesendet wurde – mit Unterbrechungen. Wolfgang Neuss – hier mit Volker Kühn, dem Autor, Regisseur und Produzenten der „Frequenz"-Serie – war das vertraut: Bereits 1955 hatten ihm die TV-Gewaltigen bei einer Live-Sendung den Ton abgedreht.

Keine Frage: Das zeitkritische Kabarett ist der Medien ungeliebte Muse. Und doch hat es immer wieder Versuche gegeben, die Satire auf Radiowelle und Fernsehfrequenz zu heben, auch wenn sie dort, hier und da bis zur Unkenntlichkeit „entschärft" und ins Nachtprogramm verbannt, eine nur gelegentlich spektakuläre Rolle spielt. Als erstes beachtliches Beispiel für fernsehgerechtes Medien-Kabarett gilt die ab 1963 ausgestrahlte ARD-Sendung „Hallo Nachbarn". Sie teilte das Schicksal all der satirischen Funk-Kabaretts hierzulande – sie wurde nicht alt.

hessischer rundfunk setzte satirische sendung ab

frankfurt, 29. januar (upi).- der hessische rundfunk hat am freitag abend die satirische sendung ''bis zur letzten frequenz'' ueberraschend vom programm abgesetzt. in der sendung wurden an jedem letzten freitag im monat politische ereignisse des monats zeitkritisch und kabarettistisch aufgegriffen. ein sprecher teilte mit, die sendung sei aus technischen gruenden abgesetzt. dann erklang unterhaltungsmusik.

der chef vom dienst des hoerfunks sagte auf anfrage, keinesfalls sei eine zensur der grund fuer die absetzung der sendung. ein vergleich mit ''hallo nachbarn'' – der vom norddeutschen rundfunk abgesetzten fernseh-kabarett-sendung – treffe auf keinen fall zu. ueber die gruende konnte er jedoch keine mitteilung machen. er verwies auf unterhaltungsabteilung des senders, die am montag darue auskunft geben koenne.

zahlreiche hoerer protestierten minuten nach der absetzung bei united press international.

ende

upi 3 rgh br 0020 29.1.66

Ausgefallen oder verschoben

sp FRANKFURT A. M., 14. Mai (Eig. richt). Im dunkeln liegen bisher die Grü dafür, daß der Hessische Rundfunk Ende A seine allmonatliche Kabarettsendung „Bis z letzten Frequenz" kurzfristig abgesetzt ha Wie die Intendanz des Hessischen Rundfunk der „Frankfurter Rundschau" auf Anfrage mitteilte, traf die Programmdirektion ihre Entscheidung am Nachmittag vor dem Sendetermin, da an jenem Tage plötzlich „neues Material" vorgelegen habe, mit dem „die Redaktion nicht mehr fertig werden konnte". Die Kabarettisten selbst hätten erklärt, daß sie in der Kürze der Zeit die Sendung nicht mehr aktualisieren könnten. Die Sendung sei deswegen „verschoben" worden. Neuer Termin sei Ende Mai. Auf die Frage, ob das nicht der turnusmäßige Termin der nächsten Sendung sei, räumte der Sprecher der Intendanz, Arnold, ein, die April-Sendung sei nicht verschoben, sondern ausgefallen.

Themen der ausgefallenen April-Sendung, an der unter anderen der Berliner Kabarettist Wolfgang Neuss mitwirkte, waren dem Vernehmen nach die österlichen Studentendemonstrationen. Der verantwortliche Redakteur, Mitautor und Produzent der Sendung, Volker Kühn, sagte der FR am Montag, ihm sei von dem Eingang neuen Materials zum Thema der Sendung am fraglichen Tage nichts bekannt.

Auf wackligem Stuhl saß Richard Münch, der Moderator der „Hallo Nachbarn"-Sendung. Satire war und blieb bis heute der Medien ungeliebtes Kind.

Dennoch: Das Beispiel „Hallo Nachbarn" macht Schule. 1973 folgt im ZDF das von Dieter Hildebrandt moderierte Satire-Magazin „Notizen aus der Provinz", das es immerhin auf 68 Folgen bringt, eingerechnet die, die zwar produziert, aber kurzfristig – auf Weisung „von oben" – aus dem Programm gekippt werden. 1979 kommt dann das Aus für die Sendereihe. Ein Jahr später findet sie eine Fortsetzung im „Scheibenwischer", der seither von der ARD ausgestrahlt wird.
Höhepunkte dieses TV-Kabaretts fallen in der Regel zusammen mit dem Skandal, der da beginnt, wo die Fernsehgewaltigen ihm ein Ende machen wollen: die Sendung über den Rhein-Main-Donau-Kanal aus dem Jahr 1982, die ernsthaft das bayerische Kabinett beschäftigt, oder die über die verstrahlte Tschernobyl-Welt, aus der sich das Bayerische Fernsehen kurzerhand ausblendete.

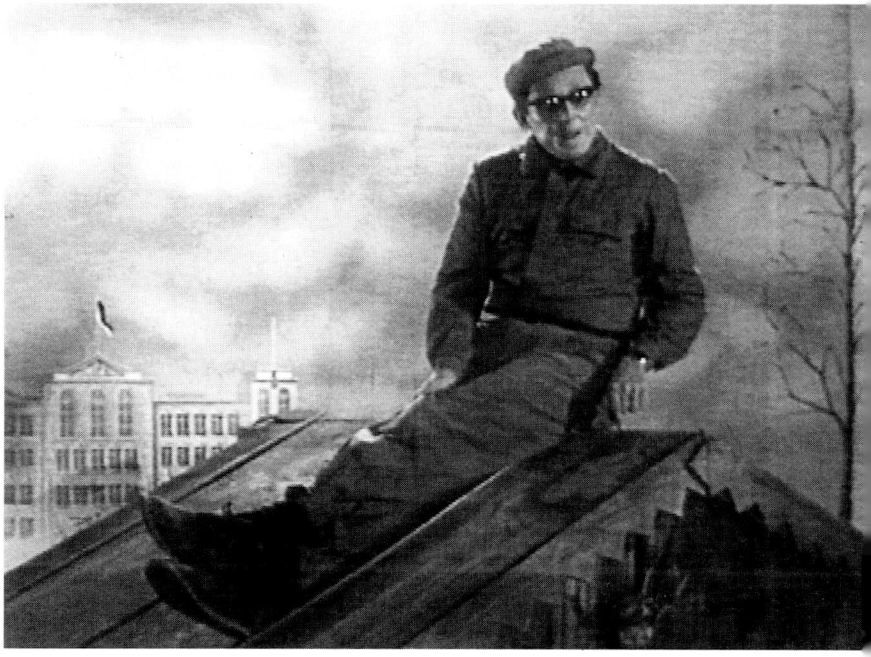

Als TV-Dachdecker hielt der Kabarettist Hildebrandt schon 1961 in der Sendung „Die Rückblende" nach politischen Pointen Ausschau.

Durch Fernseh-Auftritte populär: Dieter Hildebrandt. Ab 1973 moderierte er die ZDF-„Notizen aus der Provinz" – bis zum bitteren Ende.

Das Kabarett braucht einen Spielraum, das Kabarett muß die Möglichkeit haben, kritisch zu formulieren, Überspitzungen und Provokationen als Stilmittel einsetzen zu können. Aber es gibt eine Grenze auch im Kabarett.

BR-Intendant Reinhold Vöth, 1986

Wir sind kein Privattheater, wir sind kein Kellertheater. Was ein Kabarett in seinem Keller oder in seinem Beisel machen kann, das ist was anderes als das, was über ein öffentlich-rechtliches Institut läuft, wofür eine Verantwortung vorhanden ist, und zwar nach Gesetz und Recht beim Direktor und beim Intendant ... Die Satire muß einen Hauch noch haben von Verständnis und von Zuwendung ...

BR-Fernsehdirektor Helmut Oeller, 1986

„Scheibenwischer" unter sich: Dieter Hildebrandt und Sammy Drechsel, die 1980 ihr TV-Kabarett im ARD-Programm etablierten.

1968 gings ums Überleben für die etablierten Kabaretts. Folglich erbaten sie sich Denkhilfe von den APO-Satirikern. Für das Programm „Der Moor ist uns noch was schuldig" der Lach- und Schießgesellen Hans J. Diedrich, Ursula Noack, Dieter Hildebrandt und Klaus Havenstein hielt Wolfgang Neuss Tips und Texte bereit.

Mit dem eigenen Gewerbe ging 1969 das Düsseldorfer „Kom(m)ödchen" ins Gericht. In seinem Programm „Es geht um den Kopf" persiflierten Jochen Piel, Lore Lorentz, Ernst H. Hilbich, Glenn Waldbaum und Werner Vielhaber auch den eigenen Stil.

Erinnern Sie sich noch? Vor zehn bis zwanzig Jahren?: „Wenn es dem Kom(m)ödchen nicht gefällt ..." Diese Feinheiten, dieser humanistische Doppelsinn! Diese Szenchen! Und Chörchen! Und Bonner Parkettchen! Schmuckstückchen von Spitzenniveau! Und wie die Pointen spritzten ... Und dazwischen dann das Mahnende, der besinnliche Fingerzeig, die Betroffenheit im Spot: die Lore Lorentz-Soli, drei, vier pro Programm ...Und was haben wir nicht alles durch den Kakao gezogen ... und was haben wir gelacht! Und was haben Sie alle mitgelacht! Wir dienten dem Staat – mit Salmiak-Plus, wir waren das frivole Feigenblatt der Nation. Wir wußten Bescheid, Sie wußten Bescheid, wir waren eine große augenzwinkernde Familie.
Wir kämpften gegen die Wiederbewaffnung – bis wir sie hatten, gegen die Notstandsgesetze bis wir sie hatten, und gegen die Ex-Nazis bis wir einen als Kanzler hatten ... Was haben wir gegen die Verbrechen dieser verrotteten, korrumpierten Gesellschaft getan? Wir haben sie ästhetisch formuliert!

Lore Lorentz im „Kom(m)ödchen"

Kabarett-Kakophonien im Folklore- und Schlagergewand machten das Nonsens-Quartett „Insterburg & Co.“ weit über Berlin hinaus populär: Karl Dall, Peter Ehlebracht, Ingo Insterburg und Jürgen Barz.

Gesungener Nonsens-Spaß war die Spezialität der Spottdrosseln unter den Berliner Liedermachern: Wolfgang Schulz und Lothar Lechleiter kabarettelten erfolgreich als Schobert & Black mit Blöd- und Tiefsinnigem.

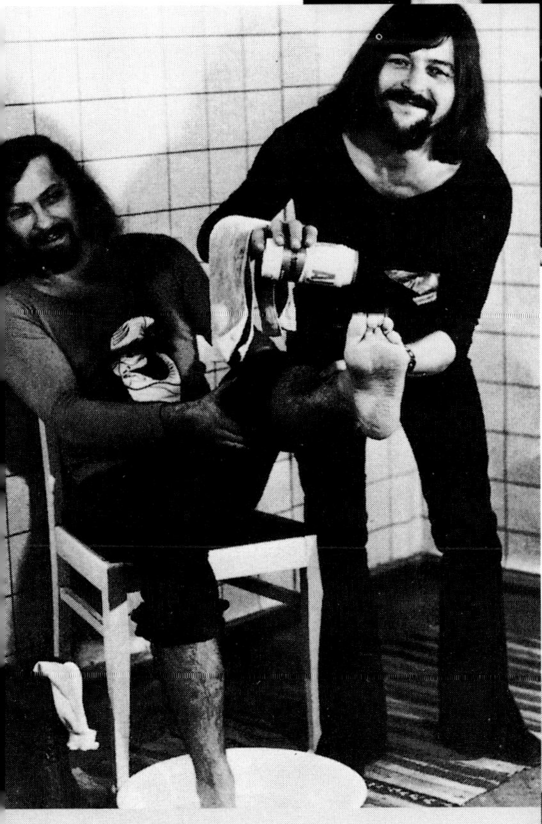

Unruhige, lebendige Sechziger: In dem Maße, in dem sich manch ein Kabarettist im theoriefixierten Übereifer seines außerparlamentarischen Engagements gelegentlich im Polit-Soziologen-Chinesisch verliert, gibt's auf dem Brettl auch anderes – brillant-bösartige Nonsens-Dollerei, unterhaltend-hintergründige Dialekt- und Regional-Psychogramme oder einfach kulturkritischen Jux: Von den Insterburgs bis zu Schobert & Black und Jürgen von Manger alias Adolf Tegtmeier.

Ruhrkumpel Tegtmeier lieh Jürgen von Manger ein Vierteljahrhundert lang auf der Kabarettbühne Stimme und Figur: eine Alltagstype, die sich im Gestrüpp kleinbürgerlicher Bildung und Konvention verfängt.

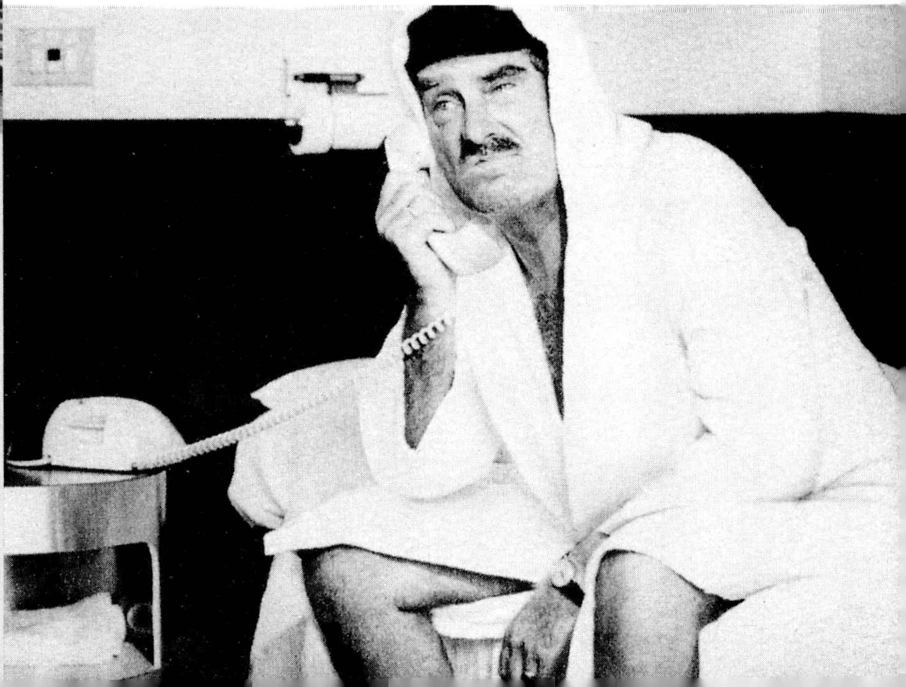

Herr, ich bin stolz, daß ich Dir diene
Ich danke Dir fürs Abendbrot
Verschon mein Haus vor Margarine
Und mach den bösen Mao tot
Bewahr die Brüder in der Zone
Vor allzu großem Ungemach
Ich danke Dir, Herr, daß ich nicht wohne
In Dresden oder Eisenach
Laß uns die Freiheit, die wir meinen
Verteidigen gen Gelb und Rot
Nimm meinen Ausschlag von den Beinen
Und mach den bösen Mao tot

Polit-Ulk und APO-Späße brachten Fritz Teufel und Rainer Langhans in den Sechzigern auf die Straße und gelegentlich vor den Kadi. Kabarett-Pointe und Nonsens-Klamauk wurden zum Mittel der politischen Auseinandersetzung.

Nachdem Opas Kabarett für tot erklärt und ihm eine lustige Leichenfeier ausgerichtet worden ist, geht man auf die Straße – der Demo und des Kabaretts wegen. Altgediente Profis müssen zuweilen erkennen, daß die besseren, weil zeitgemäßeren Pointen hier unter freiem Himmel gemacht, inszeniert und gelebt werden und dabei weit mehr Wirkung zeigen als all das radikaldemokratische Engagement im Kabarettkeller. Da bleibt man, wie schon so oft, weitgehend unter sich. Anders bei den schrillen Happening-Auftritten, mit denen studentische Polit-Clowns wie die beiden Kommunarden Fritz Teufel und Rainer Langhans dem braven Bürger den Atem verschlagen. Viele Kabarettisten, darunter Wolfgang Neuss, das „Reichskabarett“ und das „Bügelbrett“, geben auf.

Zwischen Vorgestern und Übermorgen

Kabarett in dieser Zeit

Der 68er Traum ist ausgeträumt, das Erwachen bringt Ernüchterung. In den Siebzigern wird vieles nicht mehr so heiß gegessen, wie es vordem angekocht worden war. Die Politik gibt sich reformfreudig, es ist die Zeit der großen Sprüche: Die Botschaft hört man wohl – allein selbst da, wo der Glaube fehlt, nimmt man das nicht mehr ganz so wichtig.

In der Szene tut sich was: aus der Szene für die Szene und hier und da sogar für die „Szien“ – Anarcho-Späße und Stadtguerilla-Ulk. Da kommt Freude auf, denn die Lage ist hoffnungslos, aber nicht ernst, und die Stimmung ist horrormäßig wie ein Fronttheaterspruch oder der Tornado-Trip, der gute Laune verspricht. Motto: Lacht kaputt, was euch kaputtmacht.

Frischer Wind weht auch aus der Provinz in die Kabarett-Metropolen. Kabarett als Gestus, der Kabarettist als originelle Type und gewachsenes Original, weniger Dialektik, mehr Dialekt. Man setzt aufs Komödiantische, das sich souverän und weniger aufgeregt als zuvor satirischer Mittel bedient. So bricht man starre Publikumsbarrieren auf, man wendet sich nicht mehr ausschließlich an die eine oder andere Klientel, sondern läßt mehrheitsfähig anlachen.

Kabarett in dieser Zeit – man tingelt sich so durch. Zu zweit oder gleich allein mit einem Solo, das auf gute Laune setzt, die großen Themen tiefer hängt und eher amüsiert als beunruhigt.

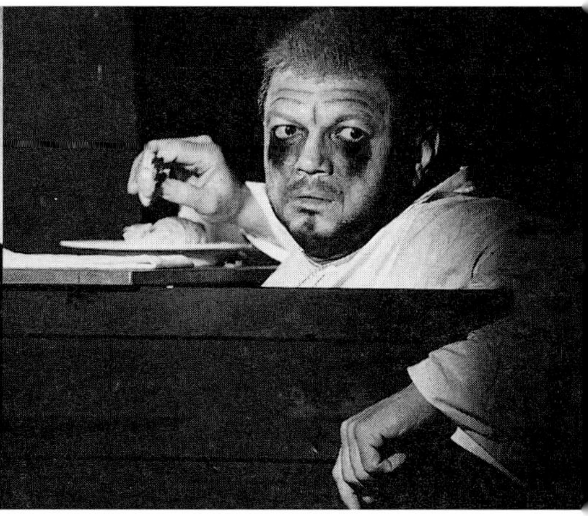

Berlin und München – seit den Gründerjahren entwickelt sich zwischen den beiden Städten eine lebendige, sich gegenseitig befruchtende Brettl-Konkurrenz. Bereits um die Jahrhundertwende sahen viele Kritiker im Scharfrichter-Team das eigentliche Überbrettl und die, wie Alfred Kerr meinte, „bessere Kopie“ des Pariser Originals. Auch nach dem Zweiten Weltkrieg gingen wesentliche Impulse für das Nachkriegs-Kabarett von der Isar-Metropole aus, wo die Schaubude und die Kleine Freiheit neue Akzente setzten. In den siebziger und achtziger Jahren, nachdem der Lärm um das Ob, das Wie und das Wozu zeitgemäßen Kabaretts allmählich verstummt, meldet sich der Süden wieder zu Wort. Mit einer Vielzahl neuer Talente, die ebenso original wie originell die große Bandbreite kabarettistischer Möglichkeiten bedienen.

Kraftvolles Volkstheater kommt in den Siebzigern mit den bayerischen Kabarettisten aufs Brettl. Mit dabei die zupackend bissige Lisa Fitz sowie Siegfried Zimmerschied, Urgestein aus schwarzer Passau-Provinz, Philip Arp, der zerbrechliche Valentin-Nachfahr, und Jörg Hube, der komödiantische „Herzkasperl“ (Bildleiste oben).

Recht ungemütlich kann es werden, wenn Gerhard Polt gemütlich wird: So entsteht scharfkantige Satire und rabenschwarzer Humor. Wenn er in den Abgründen des deutschen Gemütes herumstochert, würgt das Publikum an Erkenntnislachern.

Bayerns Biermösl Blosn bringen Volksmusik und Satire zusammen. Die urmusikalischen Brüder Christoph, Hans und Michael Well, hier in der Revue „Diri Dari“, gehen auch mit Polt auf Tour.

Ein Lied vom Tod mischt Josef Hader mit Vorliebe zwischen zwei Lacher als Mittel der rabiaten Verunsicherung: Kabarett als Schocktherapie. Ein Programmtitel wird Motto: „Biagn oder Brechn".

Als skurriler Absurdist bringt Otto Grünmandl aus Tirol Farbe in die Kabarettszene. Erst als Fünfzigjähriger stieg er solo aufs Brettl.

Den Song als Waffe weiß Konstantin Wecker gegen Dummheit, Kleinbürgerei und Vergeßlichkeit ins Feld zu führen. Seine politischen Lieder wie das vom „erschlagenen Willy" gehören bereits zu den „Klassikern" des engagierten Kabaretts.

„Talk täglich" hieß das erste Duo-Programm, das Werner Schneyder und Dieter Hildebrandt 1974 zu einem brisanten kabarettistischen Doppel zusammenführte. Letzter Programmtitel: „Ende der Spielzeit", 1981.

Am besten bös haben es die drei vom „Vorläufigen Frankfurter Fronttheater", wenn sie in den achtziger Jahren nach allen Seiten austeilen: Matthias Beltz, Hendrike von Sydow und Dieter Thomas. 1976 hatten sie bereits – als Teil von „Karl Napp's Chaos Theater" – mit Sponti-Sprüchen Polit-Frust vertrieben.

„Institut für Lebensmut" nennt sich das Kabarett, mit dem 1983 im Berliner Grips-Theater die „Reichskabarett"-Tradition noch einmal wiederaufleben soll. V.l.: Bernd Vollbrecht, Sabine Lorenz, Stefan Gossler in „Zukunft – warum denn?"

Als die linksorientierten Aporistiker Ende der sechziger Jahre das Kabarett, zumindest das alte, für tot erklären, ist noch offen, wie es weitergeht. Nachdem klar wird, daß sich die Welt über Nacht nicht ändern läßt, schon gar nicht vom Kleinkunstkeller aus, gibt es auf der Kabarettbühne neuerdings Schrilles zu entdecken: unangepaßten Klamauk, dadaverwandten Nonsens, anarchischen Blödsinn und ungezügelte Klamotte – auf die Szene gebrachter brandneuer Zeitgeist. Gutgemeintes wie Bessergewußtes hat abgewirtschaftet. „Wir meinen es nicht gut mit irgendwem", verkünden die Frankfurter Sponti-Spaßmacher von „Karl Napp's Chaos-Theater", „drum ist es auch so gut, was wir meinen. Politik nähert sich ihrem Ende." Gegen Tabus wird nicht mehr angerannt, sie werden weggelacht. Berührungsängste – keine. Nicht einmal die gegenüber der vielgeschmähten Region, die da Kalau heißt.

Münchner Crüppel Cabaret nennt sich die Truppe, zu der auch Behinderte gehören. Das „Rolli"-Ensemble, kein Therapie-Unternehmen, eher eine Art Aufklärungs-Stoßtrupp, setzt seit 1982 mit kabarettistischen Mitteln Vorurteile in Szene.

Kabarett einmal anders: das Improvisationstheater „Springmaus". Zurufe aus dem Publikum machen die Bonner Truppe erst munter.

Szene-Kabarett pur sind die Auftritte der Drei Tornados. Die Berliner Spaßguerilla, 1977 gegründet, ist über ein Jahrzehnt „spontan, unberechenbar und verbal radi-radikal" in deutschen Landen unterwegs. V.l.: Günter Thews, Arnulf Rating, Holger Klotzbach.

Wir sind süß, aber doof
Wir sind doof, aber süß
Und wer will uns
Denn so was verbieten?
Wir sind bäh und sind iih
Und verstehn uns selber nie
Und wir sind auch
Im Bett große Nieten.
Ja, wir sind dümmer als die Polizei erlaubt
Drum kann uns keiner was
Und singen schief und das noch laut:
Wir sind süß, aber doof
Wir sind bäh und sind iih
Wir sind doofy und easy und iih ...

Wunderbar geschmacklos geht es im Münchner Revuekabarett „Blackout" zu: Uli Bauer, Walter Zauner, Angelika Beier, Michael Baran, Erika Fischer, Sol de Sully, Thomas Bogenberger und Hans Heumann in „Mach's nochmal, Noah!", 1983.

„Cabarett des Westens" will das Berliner CaDeWe machen, das ab 1977 sein Comic-Theater zwischen schwarzer Satire und radikalem Polit-Ulk ansiedelt: „Avanti dilettanti" mit Suse Köhler, Gabi Herpers, Klaus Schindler und Jürgen Müller, 1981.

Als „fahrender Poet" ist Hanns Dieter Hüsch nun schon vier Jahrzehnte lang auf Kabarettachse, zeitweise begleitet von seinem „Hagenbuch" oder auch von „Tante Frieda". Das „schwarze Schaf vom Niederrhein" läßt zuweilen, wie viele seiner Solo-Kollegen, auf der Bühne durchblicken, in welcher Region man seine Wurzeln hat – ähnlich wie der Schwabe Richling, der Berliner Buchholz, der norddeutsche Steffen oder der niederbayerische Jonas.

Mit fuchtelnder Gestik führt Mathias Richling skurrile Gedankengänge spazieren. Hinter der Maske des Biedermanns versteckt sich einer, dessen Wortwitz und Spott gefürchtet sind.

Journalismus als Spiel mit den Möglichkeiten des Kabaretts: Martin Buchholz – ein satirischer Wortklauber in der Neuss-Nachfolge.

Politiker im Kabarett: „Nu komms du!“ – Jochen Steffen gab Mitte der siebziger Jahre seinen Politposten als SPD-Oppositionsführer in Schleswig-Holstein auf, wurde Journalist und Kabarettist. Auf der Kleinkunstbühne war er als Kuddl Schnööf mit seinen „achtersinnigen Gedankens und Meinungens von die sozeale Revolutschon und annere wichtige Sachens“ populär.

Satire im Köcher: Bruno Jonas (rechts) schießt seine kabarettistischen Pfeile mit Vorliebe gegen die Statthalter und Mächtigen ab – in Solo-Programmen auf der Bühne, in Spielfilmen und im Fernsehen.

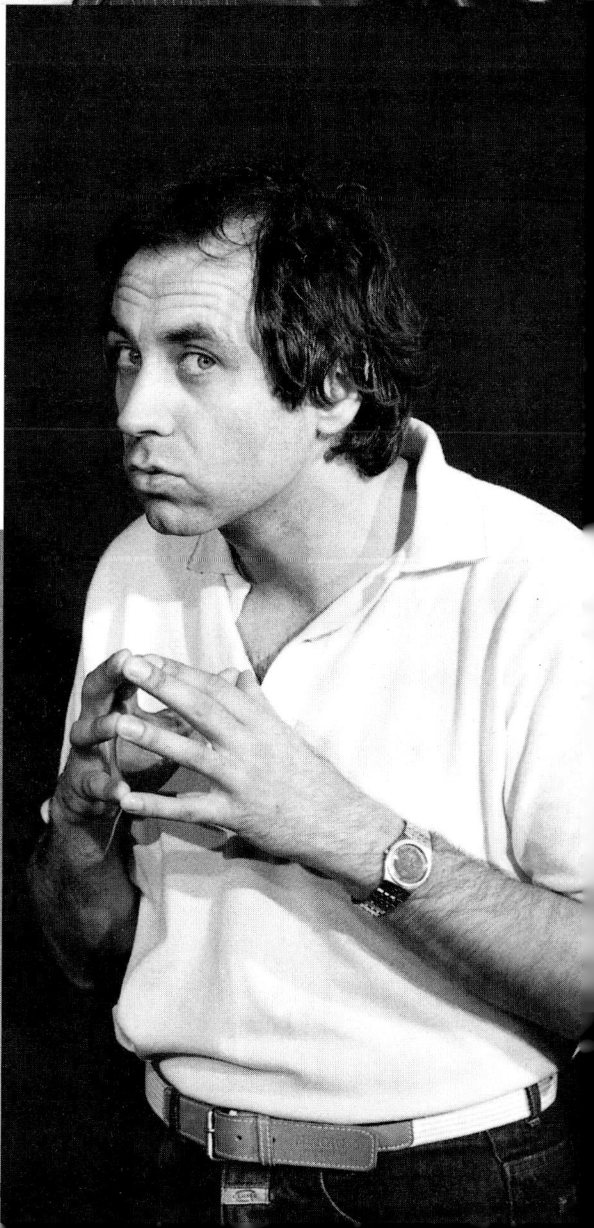

Totgesagte leben länger: Das Kabarett, so scheint es, ist nicht unter den Rasen zu kriegen. Und doch haben manche etablierte Ensembles wieder mal ums Überleben zu kämpfen. Die Münchner Lach- und Schießgesellschaft, hier 1990 mit Rainer Basedow, Renate Küster, Jochen Busse und Henning Venske im Programm „Altes oder Nichts“, spielt fürs erste erstmals als Trio weiter.

Das Kabarett, die alte, ewig junge quicklebendige Leiche, wird mal wieder totgesagt in diesen Tagen. Wie schon so oft. Und doch tut sich was. Das große Kabarett-Ensemble, hierzulande vor knapp einhundert Jahren vom Brettl-Baron Freiherr von Wolzogen in seinem Bunten Theater „Überbrettl“ etabliert, hat es Anfang der Neunziger schwer im eigenen Haus: zu fix die Kosten, zu unbeweglich das Programm, zu ungewiß der Publikumszuspruch. Umherreisende Duos und Solisten rechnen sich da schon eher. Ist Wolzogens Brettl-Bande ein aussterbendes Modell?

Kurz vor zwölf für das Kabarett alter Schule? „Ende offen“ hieß 1981 das „Kom(m)ödchen“-Programm mit Lore Lorentz und Thomas Freitag. Für das Ensemble-Kabarett ist ein Ende der Spielzeit in Sicht. Diseuse Lore Lorentz ist inzwischen von der Bühne abgetreten, Thomas Freitag hat mittlerweile eine beachtliche Solo-Karriere gemacht.

… UND WIE WEITER?

Das DDR-Kabarett nach der Wende – es hat sie überlebt. Zumindest die etablierten Profi-Ensembles wie die Berliner „Distel“, die Dresdner „Herkuleskeule“, die Potsdamer „Obelisken“, die Magdeburger „Kugelblitze“, die Leipziger „Pfeffermüller“ und „Academixer“ konnten sich fürs erste behaupten.

Auf Jahrzehnte von Staats wegen gehätschelt, bevormundet und bezuschußt, sehen sie sich über Nacht marktwirtschaftlichen Zwängen ausgeliefert: Abbau des gigantischen Apparats mit Groß-Ensembles, Dramaturgen, Direktoren und Intendanten. Nun streicht der Rotstift keine Pointen mehr, nur noch Planstellen. Das Plansoll: GmbH – Gesellschaften mit beschränkter Hoffnung? Manch Klagelied ist da zu hören, manch regionales Weh und Ach wird da besungen, auch auf der Bühne.

Kennzeichen D: Für das Kabarett in den neuen Bundesländern ein Neubeginn. Gisela Oechelhaeuser im „Distel“-Programm „Wir haben uns übernommen“, 1992. Die Ex-„Academixerin“ und einstige Vizepräsidentin des DDR-Komitees für Unterhaltungskunst leitet seit Februar 1990 Berlins „Kabarett-Theater am Bahnhof Friedrichstraße“ – als Intendantin.

Beerdigungsstimmung bei der „Herkuleskeule“: Rainer Bursche, Birgit Schaller, Manfred Breschke und Gloria Nowack im Programm „Gibt es ein Leben vor dem Tod?“, 1992: „Kassandra macht uns nicht mehr munter, wir gehen mit Bewußtsein unter“.

… und wie bitte weiter? Anke Geißler und Jürgen Hart von den „Academixern“ in ihrem Programm „… alles gelaufen …“, 1991.

Nein, natürlich sind wir nicht am Ende. Ganz im Gegenteil. Am Ende der DDR steht auch für uns ein Anfang. Unser Anfang mit Deutschland. Wir werden es dem neuen Deutschland genau so schwer machen, wie wir es der alten DDR schwergemacht haben.

„Distel“-Chefin Gisela Oechelhaeuser, 1990

Die „Herkuleskeule“ war bisher das Kabarett der Stadt Dresden, es gab nur ein Kabarett, und das gehörte der Stadt Dresden. Die Stadt gehörte dem Staat. Der Staat gehörte der Partei. Die „Herkuleskeule“ war das Kabarett. Das war einmal …

„Herkuleskeule“, 1993

Wir passen noch nicht ins System. Weil wir in diesem System so vieles unpassend finden.

„Leipziger Pfeffermühle“, 1992

Das Kabarett-Duo: es findet zusammen, was zusammengehört, für eine Weile wenigstens – Produktionsgemeinschaften auf Zeit. Je nach Thematik, Programmatik, Lust und Laune stößt da Beltz auf Pachl, Pachl auf Rating, Rating auf ... Keine Frage: Der Trend geht weg vom Ensemble, hin zur Klein-Gruppierung des frechen, flotten Zweier.

Eine Entdeckung machen Wenzel & Mensching und sind selbst eine: Dada plus Nonsens plus Slap.

Zwei Paar Schuh und doch ein Paar: Dieter Thomas und Hendrike von Sydow mit dem Ex-„Frankfurter Fronttheater"-Touch.

Auf der Bühne zu zweit: Konejung und Schroth, das gnadenlos deutsche Duo der Neunziger (o.l.); Krauss und Regenauer in „Koste es, was Sie wollen" (l.); das bier-ulkige Ex-„Academixer"-Paar Böhnke-Lange (u.l.) und die schalknackigen „V.E.V.-Kabarett"isten Frank Küster und Dieter Nuhr (u.).

Die „Missfits“ Gerburg Jahnke und Stephanie Überall aus Oberhausen kommen vom Straßentheater und touren bereits seit 1984: ein frauenbewegtes Spektakel

Knobi-Bonbon-Kabarett: Türkische Pointen für deutsche Mitbürger mit Sinasi Dikmen und Muhsin Omurca – mehr als reine Brettl-Exotik.

Pachl und Rating als Paar sind neu. „Wo andere beten“ hieß 1991 ihr Doppel. Man kennt sie auch anders: Heinrich Pachl als „wahren Anton“ und Arnulf Rating als „Drittel-Tornado“.

Kölsch für ganz Europa: Pause und Alich als bösartig bissige „Piranjas“ aus dem rheinländischen Provisorium Bonn.

„Machtasyl“ als Domizil entdeckten Urban Priol und Helga Siebert für ihr politisierendes Brettl-Duett.

Kabarett der Neunziger – es geht auf die Jahrhundertwende zu wie damals, vor hundert Jahren, als Brettl-Baron Wolzogen erste Pläne für ein deutsches Cabaret schmiedete. Es scheint, als komme heute das große C wieder zu späten Ehren, nachdem ihm die Polit-Satire in den Zwanzigern so nachhaltig den Garaus gemacht hatte. Das Kabarett unserer Tage kommt zunehmend solo auf die Bühne: Im requisitenarmen Monolog wendet man sich mehr und mehr von den „großen" Themen ab und den kleinen Dingen des Alltags zu. Dem wird zwar manch munterer Lacher abgewonnen, aber selten politischer Witz. Das mediale Schlagwort vom Infotainment macht im Kleinkunstkeller die Runde, und die Medien sind dabei, wo Stimmen-Versteller grimassieren, wo gekitzelt statt gekniffen wird. Kabarett als Wille zur Veränderung ist rar geworden.

Die aktuelle Kabarett-Parade der frühen Neunziger von links nach rechts: Matthias Deutschmann, Erwin Grosche, Herbert Bonewitz, Jörg Maurer, Gerd Dudenhöffer, Ottfried Fischer, Georg Schramm, Stephan Wald, Konrad Beikircher, Harald Schmidt, Jockel Tschiersch, Michael Quast, Dietrich (Piano) Paul, Gabi Lodermeier, Hans Scheibner, Wolfgang Krause-Zwieback.

Kabarett als Schauspiel, in dem sich Postalternatives spiegelt: Richard Roglers kleines Welt- und Taschentheater verzerrt die Wirklichkeit bis zur Kenntlichkeit. Das Ergebnis ist das Polit-Psychogramm einer schönen Gesellschaft.

Gnade für niemand, aber Freispruch für alle hat Matthias Beltz für seine Zeitgenossen parat, wenn er sich für seine Kabarett-Klientel jene Robe überzieht, die er nach dem Jurastudium an den Nagel hängte: die Welt als Pointe.

Das deutsche Überbrettl, das Herr von Wolzogen in Gang setzen will, mag willkommen sein, wenn es Athleten, Schweine, Trapezhüpfer, Kugelwerfer zurückdrängt mit den bittersüßen, den höllisch-himmlischen Liedchen.

Alfred Kerr, 1900

Ein Kabarett ohne Angriffsfreudigkeit, ohne Kampflust ist lebensunfähig.

Friedrich Hollaender, 1932

Wenn du dich schon nicht zuzuschlagen traust, dann tritt wenigstens die Tür ein!

Aristide Bruant, 1885

„Die zehnte Muse“ heißt die zwölfteilige TV-Serie, die Volker Kühn (hier mit Hanns Dieter Hüsch) für das ZDF über die Geschichte des Kabaretts gedreht hat. Die erste Folge, „Vom Cabaret zum Kabarett“, wird von Hüsch präsentiert, ferner moderieren Dieter Hildebrandt, Lore Lorentz, Gerhard Polt, Werner Schneyder, Martin Buchholz, Heinrich Pachl, Thomas Freitag, Mathias Richling, Bruno Jonas, Josef Hader und Richard Rogler.

Volker Kühn schrieb und inszenierte fürs Theater und Kabarett, für Funk und Fernsehen. Seine kabarettistische Monatsbilanz „Bis zur letzten Frequenz“ wurde über viele Jahre vom Hessischen Rundfunk ausgestrahlt. Mitarbeit beim Berliner „Reichskabarett“ und den „Wühlmäusen“. 1973 startete er zusammen mit Dieter Hildebrandt die ZDF-„Notizen aus der Provinz“. Zahlreiche Fernsehsendungen, darunter die Film-Satiren „Die halbe Eva“, „Euer Clown kann ich nicht sein“, „Hochkant“, „Der Eremit“ sowie das Neuss-Porträt „Ich lache Tränen, heule Heiterkeit“ und TV-Dokumentationen über die NS-Unterhaltung und das Kabarett im KZ. Schrieb und inszenierte diverse Kabarett-Revuen, darunter das Revolutions-Spektakel „Libertäterä“ und das Dada-Apokalyptical „Quaale Traum erdrosselt meine Singe“. Die UFA-Revue „Bombenstimmung“ wurde im Berliner Theater des Westens uraufgeführt. Songtexter für „Turos Tutti“ und das Musical „EinsZweiDrei“. Polit-Satire auf Schallplatten: „Wie die Alten singen“, „Pol(h)itparade“, „Musik aus Studio Bonn“.
Buchveröffentlichungen: „Leise rieselt der Schmäh“ (Wende-Parodien zur Lage der Nation), „Gedicht aus Bonn“ (Wegwerf-Lyrik aus dem Bundestag), „Spötterdämmerung“ (Vom langen Sterben des großen kleinen Friedrich Hollaender), „Das Kabarett der frühen Jahre“ (Ein freches Musenkind macht erste Schritte) sowie zusammen mit Günter Walter: „Ich bejahe die Frage rundherum mit Ja“ (Einführung in die Kanzlersprache) und „Schöner Wählen“ (Ratgeber für den mündigen Staatsbürger). Herausgeber von „Neuss Testament“ (Eine satirische Zeitbombe), „Tunix ist besser als arbeitslos“ (Sprüche eines Überlebenden), „Das Wolfgang Neuss Buch“, „Zurück, Genossen, es geht vorwärts!“ (Satiren, Songs, Sarkasmen), „Kleinkunststücke“ (Eine Kabarett-Bibliothek in fünf Bänden).

Chronik

1880 Kölner Dom vollendet – Anhalter Bahnhof in Berlin eröffnet – Erster Rechtschreib-„Duden“ erscheint – Jacques Offenbach stirbt in Paris

1881 Berlin erhält Telefon und „Elektrische“ – Bismarck kündigt Sozialgesetzgebung an – In Paris eröffnet der Maler Rodolphe Salis sein Kneipen-Kabarett „Chat noir“

1882 Robert Koch entdeckt Tuberkel-Bazillus – Salis gibt Pariser Wochenzeitung „Le Chat noir“ heraus

1883 Reichstag billigt Gesetz zur Krankenversicherung – Marx stirbt in London – Daimler stellt ersten Benzinmotor vor

1884 Deutschland greift nach Kolonien in Afrika – Benz entwickelt „Motorwagen mit Gasbetrieb durch Benzin“ – Nipkow-Scheibe vorgestellt

1885 Maurer-Streik in Berlin – Daimler stellt erstes Motorrad vor – Salis-Kabarett zieht in die Rue de Laval um, Bruant eröffnet im „Chat noir“ sein eigenes Kabarett: „Le Mirliton“

1886 Reichstag betreibt per „Germanisierungs-Gesetz“ deutsche Siedlungen in Westpreußen und Posen – Bayern-König Ludwig II. ertrinkt im Starnberger See

1887 Berliner „Wintergarten“ eröffnet – Emil Berliner erfindet das Grammophon – Erste Telefon-Leitung Berlin-Hamburg

1888 Drei-Kaiser-Jahr: Wilhelm II. besteigt den Thron – Erste brauchbare Trockenbatterie vorgestellt

1889 Bergarbeiter-Streik im Ruhrgebiet – Pariser Eiffelturm höchstes Bauwerk der Welt

1890 Sozialistengesetz aufgehoben – Bismarck wird entlassen – Sozialdemokraten werden stärkste Partei – Aristide Bruant gibt Chanson-Sammlung „Dans la Rue“ heraus – Yvette Guilbert beginnt ihre Chanson-Karriere

1891 SPD verabschiedet „Erfurter Programm“ – Lippmann entwickelt die Farbfotografie

1892 Buchdruckerstreik erfolglos – Cholera-Epidemie in Hamburg fordert 8000 Menschenleben

1893 Wahlen bringen Rechtsruck – Wirtschaftskrise in Deutschland – Patent für Dieselmotor

1894 Reichstagsgebäude eingeweiht – Dreyfus-Affäre in Frankreich – Hottentottenaufstand in Deutsch-Südwestafrika

1895 Röntgen-Strahlen entdeckt – Brüder Skladanowsky führen im Berliner „Wintergarten“ die ersten „lebenden Bilder“ vor – Friedrich Engels stirbt in London – In Berlin entsteht der Künstlerkreis „Die Galgenbrüder“ um Christian Morgenstern und Max Reinhardt

1896 In Athen finden die ersten Olympischen Spiele der Neuzeit statt – Hafenarbeiterstreiks in Hamburg – Berlin beginnt mit dem U-Bahn-Bau – Satire-Blatt „Simplicissimus“ erscheint

1897 Erster Kunststoff hergestellt – Pariser „Chat noir“ schließt seine Pforten – Rodolphe Salis gestorben – Bierbaums „Stilpe“-Roman erscheint

1898 Bismarck gestorben – „Simplicissimus“ glossiert kaiserlichen Palästina-Besuch: Zeichner Th. Th. Heine wird wegen Majestätsbeleidigung verurteilt – Y. Guilbert gastiert in Berlin

1899 Festungshaft für Wedekind wegen Majestätsbeleidigung – Burenkrieg in Südafrika – Pariser Kabarett „La Roulotte“ gastiert in Berlin

1900 Bülow wird Reichskanzler – Das Deutsche Reich hat laut Volkszählung 56 Mio. Einwohner – Künstler gehen gegen „Muckerparagraphen“ auf die Straße – Weltausstellung in Paris – Bierbaum gibt Chanson Anthologie heraus – Wolzogen plant erstes deutsches Kabarett in Darmstadt oder München – Nietzsche stirbt in Weimar

1901 Ernst v. Wolzogen eröffnet am 18. Januar mit seinem Berliner „Überbrettl“ das erste deutsche Kabarett – In München werden die „Elf Scharfrichter“ gegründet – Max Reinhardts „Schall und Rauch“ spielt kabarettistisches Theater

1902 Erste Berliner U-Bahn-Strecke dem Verkehr übergeben – Schulz eröffnet Poetenbänkel „Im siebenten Himmel“ – Wolzogen zieht sich vom „Überbrettl“ zurück

1903 In Berlin wird das Poeten-Kabarett „Zum Peter Hille“ gegründet – Kathi Kobus eröffnet ihr Künstlerlokal „Simplicissimus“ – Erste Jahresrevue im Metropoltheater

1904 Herero-Aufstand in Deutsch-Südwestafrika – Schneider-Duncker und Nelson eröffnen das Amüsierkabarett „Roland von Berlin“ – Peter Hille stirbt

1905 Zechenstillegung im Ruhrgebiet – Morgensterns Galgenlieder erscheinen – Thoma wird wegen einer Satire zu Gefängnis verurteilt

1906 Erstes deutsches U-Boot läuft vom Stapel – Ex-Scharfrichter Marc Henry und Marya Delvard eröffnen das Wiener Kabarett „Nachtlicht“ – Berlin lacht über den Hauptmann von Köpenick

1907 Karl Valentin scheitert als Musikalclown – Claire Waldoff erobert Berlin – Nelson gründet das Berliner "Chat noir"

1908 Kaiser Wilhelms Außenpolitik gerät unter Beschuß – Thomas „Filser-Briefe“ erscheinen – Tiller-Girls in Europa

1909 Erstes Sechstagerennen in Berlin – Liliencron gestorben – Hiller gründet den „Neuen Club“ – Hans Bötticher wird „Simpl“-Hausdichter

1910 Massendemonstration gegen Polizeieinsatz beim Kutscher- und Kohlearbeiterstreik – „Neopathetisches Cabaret“ in Berlin – Bierbaum stirbt in Dresden

1911 Revolutionsunruhen in China – Valentin trifft auf seine Brettl-Partnerin Liesl Karlstadt – Berliner Literaten-Kabarett „Gnu“ gegründet

1912 Sozialdemokraten werden stärkste Reichstags-Fraktion – Titanic-Katastrophe – Heinrich Zille und Otto Reutter treten in Metropol-Revue auf

1913 Völkerschlachtdenkmal in Leipzig eingeweiht – August Bebel gestorben – Jugendverbände treffen sich auf dem Hohen Meißner

1914 Die Schüsse von Sarajevo führen zum Ausbruch des Ersten Weltkriegs – SPD stimmt für Kriegskredite – Nelson und Kollo schreiben Kriegs-Revuen – Morgenstern stirbt in Meran

1915 Deutscher Gasangriff an der Westfront – Thoma geht an die Front, Hugo Ball emigriert in die Schweiz

1916 Schlacht um Verdun beginnt – Zürcher „Cabaret Voltaire“ propagiert die Dada-Bewegung

1917 Totaler U-Boot-Krieg – „Kohlrübenwinter“ bringt Kälte und Hungersnot – Oktober-Revolution in Rußland

1918 Rückzug der deutschen Truppen – Wedekind stirbt in München – Kriegsende: Deutschland wird Republik – November-Unruhen

1919 Spartakus-Aufstand blutig niedergeschlagen – Karl Liebknecht und Rosa Luxemburg ermordet – Ebert wird Reichspräsident – Versailler Vertrag – Berliner „Schall und Rauch“ neu gegründet

1920 Generalstreik stoppt rechtsgerichteten Kapp-Putsch – Hitler spricht auf Münchner DAP-Parteiversammlung – Rosa Valetti gründet dasBerliner „Größenwahn“-Kabarett

1921 Hitler wird Parteichef der NSDAP – Trude Hesterberg eröffnet ihre „Wilde Bühne“ – Ludwig Thoma stirbt

1922 Außenminister Rathenau ermordet – Erste Tonfilm-Versuche in Berlin erfolgreich

1923 Inflation erreicht ihren Höhepunkt – Hitler-Ludendorff-Putsch in München – Berliner „Funkstunde“ strahlt Unterhaltungsprogramm aus

1924 Zeppelin fliegt nach Amerika – Lenin stirbt in Gorki – Piscator-Revue „Roter Rummel“ in Berlin – Hitler vorzeitig aus der Festungshaft entlassen – Berliner „Kabarett der Komiker“ gegründet

1925 Hindenburg Reichspräsident – Neugründung der NSDAP – Hitlers „Mein Kampf“ erscheint – Bruant stirbt in Paris

1926 Deutschland Mitglied des Völkerbundes – Hitler-Jugend gegründet – Josephine Baker im Berliner Nelson-Theater

1927 „Schwarzer Freitag“ an der Börse – Erster Tonfilm in den USA – Sacco und Vanzetti in Boston hingerichtet

1928 Linksrutsch bei den Reichstagswahlen: SPD stellt den Kanzler – Fleming entdeckt das Penicillin – In Berlin wird „Dreigroschenoper“ uraufgeführt

1929 Zeppelin fliegt um die Welt – Weltwirtschaftskrise – Blutige Maiunruhen in Berlin – Erster US-Tonfilm in Europa gezeigt – Heinrich Zille gestorben – Fincks „Katakombe“ in Berlin eröffnet

1930 Rechtsrutsch bei Reichstagswahlen: NSDAP wird zweitstärkste Partei – Remarques „Im Westen nichts Neues“ wird zum Bestseller

1931 Massenarbeitslosigkeit – Rechtskartell der Harzburger Front – Die „Vier Nachrichter“ starten in München – Hollaender eröffnet sein „Tingel-Tangel“

1932 Über sechs Millionen Arbeitslose – Kanzler Papen bildet „Kabinett der Barone“ – Altonaer „Blutsonntag“ fordert 18 Tote – NSDAP wird stärkste politische Kraft

1933 Die Nazis an der Macht: Hitler wird Reichskanzler – Reichtagsbrand löst Massenverhaftungen aus – Konzentrationslager werden eingerichtet – Goebbels wird Propagandaminister – Viele Künstler gehen ins Exil – Erika Manns „Pfeffermühle“ in Zürich neu eröffnet – Das „Ping-Pong“ spielt in Holland – Jüdischer Kulturbund in Berlin gegründet

1934 Österreichs Kanzler Dollfuß ermordet – Röhm-„Putsch“ niedergeschlagen – Erich Mühsam im KZ ermordet – Kabarettgründungen im Exil: Nelson-Revue in Holland, die „Laterne“ in Paris, das „Studio 34“ in Prag, das „Tingel-Tangel“ in Hollywood – Überbrettl-Gründer Wolzogen stirbt in München, Ringelnatz in Berlin

1935 Die Saar wird deutsch – Berlin sendet Fernsehen – Verkündung der antisemitischen „Rassengesetzgebung“ – „Katakombe“ und „Tingel-Tangel“ geschlossen, Werner Finck und andere Kabarettisten kommen ins KZ – Die „Nachrichter“ verboten – Max Ehrlich gründet die Kleinkunstbühne des Jüdischen Kulturbundes in Berlin – Kurt Tucholsky nimmt sich in Schweden das Leben

1936 Deutsche Truppen besetzen das Rheinland – Spanischer Bürgerkrieg beginnt – „Entartete Kunst“ verboten – Olympische Spiele in Berlin – Friedensnobelpreis für Ossietzky

1937 KZ Buchenwald errichtet – Deutsche Luftwaffe bombardiert Guernica – Die „Pfeffermühle“ gastiert in New York – Hitler will die „Raumfrage“ mit Gewalt lösen – Paul Graetz stirbt in Hollywood, Rosa Valetti in Wien

1938 Einmarsch der deutschen Truppen in Österreich – Hitler annektiert das Sudetengebiet – Volkswagen geht in Serie – November-Progrome wüten in Deutschland („Reichskristallnacht“) – Willi Schaeffers übernimmt das „Kabarett der Komiker“ – Paul Morgan stirbt im KZ Buchenwald

1939 „Wiener Werkel“ gegründet – Finck erhält Auftrittsverbot – Deutsche Truppen marschieren in die Tschechoslowakei ein – Jura Soyfer stirbt im KZ Buchenwald – Nichtangriffspakt Moskau-Berlin – Deutscher Überfall auf Polen löst Zweiten Weltkrieg aus

1940 Deutsche Truppen in Norwegen und Dänemark, die Wehrmacht besetzt Holland, Belgien und Frankreich – Luftkrieg gegen England – Himmler befiehlt Errichtung des KZ Auschwitz – Dreimächtepakt Deutschland-Italien-Japan

1941 Deutscher Überfall auf die Sowjetunion – Fritz Grünbaum stirbt im KZ Dachau – Juden müssen gelben Stern tragen – Erste Vergasungen in Auschwitz – Goebbels verbietet Kabarett-Conferencen

1942 Wannsee-Konferenz beschließt „Endlösung der Judenfrage“ – Massenvernichtung in Auschwitz beginnt – Deutsches Afrika-Korps nimmt Tobruk ein – Alliierte Bombenangriffe auf deutsche Städte – „Ätherkrieg“ zwischen London und Berlin

1943 Deutsche Armee kapituliert in Stalingrad – Goebbels fordert den „totalen Krieg“ – Aufstand im Warschauer Ghetto – Erster Düsenjäger wird erprobt – Amerikaner und Briten landen in Sizilien – Italien kapituliert – Dora Gerson stirbt in Auschwitz – Max Ehrlich richtet im KZ Westerbork ein Lager-Kabarett ein

1944 Alliierte landen in Frankreich – Attentat auf Hitler gescheitert – Goebbels beschließt Schließung der Theater und Kabaretts – Inhaftierte Kabarettisten aus Westerbork und Theresienstadt nach Auschwitz transportiert: Kurt Gerron, Max Ehrlich, Willy Rosen, Otto Wallburg sterben in der Gaskammer – Sowjets erreichen Ostpreußen

1945 Jalta-Konferenz der „Großen Drei" – Hitler begeht Selbstmord – Der Zweite Weltkrieg endet mit Deutschlands bedingungsloser Kapitulation – Siegermächte richten vier Besatzungszonen ein – Atombomben auf Hiroshima und Nagasaki – Über tausend Anträge auf kabarettistische Spielerlaubnis – In München etabliert sich die „Schaubude“, in Hamburg eröffnet die „Bonbonniere“ – Von Reichenhall ziehen die „Hinterbliebenen“ über Land – Leipziger „Rampe“ gegründet

1946 Kriegsverbrecherprozesse in Nürnberg – Entnazifizierung beginnt – Erich Kästner schreibt für die „Schaubude“ – Kabarett „Ulenspiegel“ in Berlin eröffnet

1947 Moskauer Außenministerkonferenz scheitert an der Deutschlandfrage – Schwarzmarkt blüht – Kieler Studenten gründen Reise-Kabarett „Die Amnestierten“ – In Düsseldorf eröffnet das „Kom(m)ödchen“

1948 Währungreform in den drei Westzonen – Der Osten antwortet mit der Berlin-Blockade – USA und Großbritannien richten Berliner Luftbrücke ein – Staat Israel gegründet – Karl Valentin stirbt in Bayern – Berliner „Insulaner“ gehen auf Sendung

1949 Grundgesetz der BRD verkündet, Adenauer wird Bundeskanzler – Ostberlin reagiert mit Gründung der DDR – Das große Kabarett-Sterben beginnt – In Berlin gründen sich die „Stachelschweine"

1950 Ausbruch des Koreakrieges – DDR erkennt Oder-Neiße-Grenze an – Rolfs gründet in Frankfurt die „Schmiere"

1951 DDR schlägt „Gesamtdeutschen Rat" vor – Bonn untersagt eine Volksbefragung über Wiederbewaffnung – BRD im Europarat – Münchner „Kleine Freiheit" eröffnet

1952 Bundesrepublik Deutschland wird souverän – Deutsches Fernsehen geht auf Sendung – Dritte Strophe des Deutschlandliedes wird BRD-Hymne

1953 Stalin stirbt – Arbeiteraufstand in der DDR niedergeschlagen – Adenauer wiedergewählt – Die „Distel" in Ostberlin eröffnet – In München etablieren sich die „Kleinen Fische"

1954 Moskau verkündet Souveränität der DDR – BRD will NATO beitreten – Leipziger „Pfeffermühle" eröffnet, in Dresden etabliert sich die „Herkuleskeule"

1955 Sowjetunion erklärt Kriegszustand mit Deutschland für beendet – Warschauer Pakt beschlossen – Österreich wird souverän

1956 Erste Einheiten der Bundeswehr – BRD verbietet KPD – DDR stellt Nationale Volksarmee auf – Bonn beschließt allgemeine Wehrpflicht – Aufstand in Ungarn – Münchner „Lach- und Schießgesellschaft" gegründet

1957 EWG gegründet – Saarland wird Teil der BRD – CDU erringt absolute Mehrheit – Atomwaffengegner formieren sich – Russen schießen Sputnik ins All – Claire Waldoff stirbt

1958 Erster Ostermarsch der Atomwaffengegner – Tumulte um Rock'n'Roll-Star Bill Haley – Atom-U-Boot „Nautilus" auf Nordpolfahrt

1959 Castro stürzt Batista-Diktatur auf Kuba – Sowjetflagge auf dem Mond – SPD mausert sich in Godesberg zur „Volkspartei" – Bitterfelder Konferenz verlangt „sozialistischen Realismus" – Kabarettgründungen: das „Bügelbrett" in Heidelberg, die „Leidartikler" in Göttingen, die „Wühlmäuse" in Berlin

1960 Zwangskollektivierung in der DDR führt zu Massenflucht – SPD geht auf Distanz zum Sozialistischen Deutschen Studentenbund (SDS) – In Frankfurt entstehen die „Maininger"

1961 Gagarin erster Mensch im Weltraum – DDR baut Berliner Mauer – Erstes Atomkraftwerk in Westdeutschland installiert – In Stuttgart eröffnet das „Kleine Renitenztheater"

1962 Kuba-Krise bedroht Weltfrieden – Spiegel-Affäre beunruhigt die BRD – DGB sieht bei Gefährdung der Demokratie den Generalstreik vor – Eichmann in Israel hingerichtet

1963 Ostermärsche der Atomwaffengegner erhalten immer mehr Zulauf – US-Präsident Kennedy ermordet – Adenauer tritt zurück, Erhard wird Bundeskanzler – Auschwitz-Prozeß in Frankfurt/M. – Siegeszug der Beatles beginnt – Wolfgang Neuss startet erstes Solo-Programm

1964 Vietnamkrieg eskaliert – Gesamtdeutsche Mannschaft bei den Olympischen Spielen – Rechtsextremistische NPD formiert sich – die „NIveauHILISTEN" gegründet

1965 Vietnamkriegs-Gegner organisieren „Marsch auf Washington" – Straßenschlachten zwischen Polizei und Jugendlichen nach Berliner „Rolling Stones"-Konzert – Verjährungsfrist für NS-Verbrechen verlängert – Kabarettgründungen: Berliner „Reichskabarett" und Münchner „Rationaltheater"

1966 Weltweite Proteste gegen den Vietnamkrieg – In Peking beginnt die „Kulturrevolution" – Große Koalition unter Kanzler Kiesinger in Bonn – Studentenführer Rudi Dutschke ruft zur „Außerparlamentarischen Opposition" (APO) auf – Kabarettgründungen: „Floh de Cologne" und „Machtwächter" in Köln, die "Academixer" in Leipzig

1967 US-Luftwaffe will Vietnam-Dschungel entlauben – Adenauer gestorben – Contergan-Skandal vor Gericht – Militärputsch in Griechenland – Benno Ohnesorg bei Berliner Anti-Schah-Demonstration getötet – Israelisch-arabischer „Sechstagekrieg" – Farbfernsehen in Westdeutschland

1968 Martin Luther King ermordet – Prager „Frühling" – Studentenproteste legen Frankreich lahm – Attentat auf Rudi Dutschke löst schwere Unruhen aus – Bundestag verabschiedet Notstandsgesetze – Beate Klarsfeld ohrfeigt Kanzler Kiesinger

1969 Heinemann wird Bundespräsident – Sozialliberale Koalition unter Kanzler Brandt in Bonn – US-Massaker von My Lai entsetzt die Weltöffentlichkeit – Hippies feiern Festival von Woodstock – Amerikaner landen auf dem Mond

1970 Innerdeutsches Gipfeltreffen Stoph/Brandt in Erfurt – USA weiten Vietnamkrieg auf Kambodscha aus – Deutsch-polnischer Vertrag schreibt Oder-Neiße-Grenze fest

1971 DDR-Machtwechsel: Honecker löst Ulbricht ab – Transitabkommen zwischen DDR und BRD

1972 Bundestag billigt Ostverträge – Terroranschlag auf Israels Olympiamannschaft in München – H. Böll erhält Literatur-Nobelpreis

1973 Waffenstillstand in Vietnam – Militärputsch gegen Chile-Präsident Allende – Beide deutsche Staaten in der UNO

1974 Kanzlerreferent Guillaume als DDR-Spion enttarnt, Brandt tritt zurück – Äthiopien-Kaiser Haile Selassie entthront – US-Präsident Nixon stürzt über „Watergate-Affäre" – In Biblis geht weltweit größter Atommeiler ans Netz

1975 Proteste gegen AKW in Whyl – Prozeß gegen Baader-Meinhof-Gruppe – 35 Staaten unterzeichnen KSZE-Akte in Helsinki – „Weltraum-Rendezvous" der Supermächte im All

1976 Militärputsch in Argentinien – Ulrike Meinhof stirbt in Stammheim – Rassenunruhen in Südafrika – Dioxin-Giftunfall in Seveso – Bürgerkriegs-Szenen um das Kernkraftwerk Brokdorf – DDR-Liedermacher Biermann ausgebürgert – Mao stirbt in China

1977 CSSR-„Charta 77" fordert Menschenrechte – RAF ermordet Generalbundesanwalt Buback und Arbeitgeberpräsident Schleyer – Geiselbefreiung in Mogadischu – RAF-Führer Baader, Ensslin und Raspe in Stammheim tot aufgefunden

1978 Bundestag beschließt „Anti-Terror-Gesetze" – Ministerpräsident Filbinger muß wegen seiner NS-Vergangenheit zurücktreten – „Dreipäpstejahr" in Rom, polnischer Kardinal Wojtyla besteigt Heiligen Stuhl – Italiens Rote Brigaden ermorden Aldo Moro

1979 Persien-Schah gestürzt, Khomeini kommt an die Macht – Erste Direktwahl zum Europa-Parlament – In Bremen ziehen die Grünen erstmals in ein Landesparlament ein – Sowjet-Truppen marschieren in Afghanistan ein – TV-Serie „Holocaust" bewegt deutsche Fernsehzuschauer

1980 Golfkrieg zwischen Iran und Irak – SPD/FDP-Koalition gewinnt Bundestagswahl – Reagan wird zum US-Präsidenten gewählt – polnische Arbeiter gründen freie Gewerkschaften

1981 Kanzler Schmidt besucht Honecker – Ägyptens Präsident Sadat ermordet – 300 000 bei Friedensdemo in Bonn – CD-Platten kommen auf den Markt

1982 Bruch der Bonner sozialliberalen Koalition – Kohl wird Kanzler – „Vorläufiges Frankfurter Fronttheater" gegründet

1983 Friedensnobelpreis für Lech Walesa – Die Grünen im Bundestag – Stern-Skandal um „Hitler-Tagebücher"

1984 Richard von Weizsäcker wird Bundespräsident – Indira Gandhi ermordet

1985 Warschauer Pakt um 20 Jahre verlängert – Privatfernsehen in der BRD – Ära Gorbatschow beginnt

1986 AKW-Katastrophe von Tschernobyl – Großdemonstrationen in Wackersdorf und Brokdorf – Olof Palme in Schweden ermordet – sechs US-Astronauten sterben bei „Challenger"-Unfall

1987 Ex-Gestapo-Mann Klaus Barbie in Frankreich abgeurteilt – Hitlers Stellvertreter Rudolf Hess stirbt in Spandauer Haft

1988 Flugzeug-Katastrophe von Lockerby – Gorbatschow setzt auf Demokratisierung – Sowjetische Truppen verlassen Afghanistan

1989 Wolfgang Neuss stirbt in Berlin – Leipziger Montags-Demonstration – Honecker entmachtet – Berliner Mauer fällt

1990 Deutschdeutsche Vereinigung: DDR wird Teil der BRD – Ostblock bricht auseinander – Irak besetzt Kuwait

1991 Golfkrieg um Kuwait – Überfälle auf Ausländerheime nehmen zu – Sowjet-Präsident Gorbatschow tritt zurück – Bürgerkrieg in Jugoslawien

1992 Gewaltwelle der Neonazis eskaliert – Marlene Dietrich stirbt in Paris – Prozeß gegen Ex-DDR-Chef eingestellt, Honecker-Ausreise nach Chile – Willy Brandt gestorben – Clinton wird zum US-Präsidenten gewählt – Tschechoslowakei zerbricht

1993 Europäischer Binnenmarkt tritt in Kraft – Bundeswehr engagiert sich als „Blauhelm"-Truppe in Mogadischu – Kali-Bergleute in Bischofferode treten für den Erhalt ihrer Grube in Hungerstreik – Rätsel um Todesschuß in Bad Kleinen

Register

Text- und Bildquellen

Im vorliegenden Band wurde aus folgenden Kabarettnummern zitiert:

Hugo Ball: Totentanz 1916 (S. 47); Cabaret Voltaire (S. 47) **Emmerich Bernauer/Herbert Nelson**: Ich hab so das Gefühl (S. 117) **Rudolf Bernauer**: Und Meyer sieht mich freundlich an (S. 30); Wir Minderwertigen (S. 31) **Otto Julius Bierbaum**: Der lustige Ehemann (S. 26) **Aristide Bruant**: Le Chat noir (S. 18); Ans Publikum (S. 17) **Kurt Bry**: Die Pointe (S. 100); Die Welt ist weit geworden (S. 103) **Johann Esser/Wolfgang Langhoff**: Lied der Moorsoldaten (S. 108) **Werner Finck**: Herbst 1932 (S. 81); Es weht ein frischer Wind, zwei, drei (S. 91) **Harry Goldbeck**: Bundesbürgers Abendgebet (S. 181) **Erich Greiffenhagen/Georg David Schulz**: Vive la Bohème (S. 32) **Leo Greiner**: Scharfrichterlied (S. 36) **Grundgesetz Artikel 5,1**: (S. 178) **Heinz Hartwig**: Hinterbliebenen-Song (S. 129) **Jakob van Hoddis**: Weltende (S. 46) **Friedrich Hollaender**: Tritt mir bloß nicht auf die Schuh (S. 53); Das Jroschenlied (S. 63); Das Lied vom falschen Zug (S. 82); Emigrantenballade (S. 119); Spötterdämmerung (S. 143) **Hans Hyan**: Die letzte Nacht (S. 34) **Erich Kästner**: Marschlied 45 (S. 126); Der Titel des Programms (S. 142) **Hannelore Kaub**: Song vom Kabarett (S. 169) **Das Kom(m)ödchen**: Fünfzehn Jahre (S. 133) **Hellmuth Krüger**: Der Bücherkarren (S. 88) **Volker Kühn**: Glaubensbekenntnis (S. 168) **Walter Lesch**: Großes Oratorium für Zufriedene (S. 114) **Robert Lucas**: Brief des Gefreiten Adolf Hirnschal (S. 122) **Volker Ludwig**: Recht ist Besitz (S. 171); Kom(m)ödchen-Solo (S. 180) **Erika Mann**: Die Dummheit (S. 113) **Martin Miller**: Der Führer spricht (S. 120) **Christian Morgenstern**: Der Werwolf (S. 28) **Erich Mühsam**: Lumpenlied (S. 35); Gesang der Intellektuellen (S. 79) **Günter Neumann**: Insulanerlied (S. 135) **Conrad Reinhold**: Deutschlandstreicher (S. 177) **Joachim Ringelnatz**: Vom Seemann Kuttel Daddeldu (S. 56/57) **Roda Roda**: Slavisch (S. 40) **Willy Rosen**: Wenn man kein Glück hat (S. 104); Der Pojaz (S. 105) **Marcellus Schiffer**: Es liegt in der Luft (S. 72) **Max Tilke**: Pegasus-Conference (S. 33) **Die Drei Tornados**: Wir sind süß, aber doof (S. 191) **Kurt Tucholsky**: Der Zigaretten-Fritze (S. 54); Rote Melodie (S. 59); Gassenhauer (S. 71) **Udo Vietz**: Lachen ist gesund (S. 98) **Frank Wedekind**: Ilse (S. 38) **Willi Wolff**: Das Ladenmädel (S. 42) **Gerd Wollschon**: Die Oberen (S. 172) **Ernst von Wolzogen**: Kaiser Wilhelm dem anderen (S. 27) **Kurt Zimmermann**: Zehn Jahre DDR (S. 159)

Autor und Verlag danken allen öffentlichen und privaten Leihgebern und Archiven für die Bereitstellung von Bild- und Fotomaterial. Trotz intensiver Recherchearbeiten konnte für einzelne Abbildungen der Verbleib der Urheberrechte nicht geklärt werden. Berechtigte Ansprüche werden selbstverständlich abgegolten.

Akademie der Künste, Berlin (Ost), **Archiv Trepte**: S. 118 M.l. **Akademie der Künste**, Berlin (West): S. 100 u.r.; S. 119 u.r © 1985 by **Arche Verlag AG** Raabe+Vitali, Zürich: S. 100 u.r.; S. 119 u.r. **Archiv Elsie Attenhofer**, Bassersdorf: S. 114 (2); S. 154 l. **Jürgen Banse**, Magdeburg: S. 160 Aus: **Helga Bemmann**, Berliner Musenkinder-Memoiren, Berlin 1987: S. 34 o.l.; S. 75 o. **Robert Berghoff**: S. 200 **Lore Bermbach**, Düsseldorf: S. 180 u.; S. 194 u. Mit frdl. Genehmigung v. **Agnes Bernelle-Bernauer**, Dublin: S. 30(2); S. 31 **Kurt Bethke**, Kelkheim/Ts.: S. 141 o.l.; S. 164; S. 178 o.l. **Doris Bierett**, Frankfurt/M.: S. 167 u.r. **Bildarchiv Preußischer Kulturbesitz**, Berlin: S. 18 r.; S. 28 u.; S. 33 (3); S. 35 o.; S. 37; S. 39; S. 69 u.r.; S. 110 (Bildstelle Hanau); S. 129 u.r.; S. 144 o.r.; S. 146 o.l.; S. 147 M.l. **Bildarchiv Preußischer Kulturbesitz, Archiv Donderer**: S. 89; S. 92 u.r.; S. 93 r.; S. 94 o. (3) u. u. (3); S. 97 u.l. **Atelier Binder**, Berlin: S. 90 u. **Archiv F. J. Bogner**, Frankfurt/M.: S. 174 o.r. **Hans-Ludwig Böhme**, Coswig: S. 195 M. **Archiv Herbert Bonewitz** (Foto: W. Feldmann): S. 199, 1. R., 3. v.l. **Bonitz**, Berlin: S. 159 u. **Karin Brenner**, Stuttgart: S. 196 M.L. **Rolf Brinkhoff**, Hamburg: S. 196 o.l. **Archiv Klaus Budzinski**, München: S. 70 o.r. u. u.; S. 95 o.r.; S. 126 u.; S. 140 M.; S. 145 M.l. Aus: **Klaus Budzinski**, Die Muse mit der scharfen Zunge, München 1961: S. 23 o.r.; S. 66 o.r.; S. 140 u.; S. 141 o.r.; S. 143 o. u. u.l.; S. 144 o.l.; S. 147 u.r.; S. 156 u.r. Aus: **Klaus Budzinski**, Pfeffer ins Getriebe, München 1982: S. 81 o.l.; S. 130 u.; S. 140 u.; S. 141 o.r.; S. 142 o.; S. 145 o.; S. 153 u.r.; S. 168 o.l.; S. 176 o.l. **Bundesarchiv Koblenz**: S. 90 o.l. (R 58/739 fol. 25); S. 91 o.l. (R 58/739 fol. 39) **Buster Konzerts**: S. 197 o.r. **Andreas Ciesielski**, Berlin: S. 166 o.r. **Harry Croner**, Berlin: S. 135 o.; S. 141 u.r.; S. 167 M.l.; S. 168 o.r.; S. 169 M.l.; S. 171 o.; S. 181 o. **Sammlung Robert Dachs**, Wien: S. 115 M. o.r. u. u. (2) **Franz Heinrich Darchinger**, Bonn: S. 165 u.r. **Deutsche Bibliothek**, Frankfurt/M.: S. 122 o. **Deutsches Kabarett Archiv**, Mainz: S. 46 o.; S. 47 o.r. u. u.l.; S. 54 o.; S. 88 u.l.; S. 99 M.l. u. r.; S. 112; S. 117 M.r.; S. 118 o.r. u. u.r.; S. 119 o.r.; S. 120 o.; S. 121; S. 145 u. (2); S. 166 u.l.; S. 192 (Foto: Werner F. Hannapel & Ch. Heyde) **Deutsches Tanzarchiv**, Köln: S. 68 r.,; S. 100 o. **Die Distel**, Berlin: S. 156 o. u. M.; S. 195 o. **dpa** Frankfurt/M.-Düsseldorf: S. 167 o.; S. 184 **ElefantenPress**, Berlin (Foto Jochen Moll): S. 162 **Bildarchiv Peter W. Engelmeier**, München: S. 199, 1. R. l. **Paul Erkens** (Zeichnungen): S. 56-57 o. **Esplanade**, Hamburg: S. 130 M. Aus: **Werner Finck**, Witz als Schicksal, Hamburg 1966: S. 96 o.l. (Foto: Hubmann, München) S. 130 o.; **Walter Flögel**, Limburg: S. 174 o.l. **Renate von Forster**/Bilderberg, Frankfurt/M.: S. 190 o.l.; 196 u.r.; 198 u. **Archiv Roland Forster**, Ravensburg: S. 199, 2. R., 2.v.l.; S. 199, 3. R., 3.v.l.; S. 199, 4. R., 2.v.l. (Foto: Ibab Kunkel) **Helmut Fricke**, Frankfurt/M.: S. 199 4. R. r. Aus: **Horst Gebhardt** (Hg.), Kabarett heute, Berlin 1987: S. 157 o.l. **Gidal-Bildarchiv im Steinheim Institut, Sammlung Ruth Klinger**: S. 119 u.l. **H. R. Giger** (Zeichnung): 172 u.l. **Elena Gram**, München: S. 190 u.l. **Grau, Zug**: S. 154 o.l. Aus: **Heinz Greul**, Bretter, die die Zeit bedeuten, Köln u. Berlin 1967: S. 126 o.l.; S. 128 o.r.; S. 129 o.; S. 166 u.r. **Waltraud Grubitzsch**, Leipzig: S. 157 u. **Paul Haase** (Zeichnung): S. 34 o.r. Aus: **Heinz Hartwig**, Gelebt, gelacht, gelästert, Gerlingen 1961: S. 129 u.l. **Haude & Spenersche Verlagsbuchhandlung**: S. 69 u.l. **Jürgen Henkelmann**, Berlin: S. 197 u.l. **H.L. Herbold**, Obernburg: S. 197 u.r. **Historisches Museum der Stadt Wien**: S. 74 u.r.; S. 115 M.o.l. Aus: **Hanskarl Hoerning**, Geh hin, wo der Pfeffer wächst, Berlin (Ost) 1984: S. 157 r. **Harald Hoffmann**, Mühlheim a. d. Ruhr: S. 197 o.l. Aus: **Ingrid Heinrich-Jost**, Hungrige Pegasusse, Edition Berlin 750: S. 24 u. (3); S. 25 u.l. u. M.; S. 26 o. **Marcel Janco** (Zeichnungen): S. 47 u.l. **Moritz Jung** (Zeichnungen Programmheft „Cabaret Fledermaus"): S. 40 o.l., o.r., u.; S. 41 l.o. u. M. **Riki Kalbe**, Berlin: S. 170 (3) **Archiv Hannelore Kaub**, Berlin: S. 169 o. u. u.r. Aus. **Michael Kehlmann/Georg Brion**, Der Qualtinger, Wien 1987: S. 153 o.r. Aus: **César Keiser**, Herrliche Zeiten, Bern 1976: S. 113 o.M. u. o.r.; S. 155 u.l. **Matthias Ketz**, Hachenburg: S. 199, 2. R. r. **Keystone**: S. 23 M.r.; S. 199, 4.R. 3.v.l. **Keystone/Brigitte Heinrich** (Popeye): S. 191 o.; S. 196 o.r. **Pressebilderdienst Kindermann**, Berlin: S. 122; S. 199, 2. R. 3. v.l. **Stiftung Deutsche Kinemathek**, Berlin: S. 61 u.r. **Bruno Kirchgraber-Lang**, Zürich: S. 155 o.r. **Kittners Kritisches Kabarett**, Hannover: S. 177 M. © **Ulrich Klatt**, Berlin: S. 199, 1. R. o.l. **Herlinde Koelbl**, München: S. 188 **Das Kom(m)ödchen**, Düsseldorf: S. 132; S. 133 (2) **Regine Körner**, München: S. 199 r. **Archiv Annemarie Kotab**, Kufstein: S. 41 u.r. **Hella Krauss**, Stuttgart: S. 193 o.l. Aus: **Siegfried Kühl**, Deutsches Kabarett, Düsseldorf 1962: S. 140 o.; S. 146 u.l.; S. 147 2. v.o.; S. 148 o. (2) **Archiv Volker Kühn**: S. 16 o. (Zeichnung Toulouse-Lautrec); S. 17 u. (Zeichnung Steinlen); S. 24-25 o.; S. 27 u.; S. 32 o.; S. 41 o.; S. 48 u.; S. 52 o.; S. 53 u.l.; S. 60; S. 62; S. 70 o.l.; S. 72 u.l.; S. 74 o.; S. 82 u.; S. 83 (2); S. 86; S. 91 u.l.; S. 92 l.; S. 96 u. (2) S. 99 u. (2); S. 100 u.l.; S. 101 o.r.; S. 104 o.; S. 105 o. u. M.; S. 106 (4); S. 107 (2); S. 108; S. 115 M.r.; S. 116 o.; S. 117 u. (2); S. 119 M.; S. 122 u.; S. 128 l. (3) u. u.r.; S. 131 u.; S. 148 u. (Foto: G. Englert, Ffm.); S. 153 o.l.; S. 165 o. (Fotos G. Groenewold) u. u.l. (Foto: Richard) u. u.M.; S. 166 M.; S. 168 u.; S. 171 u.; S. 174 u.; S. 177 o.; S. 178 o. u. M.r.; S. 181 M.; S. 182 u. Aus: **Volker Kühn**, Das Kabarett der frühen Jahre, Weinheim u. Berlin 1988: S. 22 o.; S. 23 u.l.; S. 25 u.r.; S. 47 o.l. **Frank Küster**, Düsseldorf: S. 196 u.M. **Kulturbüro Köln** (Foto: Uwe Nölke): S. 199, 1.R., 2.v.l. **Kunsthalle zu Kiel** (Gemälde: Hans Olde): S. 23 o.l. **Kunsthaus Zürich**: S. 48 o.r.; **Kurt-Tucholsky-Archiv b.d. Deutschen Schillergesellschaft**, Marbach/N.: S. 55; S. 61 3. v.o.l. u. M.M. (2); S. 66 o.l.; S. 67 u.; 71 (2) **Raimund Kutter**, Gröbenzell: S. 191 M. **Lach- u. Schießgesellschaft**, München: S. 146 u.r.; S. 194 o.l. **Archiv Egon Larsen**, London: S. 120 u. **Charles Léandre** (Zeichnung): S. 13 **Karl Leher**, Berlin: S. 156 u. Aus: **Elisabeth Lenk** (Hg.): Die Badewanne, Berlin 1991: S. 136 (2) **Archiv Ulrich Liebe**: S. 115 o. u. M.l. **Archiv Rainer Lotz**, Bonn: S. 72 o.l. **Günter Lüttig**, Burghausen: S. 158 u.l.; S. 195 u. **Archiv Die Machtwächter**, Köln: S. 175 (3) **Erich Malter**, Erlangen: S. 172 u.r. **Klaus-Mann-Archiv**, München: S. 113 u. **Märkisches Museum**, Berlin: S. 15; S. 16 u.; S. 17 o.; S. 78 u.; S. 116 u.; S. 22 u.; S. 32 o.; S. 43 u.; S. 53 o.r.; S. 59 o.; S. 61, 2. v.o.l. u. u.l.; S. 66 o.r.; S. 72 u.r.; S. 75 u.; S. 76 o.; S. 80 u.r. u. M. (3); S. 96 o.r.; S. 131 o. (2) **Edition Meisel**, Berlin: S. 76 u. **Jan Michael**: S. 173 **Mitteldeutscher Rundfunk**, Leipzig (Foto: Hopf): S. 196 u.l. **MM-teamwork**, Neuss (Foto: F. Holleczek): S. 198 o.l. **Clement Moreau**: S. 113 o.l. **Münchner Stadtmuseum**: S. 38 u. **Musée de vieux Montmartre**, Paris: S. 5 (2) **Günter-Neumann-Stiftung**, Berlin: S. 135 u. **Isolde Ohlbaum**, München: S. 193 u.r. **ORF Fotodienst** (Foto: Carina Ott, Wien): S. 189 o.r. **Archiv Rainer Otto**, Leipzig: S. 158 o.l. u. u.r.; S. 159 o.r. u. M. Aus: **Lilli Palmer**, Dicke Lilli, gutes Kind, München: S. 118 o.l. **C.F. Peters**, Frankfurt/Leipzig: S. 79 o.l. u. u.r. **Photographica-Sammlung Kaiser-Panorama-Berlin, Erhard Senf**: S. 20 **Archiv Abraham Pisarek**, Berlin: S. 100 M.; S. 101 o.l. u. u.r.; S. 102 M. u. u.; S. 103 o. **Willy Pragher**, Freiburg: S. 84; S. 88 o. u. u.r. **Presse- und Informationsamt der Bundesregierung**, Bonn: S. 147 o.r. **Archiv Edritha Ragetté**, Wien: S. 43 o.r.; S. 74 M.l. **Helmut Reiss**, Hamburg: S. 94 M.l. **Konrad Reßler/Fotomuseum im Münchner Stadtmuseum**: S. 61 M.r. **Jochen Riedel**, Neunkirchen: S. 190 u.r. **Gerd van Rijn** (Faz-Magazin): S. 186 **Ringier Dokumentation-Bild/Bagattini**: S. 155 u.r. **Archiv Vera Rippberger**, Augsburg: S. 144 u. (2) **Roebild**, Frankfurt/M.: S. 138 **Ursula Röhnert**, Berlin: S. 181 u. **Frank Roland-Beeneken**, Berlin: S. 190 M.r. Aus: **Walter Rösler**, Das Chanson im deutschen Kabarett, Berlin (Ost) 1980: S. 42 o.r.; S. 43 o.l. u. r.M. Aus: **Walter Rösler** (Hg.), Gehn ma halt a bisserl unter, Berlin 1991: S. 97 o.r.; S. 153 M. u. r. **Archiv Helmut Ruge**, München: S. 176 M.r. **Ute Schendel**: S. 199 3. R. r. **Deutsche Schillergesellschaft**, Marbach/N.: S. 47 u.r; S. 58 o.; S. 61 M.l. Aus: **Max Schmeling**, Erinnerungen, Frankfurt/M.-Berlin-Wien 1977: S. 117 M.l. **Archiv Klaus Peter Schreiner**: S. 146 o.r.; S. 180 o. (Foto: Stümpel-Klein) **Sender Freies Berlin**: S. 179 u.; S. 199, 3. R. 2. v.l. **W. Sommerauer**, Zürich: S. 154 o.r. **Spadem/Musée de l'Affiche**, Paris (Steinlen): S. 12; S. 18l. **Der Spiegel**, Nr. 10/1968: S. 172 o. Mit frdl. Genehmigung von **Steffie Spira**, Berlin: S. 118 u.l. **Ernst Stern** (Zeichnungen): S. 36 o.; S. 40 o.M.; **Oda Sternberg**, München: S. 187 o.r. u. u.r.; **Bilderdienst Süddeutscher Verlag**, München: S. 56 o.l.; S. 57 u.; S. 63; S. 142 u.l.; S. 127; S. 176 u.r.; S. 187 o.l. u. M.; S. 189 u.; S. 193 u.l. **Archiv Dieter Süverkrüp** (Foto: K. Rose): S. 166 o.l. **Teutopress**, Bielefeld: S. 187 M.l.; S. 189 o.l.; S. 199 2. R. l. **Theater Instituut Nederland**, Amsterdam: S. 104 u. (2); S. 105 u. (2); S. 117 o.r. **Theatermuseum München, Archiv Sabine Toepfer**: S. 143 u.r.; **Theatertransfer**, Köln: S. 197 M.; **Tip Magazin**, Berlin: S. 191 u.r.; **Herbert Tobias**: S. 141 u.r.; **Lisa Tränert Promotion** (Foto: Möbius): S. 199, 3. R. l. **Hans Uhlemann**, Freital: S. 158 o.r.; S. 159 o.r. **Ullstein-Bilderdienst**, Berlin: S. 10; S. 26 u.; S. 27 o.; S. 29; S. 35 u.; S. 36 u.; S. 42 o.l. u. u.r.; S. 44, S. 45 (2); S. 52 u.l. u. u.r.; S. 53 o.l. u. u.r.; S. 58 u.; S. 59 u.; S. 61 o.l. u. o.r.; S. 64-65 (4); S. 66 u.l.; S. 67 o. (2); S. 68 l.; S. 69 o. (2); S. 73 (3); S. 77 (5); S. 78 o.; S. 80 o.l. u. u.l.; S. 81 r.; S. 82 o.; S. 91 u.r.; S. 93 u.; S. 134; S. 152; S. 182 o. **Theaterhistorische Sammlung Walter Unruh**, Berlin: S. 102 o.; S. 103 u. **VG Bild-Kunst**, Bonn 1993: S. 32 u. (Gemälde Max Slevogt); S. 48 o.l.; S. 50 (Zeichnung George Grosz) **Vrieslander** (Zeichnungen): S. 24 u.l.; S. 25 u.l. Aus: **Erich Weinert**, Der Frühling braust, wir ziehn fürbaß, Berlin 1975: S. 79 M.r. **Der Welt Spiegel**, 1905: S. 46 u. **Historisches Museum der Stadt Wien**: S. 74 u.r.; S. 115 **Archiv Hermann Wilhelm**, München: S. 38 o. **Die Zehnte Muse** (Videoprints aus der ZDF-Produktion): S. 54 u.; S. 95 u.; S. 98 (2); S. 99 o.r.; S. 116 M.; S. 174 M.; S. 177 u.; S. 178 u.l.; S. 179 o. u. M.l.; S. 193 o.r. **Christian Zentner**: S. 150

Volker Kühn – Kleinkunststücke

»Kleinkunststücke« nennt sich die fünfbändige Buchreihe von Volker Kühn. Sparsam kommentiert, mit einem umfangreichen Anhang über die Biographie der jeweiligen Autoren, dokumentieren diese Bände die Geschichte des deutschen Kabaretts in seinen Texten: von Bierbaum bis Biermann, von Ringelnatz bis Hüsch und Hildebrandt, vom »Kadeko« bis zum »Kom(m)ödchen«, von Tucholsky bis zu den »3 Tornados«. Das Spektrum der Kleinkunststücke reicht dabei vom reinen Nonsensvers über das frivole Couplet bis zum literarisch und politsatirisch ambitionierten Sketch – ein spannend zu lesendes Kapitel kritischer Zeitgeschichte dieses Jahrhunderts.

Kleinkunststücke
Eine Kabarett-Bibliothek in fünf Bänden.
Herausgegeben von Volker Kühn

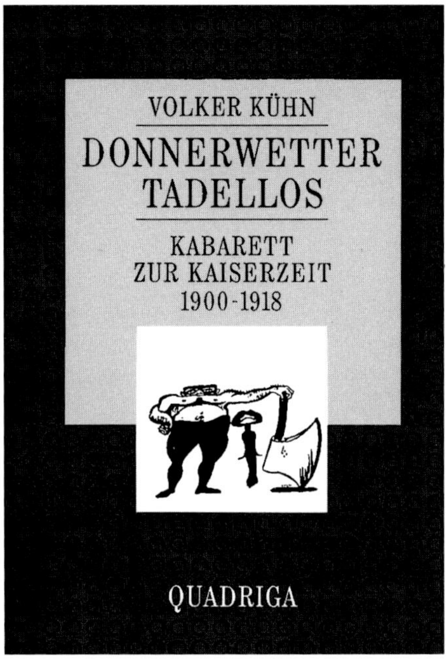

Kleinkunststücke 1
Donnerwetter – tadellos
Kabarett zur Kaiserzeit
1900 – 1918
284 Seiten, Leinen, ISBN 3-88679-161-0

Kleinkunststücke 2
Hoppla, wir beben
Kabarett einer gewissen Republik
1918 – 1933
379 Seiten, Leinen, ISBN 3-88679-162-9

Kleinkunststücke 3
Deutschlands Erwachen
Kabarett unterm Hakenkreuz
1933 – 1945
393 Seiten, Leinen, ISBN 3-88679-163-7

Kleinkunststücke 4
Wir sind so frei
Kabarett in Restdeutschland
1945 – 1970
421 Seiten, Leinen, ISBN 3-88679-164-5

Im Herbst 1994 erscheint:
Kleinkunststücke 5
Hierzulande
Kabarett in dieser Zeit
ab 1970
Ca. 400 S., Leinen, ISBN 3-88679-165-3

»Diese Lesebücher enthalten nicht nu das Bekannte – Kühn macht auc aufmerksam auf das Vergessene… S werden die Bücher zu einer Text-Fund grube, die Kühn dem Leser gegraber hat. Und kein Käufer fällt da herein. Da bei trägt der Autor seine Kennerschaf nicht zu Markte, analysiert nicht lang atmig, sondern serviert seine Speisen platte mit sachlichen Anmerkungen. S wird seine Geschichte des Kabarett zugleich zum Kabarett der Geschichte.
Frankfurter Neue Presse

Außerdem im Quadriga-Programm:
Kühn, Volker
Das Kabarett der frühen Jahre
Ein freches Musenkind macht erste Schritte.
2. Auflage, 184 Seiten, 159 Abb., Leinen
ISBN 3-88679-172-6

Quadriga Verlag, Postfach 100154, 69441 Weinheim

BELTZ
Quadriga